危险货物水路运输从业人员
考核和从业资格管理系列教材

港口包装危险货物

（2025年版）

交通运输部职业资格中心◎组织编写

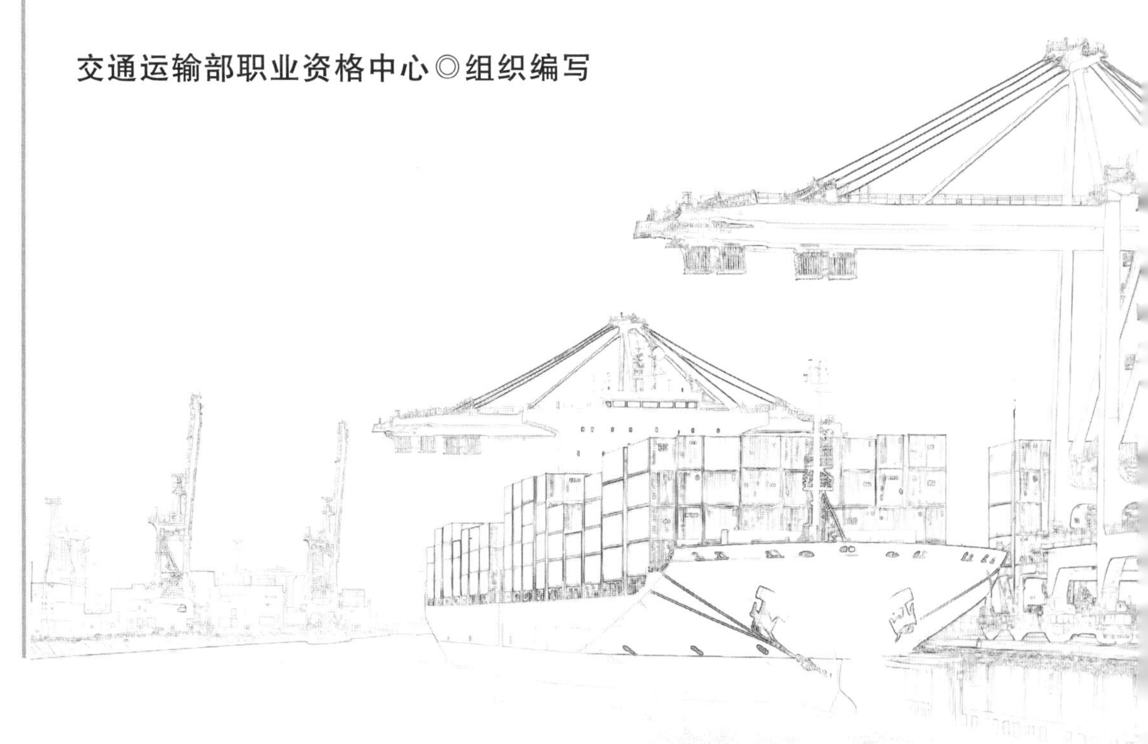

人民交通出版社
北京

内 容 提 要

本书为“危险货物水路运输从业人员考核和从业资格管理系列教材”中的一册。本书介绍了港口包装危险货物安全例管理技术、港口包装危险货物事故应急处理、相关案例分析和政策法规内容。

本书内容丰富、实用性强，可作为危险货物水路运输从业人员考核和从业资格管理的复习指导用书，也可作为水路运输、港口企业的经营人及装卸管理人员的培训教材。

图书在版编目(CIP)数据

港口包装危险货物 ：2025年版 / 交通运输部职业资格中心组织编写. — 北京 ：人民交通出版社股份有限公司，2025.5. — ISBN 978-7-114-19970-7

Ⅰ. U695.2

中国国家版本馆CIP数据核字第20256BS473号

Gangkou Baozhuang Weixian Huowu(2025 Nian Ban)

书　　名：港口包装危险货物(2025年版)

著 作 者：交通运输部职业资格中心

责任编辑：黄　蕊

责任校对：龙　雪

责任印制：张　凯

出版发行：人民交通出版社

地　　址：(100011)北京市朝阳区安定门外外馆斜街3号

网　　址：http://www.chinasybook.com

销售电话：(010)64981400、65290033

总 经 销：北京交实文化发展有限公司

经　　销：各地新华书店

印　　刷：北京印匠彩色印刷有限公司

开　　本：787×1092　1/16

印　　张：19

字　　数：445千

版　　次：2025年5月　第1版

印　　次：2025年5月　第1次印刷

书　　号：ISBN 978-7-114-19970-7

定　　价：76.00元

“危险货物水路运输从业人员考核和从业资格管理系列教材”(2025年版)编审委员会

本书编写组

主　　编：黄运学

副 主 编：翟　猛　刘洪洋　张明齐　刘　学

序

FOREWORD

危险货物水路运输安全事关交通运输行业高质量发展，事关国家安全、公共安全和人民生命财产安全，事关经济社会稳定发展。危险货物水路运输从业人员是水路运输领域生产和管理的具体参与者和实施者，是保障运输安全、提高运输效率、推动绿色发展的最核心、最关键因素。实施好危险货物水路运输从业人员考核和从业资格管理制度，有利于增强从业人员安全和法治意识，提升从业人员安全生产技能、应急处置能力和安全管理水平，强化从业人员职业操守，将为不断提升水路运输效率、质量和安全，加快建设交通强国水运篇提供人才支撑。

为方便危险货物水路运输从业人员备考，我们依据《危险货物水路运输从业人员考核和从业资格考核大纲》(交办水〔2021〕1号)，对“危险货物水路运输从业人员考核和从业资格管理系列教材”(2016年版)进行了修订，修订后包括《港口危险货物储存单位安全管理人员实务》《港口包装危险货物》《港口固体散装危险货物》《港口液体散装危险货物》等4册。该套教材贯彻习近平总书记关于交通强国、安全生产和人才工作的重要论述和重要指示批示精神，体现了危险货物水路运输相关新法规、新标准、新工艺、新技术、新设备的发展对从业人员安全、法制、业务素质的新要求，注重理论联系实际,具有较强的针对性、实用性和指导性。另外,该套教材还通过“一书一码”配套了丰富的数字资源。

我们期待该套教材成为从业人员职业发展的必备工具书,为压实企业安全生产主体责任、提升行业本质安全水平注入新动能。在此一并向所有参与编写及修订工作的单位及专家表示感谢！由于水平有限,疏漏之处在所难免,敬请批评指正。

交通运输部职业资格中心

2025 年 5 月

前言

PREFACE

提升危险货物水路运输从业人员专业水平是构建港口安全防线的关键举措。为加强港口安全管理,保障港口包装危险货物作业安全,提升港口企业安全管理效能,在交通运输部职业资格中心的指导下,编写组根据2021年修订的《从事港口危险货物储存作业的港口经营人的主要负责人和安全生产管理人员安全生产知识和管理能力考核大纲》《危险化学品港口经营人的装卸管理人员从业资格考核大纲》要求,结合危险货物水路运输行业技术水平和有关标准、规范的发展情况,在《港口包装危险化学品》(2016年版)基础上,编写了《港口包装危险货物》(2025年版)。

本书系统介绍了港口包装危险货物安全管理技术、事故应急处置、案例分析和相关法律法规等内容,以“应知应会”内容为主,全面覆盖考核知识点,贴近生产作业实际,具有较强的实用性和可操作性,能够较好地满足港口包装危险货物工作的实际需要。

参加本书编写工作的人员有:黄运学、翟猛、刘洪洋、张明齐和刘学,全书由黄运学负责统稿审校。

由于时间和水平的限制,本书难免存在疏漏之处,恳请广大读者批评指正!

编　者

2025年4月

目录

CONTENTS

第一篇　港口包装危险货物安全管理技术

第一章　危险货物基础知识　003

第一节　概述　004

第二节　危险货物分类及特性　005

第三节　具有多种危险性的物质、混合物和溶液的分类　022

第四节　危险货物一览表、特殊规定和限量免除　024

第二章　危险货物运输包装知识　033

第一节　包装的作用　034

第二节　各种包装的定义　034

第三节　包装代码及其组合形式　036

第四节　包装的使用　041

第五节　包装的试验规定　045

第六节　包装标记　049

第七节　关于进出口危险化学品及其包装检验监管　050

第三章　包装危险货物托运程序　053

第一节　托运程序的一般规定　054
第二节　包件(包括中型散装容器)的标记　055
第三节　包件(包括中型散装容器)的标志　059
第四节　货物运输组件和散装容器的标牌和标记　069
第五节　危险货物运输单证　072

第四章　船舶积载与隔离及作业管理要求　077

第一节　船舶积载　078
第二节　船舶隔离　082
第三节　船舶作业管理要求　086
第四节　《防止船舶封闭处所缺氧危险作业安全规程》相关内容　088

第五章　危险货物的预防措施　095

第一节　工程技术　096
第二节　个体防护　098
第三节　管理控制　099

第六章　危险化学品安全技术说明书　101

第一节　主要作用　102
第二节　主要内容　102
第三节　填写举例　103
第四节　标签　112

第七章　港口危险货物重大危险源安全管理　113

第一节　重大危险源的概念　114
第二节　重大危险源的辨识方法　114

第三节　重大危险源的辨识指标 114
第四节　重大危险源的辨识依据 115
第五节　重大危险源监控与管理 117
第六节　生产经营单位的职责 118

第八章　《1972 年国际集装箱安全公约》 121

第一节　《1972 年国际集装箱安全公约》简介 122
第二节　《1972 年国际集装箱安全公约》附件Ⅰ和附件Ⅱ 124

第九章　港口危险货物集装箱堆场设计规范 131

第十章　危险货物道路运输规则及危险货物车辆标志 137

第一节　危险货物道路运输规则 138
第二节　危险货物车辆标志 145

第十一章　放射性物品安全运输规程 149

第一节　放射性物品安全运输规程简介 150
第二节　放射性物品安全运输的一般要求和限值 151
第三节　放射性物品的包装、货包和运输要求 156

第十二章　危险货物集装箱港口作业安全管理 163

第一节　港口危险货物集装箱装卸作业安全要求 164
第二节　港口危险货物集装箱装卸作业技术要求 167

第十三章　港口件装危险货物作业安全要求 179

第十四章　包装危险货物库场管理要求 187

第一节　堆场安全管理要求 188

第二节　库房安全管理要求　190
第三节　海运危险货物集装箱装箱安全技术要求　192

第十五章　化学品生产单位特殊作业安全规范　197

第一节　基础知识　198
第二节　基本要求　199
第三节　特殊作业的具体要求　201

第二篇　港口包装危险货物事故应急处置

第十六章　燃烧、火灾、爆炸的定义、分类及特性　215

第一节　燃烧的定义、条件、分类及特性　216
第二节　火灾、爆炸的定义、分类及特性　224

第十七章　灭火的原理、方法及灭火剂、灭火器种类与选用　229

第一节　灭火基础知识　230
第二节　灭火剂和消防设施　231

第十八章　包装危险货物事故应急预案、措施与医疗急救　237

第一节　生产经营单位生产安全事故应急预案编制导则　238
第二节　包装危险货物事故处置措施　244
第三节　包装危险货物事故应急救援管理要求　246
第四节　现场医疗急救知识　247

第三篇　港口危险货物案例分析

案例一　天津港“8·12”特别重大火灾爆炸事故　257

案例二　江苏响水天嘉宜化工有限公司“3·21”特别重大爆炸事故调查报告　269

第四篇　港口包装危险化学品安全管理相关政策法规(电子书)

附录　危险化学品港口经营人的装卸管理人员从业资格考核大纲

参考文献

第一篇

港口包装危险货物安全管理技术

第一章
危险货物基础知识

受国际海事组织海上安全委员会(MSC)指派,在海运危险货物方面有丰富经验的国家组成了一个专家工作组,根据 1960 年《国际海上人命安全公约》(SOLAS 公约)第七章的规定,与联合国危险货物运输专家委员会紧密合作,编写了《国际海运危险货物规则》,简称《国际危规》(IMDG Code)。《国际危规》是以修正案形式颁布实施,通常是每两年更新一次,本版教材使用最新的第 41-22 版修正案。

《国际危规》作为全球海洋运输包装危险货物的指导规则,其制定原则是除非符合规则的要求,否则禁止装运危险货物。其目的是保障船舶载运危险货物和人命财产安全、防止事故发生、防止海洋污染、使航行更安全、使海洋更清洁。

第一节 概 述

一、危险货物的定义

确定某一种货物是否具有危险性以及具有什么性质的危险性,是港口危险货物装卸运输安全管理的基础。危险货物是指列入国际海事组织制定的《国际危规》和国家标准《危险货物品名表》(GB 12268),具有爆炸、易燃、毒害、感染、腐蚀、放射性等特性,容易造成人身伤亡、财产毁损或者对环境造成危害而需要特别防护的货物。

二、危险货物的基本特性

(1)具有爆炸、易燃、毒害、感染、腐蚀、放射射线等性质。非常具体地指明了危险货物本身所具有的特殊的性质,是造成火灾、灼伤、中毒等事故的先决条件。

(2)能引起人身伤亡和财产毁损。这一点,指出了危险货物在一定条件下,比如由于受热、明火、摩擦、振动、撞击、洒漏、与性质相抵触物品接触等,发生化学变化所产生的危险效应。不光是货物本身遭到损失,更主要的是危及周围环境。

(3)在运输、装卸、保管过程中需要特别防护。这里所指的特别防护,不仅是一般所说的轻拿轻放、谨防明火(运输普通货物也必须做到这一点),而且是指要针对各种危险货物本身的特性必须采取的“特别”防护措施。例如,有的爆炸品需添加抑制剂;有的有机过氧化物需控制环境温度;有的危险品需要特殊包装,而大多数危险货物的配载都有所忌物品。

必须强调:以上三点,缺一则不称为危险货物。例如,贵重物品防丢失、精密仪器防振动、易碎器皿防破损等,都需要特别防护,但是这些物品不具特殊性质,一旦防护失措,也不致造成人身伤亡或除货物本身以外财物毁损,所以不属危险货物。

第二节　危险货物分类及特性

一、第1类　爆炸品

1.定义及分类

(1)爆炸品包括:

①爆炸性物质(物质本身不是爆炸品但能形成爆炸性气体、蒸气或烟尘的物质不包括在第1类中),那些特别危险以致不能运输的物质或主要危险适用于其他类别的物质除外。

②爆炸性物品,装置内含有的爆炸性物质因其数量和特性的缘故,在运输过程中由于偶然或意外被点燃或引爆后,不会因抛射、着火、烟、热或巨大声响等对装置外部产生任何影响的除外。

③不属于上面所述,且目的在于产生实用爆炸或烟火视觉效果而制造的物质和物品。

(2)定义。

①爆炸性物质是指固体或液体物质(或几种物质的混合物),能通过本身的化学反应产生气体,其温度、压力和速度对周围环境造成破坏,包括不放出气体的烟花。如港口装卸的爆破用的电雷管、非电雷管、TNT炸药乳化炸药等。

②爆炸性物品是指含有一种或多种爆炸性物质的物品。

③烟火物质是指一种物质或几种物质的混合物,设计通过产生热、光、声、气体或所有这些的结合,达到一种由非爆炸性、自续的放热化学反应产生的效果。如港口装卸的烟花爆竹、鞭炮品等。

④减敏指的是将一种物质(或减敏剂)加入爆炸物中,以增加搬运和运输过程中的安全。减敏剂使用爆炸物不敏感或降低爆炸物对以下情况的敏感度:热、振动、撞击、打击或摩擦。典型的减敏剂包括但不仅限于蜡、纸、水、聚合物(如氯氟聚合物)、酒精和油等(如凡士林油和石蜡)。

(3)第1类爆炸品按危险性划分为6类:

①第1.1类:具有整体爆炸危险的物质和物品。整体爆炸是指能在瞬间影响到整个装载的爆炸。如雷汞、雷银等起爆药;TNT、黑索金、泰安、爆破用的电雷管、非电雷管、弹药用雷管等。

②第1.2类:具有抛射危险但没有整体爆炸危险的物质和物品。如带有炸药或抛射药的火箭、火箭弹头,装有炸药的炸弹、燃烧弹、烟幕弹、催泪弹、毒气弹,地面或空中照明弹、不带雷管的民用炸药装药、民用火箭等。

③第1.3类:具有燃烧危险、较小爆炸或较小抛射危险,或兼有两种危险,但无整体爆炸危险的物质和物品。包括可产生大量辐射热的物质和物品;相继燃烧产生较小爆炸或抛射作用或兼有作用的物质和物品。如速燃导火索、点火管、点火引信、礼花弹等。

④第1.4类:无重大危险的物质和物品。包括在运输过程中一旦点燃或引爆时只有微小

危险的物质和物品。其影响主要限于包件本身,预计不会产生相当大的碎片抛射作用或其作用范围不大。外部火焰不会引起包件中全部货物在瞬间爆炸。如导火索、手持信号器、火炬信号、烟花爆竹等。

⑤第 1.5 类:有整体爆炸危险但极不敏感物质。包括具有整体爆炸危险但在正常运输条件下引爆或从燃烧转为爆炸可能性极小的极不敏感的物质。如 B 型爆破用炸药、E 型爆破用炸药(乳胶炸药、浆状炸药和水凝胶炸药)等。

⑥第 1.6 类:没有整体爆炸危险的极不敏感物品。主要由极不敏感的物质组成,该物品因意外起爆或传爆的可能性可以忽略。

2. 危险特性

(1)爆炸性。

爆炸品受到摩擦、撞击、振动、高热或其他能量激发后,能产生剧烈的化学反应,并在极短时间内释放大量热量和气体,形成巨大的冲击波,对周围其他货物和建筑物毁坏作用极大。

(2)毒害性。

许多炸药,如苦味酸、TNT、硝化甘油、雷汞、叠氮化铅等,本身都具有一定毒害性,大多数爆炸品爆炸时通常会产生如 CO、CO_2、NO、NO_2、HCN、N_2 等有毒或窒息性气体,可从呼吸道、食道甚至皮肤等进入人体内,很容易造成中毒或窒息。

(3)燃烧性。

爆炸品燃烧时放出大量热量,使温度急剧升高,引燃周围物质,造成火灾。

二、第 2 类　气体

1. 定义及分类

气体是一种在 50℃时的蒸气压力大于 300kPa 或 20℃时在标准大气压力 101.3kPa 下完全呈气态的物质,包括压缩气体、液化气体、溶解气体、冷冻液化气体、吸附性气体、一种或多种气体与其他类别的一种或多种物质的蒸气的混合物、充注了气体的物品和喷雾器。

(1)气体的运输条件根据其物理状态描述如下:

①压缩气体:气体在压力下包装载运时,处于 -50℃时,完全呈气态,包括临界温度低于或等于 -50℃的所有气体。

②液化气体:气体在压力下包装载运时,当温度高于 -50℃时,部分呈气态,按其特性可分为高压液化气体(临界温度在 -50 ~ 65℃之间的气体)和低压液化气体(临界温度在 65℃以上的气体)。

③冷冻液化气体:当包装载运时,由于温度低而部分气体处于液态。

④溶解气体:在压力下包装载运时,溶解在液相溶剂中的气体。

⑤吸附性气体:以包装形式运输吸附到固体多孔材料上的气体,其内容器压力在 20℃时不超过 101.3kPa、在 50℃时不超过 300kPa。

气体在不同的压力下运输,通常情况是压缩气体在高压下运输、冷冻气体在低压下运输。

由于气体的化学性质及其对生理的影响可能很大,据此,气体可分为:易燃的、非易燃的、无毒的、有毒的、助燃的、腐蚀性的，有的还可能同时具有两种或两种以上的性质。

所有比空气重的气体，如任其在舱底蓄积，都有潜在的危险。

(2)根据气体在运输过程中的主要危险性，第2类气体可再细分为3类：

①第2.1类：易燃气体：该气体在温度为20℃、标准压力为101.3kPa条件下当与空气混合按体积占13%或更低时能够点燃；或不管最低燃烧极限是多少，其爆炸极限大于或等于12%。如氢气、乙炔气等。

②第2.2类：非易燃无毒气体：包括窒息性气体(在大气中，该气体通常会稀释或替代氧气的气体)、氧化性气体(该气体通常以提供氧气的方式，比空气更容易造成或导致其他材料燃烧的气体)以及在其他类别里没有列入的气体。

③第2.3类：有毒气体：该类气体对人类有毒或者有腐蚀性以至于危害健康，或因为气体的 LC_{50} 的值等于或低于 $5000mL/m^3$ 而被推定对人类有毒或有腐蚀性的气体，如氟气、氯气等有毒氧化性气体；氨气、无水溴化氢、磷化氢、砷化氢、无水硒化氢、煤气、氯甲烷、溴甲烷等。

2. 危险特性

(1)爆炸性。

此类物品都是以高压或降低温度后装进钢瓶或钢桶内进行储存运输的，它们会因受热、撞击等外力作用影响，致使容器受损而造成爆炸。当易燃气体逸散到空气中，其浓度达到爆炸极限时，遇到明火也容易引起爆炸。

(2)易燃性。

气体中的易燃气体和某些有毒气体容易引起燃烧，如乙炔、一氧化碳、烃类、氢气等，它们之中有的自燃点很低，在常温下不需要点火即能自燃，有的闪点很低，遇火即能燃烧，有的剧毒气体本身也很容易燃烧，如磷化氢、甲烷、乙烯等。

(3)毒性。

本类中许多气体具有麻醉作用，这种作用可以在较低的浓度下发生，或当遇火时，释放剧毒气体。有毒气体，尤其是剧毒气体对人、畜都有很大毒害性，吸入少量即可引起中毒或死亡。这类气体有氰化氢、一氧化碳、氯甲烷、氯气、氯化氢等，其中毒性最大的是氰化氢，当在空气中的浓度达到 $300mg/m^3$ 时，能够使人立即死亡。

(4)助燃性和窒息性。

助燃气体本身虽不能燃烧，但有很强的助燃性，是强氧化剂，与可燃气体混合时能引起着火或爆炸。例如，氯气与乙炔气接触即可爆炸，氯气与氢气混合见光可爆炸，氟气遇氢气在黑暗中也可爆炸，油脂接触到氧气能自燃，铁在氧气中也能燃烧等。

除氧气和压缩空气外，其他压缩气体和液化气体都具有窒息性。有些气体从化学上是惰性的，这些气体与其他气体一样，通常被认为是无毒的，但在高浓度时有窒息性。一般来说，压缩气体和液化气体的易燃易爆性和毒害性易引起人们的注意，而往往忽视其窒息性，尤其是那些不燃无毒的气体。例如，氮气、二氧化碳及氦、氖、氩、氪、氙等惰性气体，虽然它们无毒不燃，但都必须盛装在容器之内，并有一定的可能性在受热或受到火场上的热辐射时，使气瓶压力升高，并且当压力超过其强度时发生爆裂，现场人员也会被伤害，应引起注意。

(5)腐蚀性。

一些含氢、硫元素的气体具有较强的腐蚀性,如硫化氢、硫氧化碳、氨气、氢气等,不仅对金属结构、建筑材料进行长年累月的侵蚀,削弱设备的耐压强度,严重时可导致设备系统裂隙、漏气,引起火灾等事故,而且对庄稼、植物、人体皮肤黏膜也有很大的危害。运输中应注意严格执行相关规定,远离食品和居住处所。

三、第 3 类　易燃液体

1. 定义及分类

第 3 类包括下列物质:

(1)易燃液体:闭杯试验在 60℃(相当于开杯试验 65.6℃)或在 60℃以下时放出易燃蒸气的液体或液体混合物,或含有处于溶液中或悬浮状态的固体或者液体(如油漆、清漆、真漆等,但不包括由于其危险性已另列入其他类别中的物质),上述温度通常指闪点。

(2)液态退敏爆炸品:是指溶于或悬浮于水或其他液态物质、形成均一的液体混合物以抑制其爆炸特性的爆炸性物质。

本类物质在常温下易挥发,其蒸气与空气能形成爆炸性混合物。

2. 危险特性

(1)易挥发性。

易燃液体在低于沸点温度下的蒸发现象又称为挥发,不同液体其挥发性不同,如乙醚、丙酮、乙醇等挥发性都较大。大部分易燃液体属于沸点低、闪点低、挥发性强的物质。随着温度的升高,蒸发速度加快,当挥发出的蒸气与空气混合达到一定浓度时遇火源极易发生燃烧爆炸。

(2)易燃性。

易燃液体具有高度的易燃性。液体的燃烧是通过液体挥发出的蒸气与空气形成可燃性混合物,在一定的浓度范围内遇火源点燃而实现的,因而液体的燃烧是液体蒸气与空气中的氧进行的剧烈反应。易燃液体的闪点比较低,易挥发出蒸气,并进入空气中;易燃液体温度越高,挥发越快;多数易燃液体所需点火能量较小,当挥发的蒸气和空气的混合物与火源接触容易引起燃烧。因此,闪点越低,液体越容易被点燃,引起火灾的危险性越大;液体所需点火能量越小,火灾危险性越大,也意味着越易因外来因素而导致火灾事故。

(3)易爆性。

易燃液体具有蒸发性,当蒸发出的易燃蒸气与空气混合,达到爆炸浓度范围时,遇火源就会发生爆炸。易燃液体的蒸发性越强,其爆炸危险性就越大;同时,这些易燃蒸气可以任意飘散,或在低洼处聚积,使得易燃液体的使用、储存更具有爆炸危险性。

(4)受热膨胀性。

易燃液体和其他物体一样,有受热膨胀性。储存于密闭容器中的易燃液体受热后,在本身体积膨胀的同时会使蒸气压力增加,若超过了容器所能承受的压力极限,就会造成容器膨胀,以致爆裂。夏季盛装易燃液体的桶,常出现“鼓桶”现象以及玻璃容器发生爆裂,就是受热膨胀所致。所以,对盛装易燃液体的容器,应留有不少于5%的空隙,夏天要储存于阴凉处或用喷淋冷水降温的方法加以防护。

(5)易流动扩散性。

易燃液体大部分黏度比较小,而且具有较强的流动性。在生产、储存等场所发生泄漏时,泄漏的易燃液体会沿着地面、设备或管沟流淌扩散,从而使火灾范围扩大,增加灭火难度和火灾损失。

(6)带电性。

大部分易燃液体为非极性物质,电阻率处于易生静电范围,且着火能量极小,在管道、储罐、槽车、油船的输送、灌装、摇晃、搅拌和高速流动过程中,由于摩擦产生静电,当所带的静电荷积聚到一定程度时,就会产生静电火花,有引起燃烧爆炸的危险性。因此,生产、储存、使用易燃液体的操作过程中都要做好防静电的措施。

(7)毒害性。

易燃液体本身或其蒸气大都具有毒害性,有的还有刺激性和腐蚀性。其毒性的大小与其本身化学结构、蒸发速度的快慢有关。不饱和碳氢化合物、芳香族碳氢化合物和易蒸发的石油产品比饱和的碳氢化合物、不易蒸发的石油产品的毒性要大。易燃液体对人体的毒害性主要表现在蒸发气体上,它能通过人体的呼吸道、消化道、皮肤三条途径进入人体内,造成人身中毒。例如,苯、二甲苯、二硫化碳等吸入较多会引起急性中毒,出现头痛、眩晕、麻醉、昏迷、休克等急性症状。因此,装载易燃液体的库房、船舱应适时通风,尤其是开舱卸货之前应先通风,以控制蒸气浓度。

四、第4类　易燃固体、易自燃物质和遇水放出易燃气体的物质

《国际危规》把除划分为爆炸品以外在运输条件下易燃或可能引起或导致起火的物质都划归到第4类。第4类物质细分如下:

(1)第4.1类:易燃固体:在运输所遇条件下,易于燃烧或通过摩擦可能引发或促进火灾的固体;易于发生强烈热反应的自反应物质(固体和液体)和聚合性物质;如果没有充分稀释,可能爆炸的固体退敏爆炸品。

(2)第4.2类:易自燃物质:在正常运输条件下易于自发升温或易于遇空气升温,然后易于起火的液体或固体物质。

(3)第4.3类:遇水放出易燃气体的物质:与水反应易于自燃或释放达到危险数量的易燃气体的液体或固体物质。

(一)易燃固体

1.定义

第4.1类包括下列物质:

(1)易燃固体:指易于燃烧的固体和经摩擦可能起火的固体。

(2)自反应物质:指热不稳定物质,即使没有氧(空气)参与也易产生强烈的放热分解。自反应物质的分解可因加热、与催化性杂质(如酸、重金属化合物、碱)接触、摩擦或撞击产生。

分解速度随温度升高而升高,也随着物质不同而不同。

(3)固体退敏爆炸品:是指被水或醇类浸湿或被其他物质稀释后,形成均一的固体混合物来抑制其爆炸性的爆炸性物质。

(4)聚合性物质:是指在不添加稳定剂的情况下,在正常运输条件下,易于发生强烈的放热反应,形成大分子或者聚合物的物质。

2. 危险特性

(1)易燃性。

易燃固体的燃点都比较低,一般都在300℃以下,如硝化棉属于4.1类固体退敏爆炸品,自燃点170℃、闪点12.78℃、爆速6300m/s(含氮13%)、爆轰气体体积841L/kg,遇到火星、高温、氧化剂以及大多数有机胺(对苯二甲胺等)会发生燃烧和爆炸。如温度超过40℃时它能分解自燃。干燥久储变质,极易引起自燃,一般加入水或乙醇作湿润剂。如湿润剂挥发后,容易发生火灾。由于硝化棉在硝化过程中的条件不同,其含氮也不同,溶解度互有差异,含氮量超过12.5%者为爆炸品,性质很不稳定。

在常温下只要有能量很小的着火源与之作用即能引起燃烧。例如,镁粉、铝粉只要有20mJ的点火能即可点燃;硫磺、生松香则只需15mJ的点火能即可点燃。有些易燃固体对摩擦、撞击、振动也很敏感,如赤磷、闪光粉等摩擦、振动、撞击能起火燃烧爆炸。所以,易燃固体在储存、运输、装卸过程中,应当注意轻拿轻放,避免摩擦撞击等外力作用。

(2)可分散性与氧化性。

固体具有可分散性。一般来讲,物质的颗粒越细,其比表面积越大,分散性就越强。当固体粒度小于0.01mm时,可悬浮于空气中,这样能充分与空气中的氧接触发生氧化作用。固体的可分散性受许多因素影响,还受物质比表面积的影响,比表面积越大,和空气的接触机会就越多,氧化作用也就容易,燃烧也就越快,则具有爆炸危险性。另外,易燃固体与酸、氧化剂,尤其是与强氧化剂接触,能发生剧烈化学反应而引起燃烧或爆炸。如发泡剂H与酸性物质接触能立即起火;萘与发烟硫酸接触反应非常剧烈,甚至引起爆炸;红磷与氯酸钾、硫磺与过氧化钠或氯酸钾相遇,稍经摩擦或撞击,都会引起燃烧或爆炸。所以易燃固体绝对不允许与氧化剂、酸类物质混储混运。

(3)热分解性。

某些易燃固体受热后不熔融,而发生分解现象。如多聚甲醛、2—硝基联苯等受热发生分解,往往放出有毒气体。一般来说,热分解的温度高低直接影响火灾危险性的大小,受热分解温度越低的物质,其火灾爆炸危险性就越大。

(4)有毒性。

很多易燃固体本身就是具有毒害性或燃烧后能产生有毒气体的物质,如硫磺、三硫化二磷不仅与皮肤接触能引起中毒,而且粉尘吸入人体后,亦能引起中毒;硝基化合物、硝化棉及其制品,重氮氨基苯等易燃固体,由于本身含有硝基($—NO_2$)、亚硝基(—NO)、重氮基(—N=N—)等不稳定的基团,在快速燃烧的条件下,还有可能转为爆炸,燃烧时亦会产生大量的一氧化碳、氧化氮、氢氰酸等有毒气体,故应特别注意防毒。

(5)遇湿易燃性。

硫的磷化物类,不仅具有遇火受热的易燃性,而且还具有遇湿易燃性。如五硫化二磷、三硫化四磷等,遇水能产生具有腐蚀性和毒性的可燃气体硫化氢。所以,对此类物品还应注意防水、防潮,着火时不可用水扑救。

(6)自燃危险性。

易燃固体中的赛璐珞、硝化棉及其制品等在积热不散的条件下都容易自燃起火,硝化棉在40℃的条件下就会分解。因此,这些易燃固体在储存和运输时,一定要注意通风、降温、散潮,堆垛不可过大、过高,加强养护管理,防止自燃造成火灾。

(二)易自燃物质

1.定义

第4.2类包括:

(1)引火物质:是指即使量很少,与空气接触5min之内即可着火的物质,包括混合物和溶液(液体或固体)。如黄磷、三氯化钛、钙粉、烷基铝、烷基铝氢化物、烷基铝卤化物等。

(2)自热物质:是指除引火物质以外,在不供能量的情况下与空气接触易于自行发热的物质。这些物质只有在数量大(若干千克)、时间长(若干小时或若干天)的情况下才会着火。物质的自热是该物质与空气中的氧逐渐发生反应产生热的过程。如果热产生的速度超过热损耗的速度,物质的温度便会上升,在经过一段时间的诱导期后,可自发起火或自燃。如棉花、剑麻、油布、油绸及其制品,动物油、植物油和植物纤维及其制品等。

有些物质遇火时,还可能会放出有毒气体。

2.危险特性

(1)极易氧化。

大部分易自燃物质的化学性质非常活泼,具有极强的还原性,接触空气后能迅速与空气中的氧发生反应,并产生大量的热,达到其自燃点而着火,接触氧化剂和其他氧化性物质反应更加剧烈,甚至爆炸。如黄磷遇空气即自燃起火,生成有毒的五氧化二磷。所以自燃物品的包装必须保证密闭,充氮气保护或据其特性用液封密闭,如黄磷须存放于水中运输等。

(2)易分解。

某些自燃物品的化学性质很不稳定,在空气中会自行分解,积蓄的分解热也会引起自燃。如硝化纤维素片基、种子饼等。

(3)遇湿易燃。

硼、锌、锑、铝的烷基化合物类、烷基铝氢化合物类化学性质非常活泼,具有极强的还原性,遇氧化剂和酸类反应剧烈。除在空气中能自燃外,遇水或受潮还能分解而自燃或爆炸。

(4)积热自燃。

硝化纤维的胶片含有硝酸根,化学性质很不稳定,在常温下就能缓慢分解,当堆积在一起或储存室通风不好时,分解反应产生的热量无法散失,慢慢越积越多,便会自动升温达到其自燃点而着火,火焰温度可达1200℃。

(5)有毒性。

有些易自燃物质在燃烧时,可放出有毒气体。如黄磷暴露在空气中能迅速氧化,同时生成白色毒性烟雾(五氧化二磷),被人体吸收会造成中毒,危及人身安全。

(三)遇水放出易燃气体的物质

1. 定义

本类物质无论液体或固体,与水相互作用易于自燃或放出一定数量危险性的易燃气体。这种气体与空气混合形成爆炸性混合物,这种混合物很容易被普通的火源点燃,其产生的冲击波和火焰可能对人体和环境造成危害。有的不需要明火,即能燃烧爆炸。如果按《联合国试验和标准手册》的试验方法进行试验时,在试验程序的每一步都发生自燃或产生易燃气体的速度大于1升每千克小时的物质属于本类。

如港口装卸的遇湿易燃物品常见的有:电石、钾、钠等碱金属;镁粉、锌粉等轻金属粉末。

2. 危险特性

(1)遇水易燃易爆。

这是该项物质的通性,其特点是:

①活泼金属及其合金,如钾、钠、锂、钾钠合金等,遇水即发生剧烈反应。在夺取水中氧原子与之化合的同时,放出氢气和大量的热量,其热量能使氢气自燃或爆炸。尚未来得及反应的金属,会随之燃烧或飞溅。

②金属氢化物,如氢化钠、氢化钙、氢化铝等遇水能剧烈反应而放出氢气。

③硼氢化合物,如二硼氢、硼氢化钠等,遇水反应放出氢气。

④碳的金属化合物,如碳化钙、碳化铝等,遇水反应剧烈,放出不同的可燃气体乙炔、甲烷等。

⑤磷化物,如磷化钙、磷化锌等,遇水生成磷化氢,在空气中能自燃。

⑥其他,如保险粉和焊接用的镁铝粉等,遇水也能产生可燃气体,有火灾爆炸的危险。

(2)遇氧化剂和酸着火爆炸。

遇湿易燃物品除遇水能反应外,遇到氧化剂、酸也能发生反应,而且比遇到水的反应更加剧烈,危险性更大。有些遇水反应较为缓慢,甚至不发生反应的物品,当遇到酸或氧化剂时,能发生剧烈反应。如锌粒在常温下放入水中并不会发生反应,但放入酸中,即使是较稀的酸,反应也非常剧烈,放出大量的氢气。这是因为遇水放出易燃气体的物质都是还原性很强的物质,而氧化剂和酸类等物质具有较强的氧化性,所以它们相遇后反应更加剧烈。

(3)自燃性。

有些物品不仅有遇湿易燃危险,而且还有自燃危险性。如金属粉末类的锌粉、铝镁粉等,在潮湿空气中能自燃,与水接触,特别是在高温下反应比较强烈,能放出氢气和热量。

(4)毒害性和腐蚀性。

在遇湿易燃物品中,有一些与水反应生成的气体是易燃有毒的,如乙炔、磷化氢、四氢化硅等。尤其是金属的磷化物、硫化物与水反应,可放出有毒的可燃气体,并放出一定的热量;同时,遇湿易燃物品本身有很多也是有毒的,如钠汞齐、钾汞齐等都是毒害性很强的物质。硼和氢的金属化合物类的毒性比氰化氢、光气的毒性还大。因此,应特别注意防毒。

五、第 5 类　氧化物质和有机过氧化物

(一)氧化物质

1. 定义

这些物质本身未必燃烧,但通常因放出氧气能引起或促使其他物质燃烧,这些物质可能包含在一个物品里。如过氧化钠、高锰酸钾等。

2. 危险特性

(1)强氧化性。

本类物品具有强氧化性,易引起燃烧、爆炸。氧化剂多为碱金属、碱土金属的盐或过氧化基所组成的化合物。其特点是氧化价态高,金属活泼性强,易分解,有极强的氧化性;本身不燃烧,但与可燃物作用能发生着火和爆炸。属于这项的物质有:

①硝酸盐类。这一类氧化剂中含有高价态的氮原子(N^{+5}),易得电子变为低价态的氮原子(NO、N^{+3}),如硝酸钾、硝酸钠、硝酸锂等。

②氯的含氧酸及其盐类。这类氧化剂的分子中含有高价态的氯原子(Cl^{+1}、Cl^{+5}),易得电子变为低价态的氯原子(Cl^{0}、Cl^{-1}),如高氯酸、氯酸钾、次亚氯酸钙等。

③高锰酸盐类。这类氧化剂分子中含有高价态的锰原子(Mn^{+7}),易得电子变为低价态的锰原子(Mn^{+2}、Mn^{+4}),如高锰酸钾、高锰酸钠等。

④过氧化物类。这类氧化剂分子中含有过氧基(—O—O—),不稳定,易分解,放出具有强氧化性的氧原子,如过氧化氢、过氧化钠、过氧化钾等。

⑤其他银、铝催化剂。

⑥有机硝酸盐类。这类物质与无机硝酸盐类相似,也含有高价态的氮原子,易得电子变为低价态,但本身可燃,如硝酸胍、硝酸脲等。

(2)分解性。

在按氧化剂管理的码头作业危险品中,除有机硝酸盐类外,都是不燃物质,但当受热、撞击或摩擦时极易分解出原子氧,若接触易燃物、有机物,特别是与木炭粉、硫磺粉、淀粉等粉末状可燃物混合时,能引起着火和爆炸。例如,硝酸铵在加热到 210℃时即能分解,在分解过程中,往往放出 NH_3 或 NO_2、NO 等有毒气体。一般来说,热分解的温度高低直接影响危险性的大小,受热分解温度越低的物质,其火灾爆炸危险性就越大。

所以,储运这些氧化剂时,应防止受热、摩擦、撞击,并与易燃物、还原剂、有机氧化剂、可燃粉状物等隔离存放,遇有硝酸铵结块必须粉碎时,不得使用铁质等硬质工具敲打,可用木质等柔质工具破碎。

(3)可燃性。

虽然氧化剂绝大多数是不燃的,但也有少数有机氧化剂具有可燃性,如硝酸胍、硝酸脲、过氧化氢尿素、高氯酸醋酐溶液、二氯异氰尿酸、三氯异氰尿酸、四硝基甲烷等,不仅具有很强的

氧化性,而且与可燃性物质结合可引起着火或爆炸,着火不需要外界的可燃物参与即可燃烧。因此,对于有机氧化剂,除防止与任何可燃物相混外,还应隔离所有火种和热源,防止日光暴晒和任何高温的作用。储存或运输时,应与无机氧化剂和有机过氧化物分开堆放或积载。

(4)自燃性。

有些氧化剂与可燃液体接触能引起自燃。如高锰酸钾与甘油或乙二醇接触,过氧化钠与甲醇接触时,一定要与可燃液体隔离,分库储存,分车运输。

(5)与酸作用分解性。

氧化剂遇酸后,大多数能发生反应,而且反应常常是剧烈的,甚至引起爆炸。如过氧化钠、高锰酸钾与硫酸,氯酸钾与硝酸接触等都十分危险。因此,氧化剂不可与硫酸、硝酸等酸类物质混储混运。这些氧化剂着火时,也不能用泡沫和酸碱灭火器扑救。

(6)与水作用分解性。

有些氧化剂,特别是过氧化钠、过氧化钾等活泼金属的过氧化物,遇水或吸收空气中的水蒸气和二氧化碳时,能分解放出原子氧,与可燃物接触能引起燃烧爆炸。

此外,漂白粉(主要成分是次氯酸钙)吸水后,不仅能放出原子氧,还能放出大量的氯;高锰酸锌吸水后形成的液体,接触纸张、棉布等有机物能立即引起燃烧。所以,这类氧化剂在储运中,要严密包装,防止受潮、雨淋。着火时禁止用水扑救,也不能用二氧化碳扑救。

(7)强氧化剂与弱氧化剂作用的分解性。

在氧化剂中,强氧化剂与弱氧化剂相互之间接触能发生复分解反应,产生高热而引起燃烧或爆炸。因为弱氧化剂在遇到比其氧化性强的氧化剂时,又呈还原性,如漂白粉、亚硝酸盐、亚氯酸盐、次氯酸盐等,当遇到氯酸盐、硝酸盐等氧化剂时,即显示还原性,并发生剧烈反应,引起燃烧或爆炸。如硝酸铵与亚硝酸钠作用能分解生成硝酸钠和比其危险性更大的亚硝酸铵。因此,各种氧化剂亦不可任意混储混运,应注意分隔。

(8)腐蚀毒害性。

绝大多数氧化剂具有不同程度的毒性和腐蚀性。例如,铬酸酐、重铬酸盐等既有毒性,又会烧伤皮肤;活泼金属的过氧化物有较强的腐蚀性。操作时应做好个人防护。

(二)有机过氧化物

1. 定义

有机过氧化物是含有两价的—O—O—结构,可被认为是过氧化氢的衍生物的有机物质,其中一个或两个氢原子被有机原子团取代。有机过氧化物是遇热不稳定的物质,它可发热并自加速分解,此外这类物质还可能具有一种或多种下列特性:易发生爆炸性的分解、迅速燃烧、对撞击或摩擦敏感、与其他物质起危险反应及损害眼睛。此类物质有氧化苯甲酰、过氧化乙酮等。

2. 危险特性

(1)分解爆炸性。

由于有机过氧化物都含有过氧基—O—O—,而—O—O—基是极不稳定的结构,对热、振动、撞击或摩擦都极为敏感,所以当受到轻微的外力作用时即分解,易引起爆炸。有机过氧化物比无机氧化剂有更大的火灾爆炸危险。

(2)易燃性。

有机过氧化物不仅极易分解爆炸，而且有机过氧化物本身就是可燃物，易着火燃烧。如过氧化叔丁醇的闪点为26.67℃，过氧化二叔丁酯的闪点只有12℃。

(3)人身伤害性。

有机过氧化物的人身伤害性主要表现为容易伤害眼睛，如过氧化环己酮、过氧化二乙酰等，都对眼睛有伤害作用，其中有些即使与眼睛短暂的接触，也会对角膜造成严重的伤害。因此，应避免眼睛接触有机过氧化物。

综上所述，有机过氧化物的火灾危险性主要取决于物质本身的过氧基含量和分解温度，过氧基含量越多，热分解温度越低，则火灾危险性就越大。所以，在储存或运输时，要特别注意它们的氧化性和着火爆炸性并存的双重危险性，并根据它们的危险特性，采取正确的防火、防爆措施，严禁受热，防止摩擦、撞击，避免与可燃物、还原剂、酸碱和无机氧化剂接触等。

六、第6类 有毒和感染性物质

(一)定义及分类

第6类被分为有毒物质和感染性物质两类。

第6.1类：有毒物质：是指经吞食、吸入或皮肤接触后可能造成死亡或严重受伤或危害人体健康的物质。毒性物质的毒性分为急性口服毒性、皮肤接触毒性和吸入毒性，分别用口服毒性半致死剂量 LD_{50}、皮肤接触毒性半致死剂量 LD_{50}、吸入毒性半致死浓度 LC_{50} 衡量。

第6.2类：感染性物质。含有病原体（是指会使人或动物感染疾病的微生物）的物质，包括生物制品、诊断样品、基因突变的微生物、生物体和其他媒介，如病毒蛋白等。

(二)危险特性

1. 溶解性

很多有毒品水溶性或脂溶性较强。有毒品在水中溶解度越大，毒性越大。因为易于在水中溶解的物品，更易被热吸收而引起中毒。如氯化钡易溶于水，对人体危害大，而硫酸钡不溶于水和脂肪，故无毒。但有的毒品是不溶于水但溶于脂肪，这类物质也会对人体产生一定危害。

2. 挥发性

大多数有机有毒品挥发性较强，易引起蒸气的吸入中毒。毒品的挥发性越强，导致中毒的机会越多。沸点越低的物质，挥发性越强，空气中存在的浓度高，易发生中毒。

3. 分散性

固体毒品颗粒越小，分散性越好，特别是一些悬浮于空气中毒品颗粒，更容易吸入肺泡而中毒。

4. 火灾危险性

被列入有毒品管理的物品中,约 89% 都具有火灾危险性。主要有以下几个方面:

(1)遇湿易燃性:无机有毒品中金属的氰化物和硒化物大都本身不燃,但都有遇湿易燃性。如钾、钠、钙、铅、镍等金属的氰化物(如氰化钠、氰化钾等),遇水或受潮都能放出极毒且易燃的氰化氢气体;硒化镉、硒化铁等硒的化合物类,遇酸、高热、酸雾或水解能放出易燃且有毒的硒化氢气体;硒酸、氧氯化硒还能与磷、钾猛烈反应。

(2)氧化性:在无机毒品中,锑、汞和铅等金属的氧化物大都本身不燃,但都具有氧化性。硝酸铊、硝酸汞等,它们本身都不燃,但都是弱氧化剂,当与可燃物接触后,易引起着火或爆炸,并产生毒性极强的气体。

(3)易燃性:有很多是透明或油状的易燃液体,并且是低闪点或中闪点易燃液体。如有机磷、硫、氯、砷、液体及可燃粉剂,马拉硫磷、1059 等农药,既有相当的毒害性,又有一定的易燃性。

(4)易爆性:有毒品当中的萘酚、酚钠等化合物,遇高热、撞击等都可引起爆炸,并分解出有毒气体。砷酸钠、三碘化砷等砷的化合物类,本身都不燃,但遇明火或高热时,易升华放出极毒的气体。

(三)有毒物质进入人体的途径

当该类货物发生包装破损,或倒装,分装等情况时,往往容易使毒品挥发、渗漏或飞散,常常通过下列途径进入人体。

1. 呼吸道

整个呼吸道都能吸收有毒物质,尤其以肺泡的吸收能力最大。肺泡的面积很大,肺泡的壁很薄,肺泡上有丰富的微血管,所以肺泡对有毒物质的吸收很快。直径 10μm 以下的气体或粉尘能进入呼吸道、直径 5μm 以下的气体或粉尘能直接达到肺泡,在气体交换的同时进入循环系统达到全身各部位。经呼吸道吸收有毒物质的数量和速度与吸入的浓度、时间、肺活量以及有毒物质的理化性质有关。

呼吸中毒对人体的伤害不仅快,而且严重,据统计,95% 的职业性中毒是呼吸中毒。引起呼吸中毒的常见毒物有:氢氰酸、溴甲烷、苯胺、农药 1605、三氧化二砷等蒸气和粉尘。

2. 皮肤接触

虽然健康的皮肤有屏障作用,但一些有毒物质可以不同程度地通过表皮、毛囊或汗腺进入人体。经皮肤吸收有毒物质的数量和速度与物质的溶解性、浓度、接触时间、皮肤是否有破损、出汗等因素有关。

一些能溶于水或脂肪的毒物接触皮肤后,都比较容易侵入皮肤,而引起中毒。特别是皮肤破裂时更易从伤口进入体内,毒物进入皮肤后,也不经肝脏,直接进入血液循环。引起皮肤中毒的常见毒物有:硝基苯、苯胺、联苯胺、农药中的有机磷产品等。

此外,有些毒物对人体的黏膜有强烈的刺激性,如氯苯乙酮、二氧化硫等。

3. 消化道

一般情况下,有毒物质经消化道进入人体的可能性不大。除误服外,可能会由于在作业现场进食或饮水,作业后未进行彻底清洗,一些在呼吸道中吸收较慢的粉尘状毒物可随痰咳出又重新咽下,都可导致有毒物质通过消化道进入人体。进入消化道的有毒物质在胃中吸收较少,主要在小肠中吸收,经肝脏转化后进入血液循环系统。但某些无机盐,如氰化物及脂溶性毒物,可经口腔黏膜吸收。由于人体肝脏等器官对某些毒物有解毒作用,所以消化道中毒较呼吸中毒表现得比较缓慢。引起消化道中毒的常见毒物多为剧毒性粉末状的氰化物、砷化物、汞盐等。

(四)有毒物质毒性衡量指标

1. 中毒类型

中毒按发病过程分为急性、慢性和亚急性三种情况。

(1)急性中毒。

超过致死量的毒害品一次侵入人体,引起迅速中毒,发生全身症状,甚至死亡者称为急性中毒。由于较大量的有毒物质在短时间内进入人体,一般在接触有毒物质后很短的时间发病,从几秒到数十小时不等。

(2)慢性中毒。

长期接触小量毒物后,逐渐侵入人体,积聚起来而引起中毒者称为慢性中毒。受害者经常是数月、数年接触该有毒物质,造成积累性中毒。

(3)亚急性中毒。

发生中毒时间占中间地位,表现出症状是急性中毒症状,但不突然发生者,称为亚急性中毒。是介于急性和慢性中毒之间的类型。

2.《国际危规》采用的 3 种急性毒性动物试验标准

(1)急性口服毒性的 LD_{50}。

半致死剂量系指统计方法得出的,通过口服,能够在 14 天内,使刚成熟的天竺鼠半数死亡所施用的物质剂量。LD_{50} 值用试验物质的重量与试验动物的重量的比值来表示(mg/kg)。

(2)急性皮肤接触毒性的 LD_{50}。

系指在白兔裸露皮肤上连续接触 24h,在 14 天内使受试验动物半数死亡所施用的物质剂量。试验动物数目应足以做出有效的统计结果,并应与良好的药理学实践一致。其结果以毫克每千克表示。

(3)急性吸入毒性 LC_{50}。

系指使雄性或雌性刚成熟的天竺鼠连续吸入 1h,在 14 天内使受试验动物半数死亡所施用的蒸气、烟雾或粉尘的浓度。固态物质如果按其总质量至少 10% 可能是在可吸入范围的粉尘,该物质须进行试验。例如,其粉尘微粒的空气动力直径为 10μm 或小于 10μm。液态物质如果在运输装置泄漏时很可能产生烟雾,该物质须做试验。对于固体和液体,准备用吸入性毒性试验的样品 90% 以上(按质量)须在上面规定的可吸入范围。试验结果粉尘和烟雾用在每升空气中的毫克数(mg/L)表示;蒸气用在每立方米空气中的毫升数(mL/m^3)(或 ppm)表示。

七、第 7 类　放射性材料

(一)定义

放射性材料是指托运货物中任何含有放射性核素活度和总活度都超过《国际危规》2.7.2.2.1至2.7.2.2.6 段规定活度水平数值的材料。放射性活度,也称为放射性强度,是度量放射性物品放射性的一个物理量。用每秒内某放射性物品发生核衰变的数目或每秒内射出的相应离子数目来表示某物质的放射性活度。放射性活度的单位用贝可(Bq)表示。

(二)危险特性

1. 放射性

放射性材料能自发、不断地放出人体感觉器官不能觉察到的射线。放射性材料放出的射线分为四种:α 射线,也叫甲种射线;β 射线,也叫乙种射线;γ 射线,也叫丙种射线;还有中子流。各种放射性物品放出的射线种类和强度不尽一致。

外照射是体外辐射源对生物体所产生的照射。外照射时辐射源位于人体外部,当人体远离辐射源或采取足够的屏蔽防护措施后,则不再受到照射;而对于内照射,放射性核素一旦进入人体,它对人体的照射将持续一段时间,甚至使人体终生受照。这是外照射与内照射的明显区别。强贯穿电离辐射都会对人体产生外照射,如 γ 射线、中子流等。弱贯穿电离辐射主要对人体皮肤、浅表组织或器官造成外照射,如高能 β 射线,若防护不当,会造成皮肤烧伤;而有些弱贯穿辐射,如 α 射线,则因其射程很短以及人体皮肤角质层的阻挡,通常不会造成外照射。

内照射是进入人体内的放射性核素对人体所产生的照射。通常对 γ 射线来说,因穿透力强,内照射与外照射的危害差别不大,但对 α 和 β 射线,因穿透力弱,内照射将大于外照射。另外内照射与外照射的情景也不一样。对内照射,持续时间的长短决定该核素在人体内的转移、排出和物理衰变。对外照射,只要人体脱离辐射场其受照就停止。

2. 毒害性

许多放射性材料毒性很大。如镭 226、钍 230 等都是剧毒的放射性材料;钠 22、钴 60、锶 90 等为高毒的放射性材料,均应注意。

3. 不可抑制性

不能用化学方法中和或者其他方法使放射性材料不放出射线,而只能设法把放射性材料消除或者用适当的材料予以吸收屏蔽。如 α 射线可以被空气、铝箔吸收屏蔽;中子流可以被水、石蜡、硼酸吸收屏蔽。

4. 易燃性

放射性材料多数具有易燃性,有的燃烧十分强烈,甚至引起爆炸。如金属钍在空气中

280℃时可着火；粉状金属铀在200～400℃时有着火危险；硝酸铀、硝酸钍等遇高温分解，遇有机物、易燃物都能引起燃烧，且燃烧后均可形成放射性灰尘，污染环境，危害人们健康；硝酸铀的醚溶液在阳光的照射下能引起爆炸。

5. 氧化性

有些放射性材料不仅具有易燃性，而且大部分兼有氧化性。如硝酸铀、硝酸钍、硝酸铀酰（固体）、硝酸铀酰六水合物溶液等都具有强氧化性，遇可燃物可引起着火或爆炸。

（三）射线的种类及危害

放射性材料放射出的射线通常有三种：α射线、β射线和γ射线，此外，还有一种中子流，是原子核分裂的产物，不是原子核衰变的产物。

1. α射线

α射线是一种带正电的粒子流，α粒子即氦离子He^{2+}，带两个正电荷。

通过物质时，电离作用很强，本身则不断损耗能量，故射程很短。如U 238放出来的α射线，在空气中射程2.7mm，在生物体中射程0.035mm，在金属铅中射程0.017mm。α射线穿透能力很弱，用两张纸、一层金属片、普通衣服、木板或一定厚度的空气层就能将α射线挡住。

但是由于它的电离本领强，一旦进入体内，能引起很大伤害。所以，α射线内照射危害大，外照射危害不大。

2. β射线

β射线是一种带负电的电子流。β粒子即电子，由于β射线电荷少、质量小、运动速度快，所以它的穿透能力很强，射程比α射线大，但电离作用比α射线弱得多，约为1/100。如，放射出来的β射线在空气中的射程为7m，在生物体中为8mm，在铅中为3.5mm。不过用9mm厚的铅片、塑料板、木板或多层厚纸等就足以将它挡住。

所以，β射线内照射危害小，外照射危害大。能量仅为7万eV的β射线就能穿透人体皮肤角质层，使活组织受到伤害，较大剂量的β射线可使皮肤"灼伤"、眼角膜损伤。

3. γ射线

γ射线是一种波长很短的电磁波，即光子流，与X射线相似，不带电，速度高(30万km/s)能量大、穿透能力强，比β射线强50～100倍，比α射线强1万倍。又因为光子通过物质的能量损失只是光子数量减少，而剩余光子的速度不变，要使任何物质完全吸收α射线是很困难的，γ射线电离能力最弱，只有α射线的1/1000，β射线的1/10。

因此，γ射线主要是外照射危害，内照射危害很小。

4. 中子源

只有在原子核发生裂变时，才能从中释放出中子束。运输中常见的是由中子源放出的一种不带电的粒子源。因为中子不带电，不能直接产生电离，所以它的穿透能力也是很强的。使中子减速的办法是通过中子和其他物质原子核碰撞从而损耗能量。中子最容易被氢原子或含有氢原子的碳水化合物吸收。常用的减速剂有石蜡、有机纤维等碳水化合物以及水、水泥等。

中子对人体的危害主要是外照射,一般认为,中子引起人体损伤的有效性是 γ 射线的 2.5 ~ 10 倍。

八、第8类 腐蚀性物质

(一)定义

腐蚀性物质是指通过化学反应能严重地伤害与之接触的生物组织的物质,或该类物质从其包装中洒漏亦能导致其其他货物或船舶的损坏。

对人体有特别严重的伤害,在危险货物一览表中注明为:严重灼伤皮肤、眼睛和黏膜。

很多物质易挥发,产生的蒸气刺激眼和鼻,在危险货物一览表中注明为:蒸气刺激黏膜。

有些物质由于高温而分解,产生有毒气体,在危险货物一览表中注明为:遇火时,产生有毒气体。

除与皮肤或黏膜接触时有直接损害作用外,该类有些物质还有毒或有害。吞咽或吸入蒸气能中毒;该类有些物质甚至能渗入皮肤。本类中有少数物质能腐蚀玻璃、陶器和其他硅质材料。本类中少数物质与水或有机材料包括木、纸、纤维、某些衬垫和某些脂肪及油类等发生反应产生热量。对此,在危险货物一览表也相应地做出了说明。

本类中所有物质对金属及纺织品之类的物品都有或多或少的损坏作用。

在危险货物一览表中,"对大多数金属有腐蚀性"是指任何作为船上结构或作为货物的金属,都可能被该物质或其蒸气所侵蚀。

"对铅、锌和锡有腐蚀性"含义为铁或钢与该物质接触无损害。

本类中许多物质只有与水和潮湿空气发生反应后,才会具有腐蚀性。这种情况在危险货物一览表中注有"遇潮时……"的字样。许多物质与水反应时,伴随着放出刺激性和腐蚀性的气体。这些气体像空气中的烟雾一样,通常是可见的。

需要特别注意的是,指定为"稳定的"物质不应在未进行稳定的状态下运输。

(二)危险特性

1. 腐蚀性

当一种物质与其他物质接触时,会使其他物质发生化学变化或电化学变化而受到破坏,这种性质就叫腐蚀性,这是腐蚀品的主要危险特性。其特点如下:

对人体的伤害。腐蚀品的形态有液体和固体(晶体、粉状)两种,当人们直接接触及这些物品后,会引起灼伤或发生破坏性创伤以致溃疡等;特别是接触硫酸、盐酸、硝酸、氢氟酸等酸类时,皮肤能发生剧痛,使组织坏死,如不及时治疗,会导致严重后果;人体被腐蚀品灼伤后,伤口往往不容易愈合。故在码头储存、运输过程中,个人应特别注意防护。

对有机物质的破坏。腐蚀品能夺取木材、衣物、皮革、纸张及其他一些有机物质中的水分,破坏其组织成分,甚至使之炭化。如有时封口不严的浓硫酸坛中进入杂草、木屑等有机物,浅色透明的酸液会变黑就是这个道理;浓度较大的氢氧化钠溶液接触棉质物,特别是接触毛纤维,即能使纤维组织受破坏而溶解;这些腐蚀品在储运过程中,若渗透或挥发出气体(蒸气),

还能腐蚀货物或船舶库场苫垫用品和运输工具等。

对金属的腐蚀。在腐蚀品中,不论是酸性还是碱性的,对金属均能产生不同程度的腐蚀作用。浓硫酸虽然不易与铁发生作用,当储存日久,包装密封不好,吸收空气中的水分后浓度变稀薄时,也能继续与铁发生作用,使铁受到腐蚀;又如冰醋酸,有时使用铝桶包装,但储存日久也会引起腐蚀。

2. 毒害性

在腐蚀性物质中,有一部分能挥发出具有强烈腐蚀和毒害性的气体。如氢氟酸、甲酸、硝酸挥发的气体、对人体都有相当大的毒害作用。

3. 氧化性

有些腐蚀性物质如硫酸、硝酸、氯磺酸、漂白粉等都是氧化性很强的物质,与可燃物、还原剂接触易发生强烈的氧化反应,放出大量的热,容易引起燃烧。

4. 易燃性

在列入管理的腐蚀性物质中,约83%具有火灾危险性,有的还是相当易燃的液体和固体。有机腐蚀性物质大都可燃,有的非常易燃。甲酸、冰醋酸、甲基丙烯酸等遇到火源引起燃烧,其蒸气与空气可形成爆炸性混合物;其他有机腐蚀性物质如苯酚、甲酚、松焦油、焦油酸,不仅本身可燃,且都能挥发出有刺激性或毒性的气体。

5. 遇水分解易燃性

有些腐蚀性物质,特别是五氯化磷、三溴化硼等化合物,遇水分解、放热、冒烟,放出具有腐蚀性的气体,这些气体遇空气中的水蒸气还可形成酸雾;氯磺酸遇水猛烈分解,可产生大量的热和浓烟,甚至爆炸遇水分解;无水的硫化钠本身有可燃性,且遇高热、撞击还有爆炸危险。

九、第9类　杂类危险物质和物品和环境有害物质

(一)定义

第9类物质和物品(杂类危险物质和物品)是指在运输中呈现出未列入其他类别的危险的物质和物品。一是未列入其他类别的物质和物品,根据已经表明或可以表明该物质或物品具有的危险特性须适用于经修订的《1974年国际海上人命安全公约》第Ⅶ章A部分规定,二是不适用于上述公约第Ⅶ章A部分规定,但适用于经修订的《MARPOL公约》附则Ⅲ的物质。第9类物质和物品又细分如下:

(1)以微细粉尘吸入可危害健康的物质;

(2)会放出易燃气体的物质;

(3)锂电池;

(4)电容器;

(5)救生设备;

(6)一旦发生火灾可形成二噁英的物质和物品;

(7)在高温下运输或提交运输的物质;
(8)危害环境物质;
(9)转基因微生物(GMMOs)和转基因生物体(GMOs);
(10)硝酸铵基化肥(UN 2071);
(11)运输过程中存在危险但不能满足其他类别定义的其他物质和物品。

(二)危险特性

从上述定义中可以看出本类货物危险性的特殊性,与前 8 类不同的是其危险性是各不相同的,在工作中应根据其危险性的不同采取相应的应急措施,并且要认真对待,不能有丝毫的麻痹思想。

第三节 具有多种危险性的物质、混合物和溶液的分类

一、说明

《国际危规》第 1 册第 2.0 章对于具有多种危险性的物质、混合物和溶液的分类(危险性优先顺序)做了规定:危险性优先顺序表须用于确定含有多种危险性的在《国际危规》中未明确列出名称的物质、混合物或溶液的类别或为未另列明的含有危险货物的物品指定适当的条目(UN 3537 至 UN 3548,见《国际危规》2.0.6)。对于具有多种危险并且未明确列出名称的物质、混合物或溶液,划分到各自危险种类的货物中最严格的包装类优先于其他包装类,不用考虑《国际危规》2.0.3.6 中的危险性优先顺序表。

危险性优先顺序表列明了哪些危险须被视为是主要危险。出现在横行和纵行交叉点处的类别是主要危险,其他类为副危险。有关物质、混合物和溶液的每个危险种类的包装类须按适当的标准来确定。如此表示的最严格的类别须作为该物质、混合物和溶液的包装类。

按《国际危规》2.0.3.1 和 2.0.3.2 分类的物质、混合物和溶液的正确运输名称(见《国际危规》3.1.2)须是《国际危规》中作为主要危险的类别的最适当的“未另列明的”(N. O. S)条目。

二、一般规定

下列物质、材料和物品的危险性优先顺序没有在危险性优先顺序表中列明,这些主要危险总是优先的:

(1)第 1 类物质和物品;
(2)第 2 类气体;
(3)第 3 类液体退敏爆炸品;
(4)第 4.1 类自反应物质和固体退敏爆炸品;
(5)第 4.2 类发火性物质;

(6)第5.2类物质;
(7)第6.1类中具有包装类Ⅰ的蒸气吸入有毒的物质;
(8)第6.2类物质;
(9)第7类材料。

三、除外规定

除了例外的放射性材料(这时其他危险性优先)以外,具有其他危险性的放射性材料须划分到第7类,同时标识出其他危险性中最严重的危险性。除“UN 3507,六氟化铀,放射性材料,例外包件”外,例外包件中的放射性材料,适用《国际危规》第3.3章中的特殊规定290。

四、危险性优先顺序表

表1-1为危险性优先顺序表。

危险性优先顺序表　　表1-1

分类和包装类	4.2	4.3	5.1Ⅰ	5.1Ⅱ	5.1Ⅲ	6.1,Ⅰ皮肤	6.1,Ⅰ口服	6.1Ⅱ	6.1Ⅲ	8,Ⅰ液体	8,Ⅰ固体	8,Ⅱ液体	8,Ⅱ固体	8,Ⅲ液体	8,Ⅲ固体
3Ⅰ*		4.3				3	3	3	3	3	—	3	—	3	—
3Ⅱ*		4.3				3	3	3	3	8	—	3	—	3	—
3Ⅲ*		4.3				6.1	6.1	6.1	3**	8	—	8	—	3	—
4.1Ⅱ*	4.2	4.3	5.1	4.1	4.1	6.1	6.1	4.1	4.1	—	8	—	4.1	—	4.1
4.1Ⅲ*	4.2	4.3	5.1	4.1	4.1	6.1	6.1	6.1	4.1	—	8	—	8	—	4.1
4.2Ⅱ		4.3	5.1	4.2	4.2	6.1	6.1	4.2	4.2	8	8	4.2	4.2	4.2	4.2
4.2Ⅲ		4.3	5.1	5.1	4.2	6.1	6.1	6.1	4.2	8	8	8	8	4.2	4.2
4.3Ⅰ			5.1	4.3	4.3	6.1	4.3	4.3	4.3	4.3	4.3	4.3	4.3	4.3	4.3
4.3Ⅱ			5.1	4.3	4.3	6.1	4.3	4.3	4.3	8	8	4.3	4.3	4.3	4.3
4.3Ⅲ			5.1	5.1	4.3	6.1	6.1	6.1	4.3	8	8	8	8	4.3	4.3
5.1Ⅰ						5.1	5.1	5.1	5.1	5.1	5.1	5.1	5.1	5.1	5.1
5.1Ⅱ						6.1	5.1	5.1	5.1	8	8	5.1	5.1	5.1	5.1
5.1Ⅲ						6.1	6.1	6.1	5.1	8	8	8	8	5.1	5.1
6.1Ⅰ,皮肤										8	6.1	6.1	6.1	6.1	6.1
6.1Ⅰ,口服										8	6.1	6.1	6.1	6.1	6.1
6.1Ⅱ,吸入										8	6.1	6.1	6.1	6.1	6.1
6.1Ⅱ,皮肤										8	6.1	8	6.1	6.1	6.1
6.1Ⅱ,口服										8	8	8	6.1	6.1	6.1
6.1Ⅲ										8	8	8	8	8	8

注:1. * 除自反应物质和固体退敏爆炸品以外的第4.1类物质和除液体退敏爆炸品以外的第3类物质。
2. * *6.1指农药。
3. —指不可能的组合。
4. 本表中没有列出的危险性,见上述“二、一般规定”和“三、除外规定”。

第四节 危险货物一览表、特殊规定和限量免除

《国际危规》第 2 册第三部分内容主要介绍危险货物一览表、特殊规定和限量免除,用大量篇幅介绍了危险货物一览表,列出了 3000 多种在运输中常见的危险货物,限定了危险货物的范围,为从事危险货物运输人员提供了危险货物的联合国编号、正确运输名称、进行运输的限制条件、类别和应标贴的标志、副危险性(如果有的话)和应标贴的标志及海洋污染物标记、包装类别、与运输有关的特殊规定、限量内豁免运输的最大量、适用的包装和中型散装容器及罐柜的导则及其特殊规定、应急措施表号、积载与隔离要求和危险货物的主要特性及注意事项等详细资料,是指导危险货物运输管理不可缺少的重要技术文件之一。限量免除则规定了哪些货物适用于限量免除和它们的最大限量,以及它们的具体托运要求。

一、危险货物一览表的适用范围和一般规定

(一)适用范围

危险货物一览表中列出了许多最常见的危险货物。包括已列明的化学物质和物品条目、类属条目和"未另列明的"条目。由于不可能列出所有具有商业重要性的化学物质或物品的名称,特别是一些不同成分的溶液、混合物的名称,所以危险货物一览表还引用类属条目或"未另列明的"条目(例如萃取调味剂,液体的,UN 1197 或易燃液体,未另列明的,UN 1993)。因此,危险货物一览表意味着将包括可能运输的所有危险货物适当的名称或条目。

(二)一般规定

(1)在危险货物一览表中已明确列出危险货物名称时,必须按照该表中适用的规定运输。类属条目和"未另列明的"条目可用于允许运输那些未以具体名称列入危险货物一览表的物质或物品。这种危险货物只有在确定它的危险特性后方可运输。危险货物须按照分类定义、试验和标准对其分类。只有当危险货物的具体名称未列入危险货物一览表中或指定给该货物的主、副危险性不恰当时,才可以使用类属条目或"未另列明的"条目。危险货物分类须由托运人/发货人或《国际危规》指定的有关当局作出。危险货物类别一经确定,该危险货物的运输须满足《国际危规》提出的所有运输条件。任何具有或怀疑具有爆炸性的危险货物须首先考虑划分为第 1 类爆炸品。

(2)货物自身的不稳定性可以产生不同的危险,例如:爆炸性和聚合性,并产生大量的热量或释放易燃、有毒、腐蚀或窒息性气体等。危险货物一览表列出了禁止海运的某些危险货物或特定形态、浓度或状态的危险货物。其含义为在正常的海上运输条件下这些货物不适于运输,但并非意味着在任何条件下都不能运输。对于大多数货物来说,自身不稳定性可以通过适合的包装、稀释、稳定剂、添加抑制剂、控制温度或采取其他措施来控制,以满足运输要求。

(3)在危险货物一览表中列出了一些危险货物的某种预防措施(例如:须"稳定的""含 x% 的水或减敏剂"),除非货物在规则其他地方(例如:第 1 类爆炸品)没有任何预防措施的要

求或要求采取不同的预防措施，当未采取这些措施时不可以正常运输。

(4)某些物质，就其化学结构的特性而言，在一定的温度下或与某种催化剂接触，便倾向于以一种危险的方式聚合或发生其他危险反应，如采取特殊的运输条件或对该产品施加适量的化学抑制剂或稳定剂，可缓和这种趋势。同时，必须保证使这些产品得到足够的抑制或稳定，以防止在预定航程期间发生任何危险性反应。如果不能保证，则这种货物禁止运输。

(5)如果可移动罐柜的内装物需要在加热条件下运输，那么整个航程期间要维持其温度，除非能证实货物冷却时的结晶或凝固不会导致不稳定状态，因为这种结晶或凝固过程是会伴随某些被抑制或被稳定的产物出现。

(三)正确运输名称

危险货物的正确运输名称在危险货物运输中起着重要作用，在危险货物运输的任何环节中，如果货物的名称不统一，将会产生对货物性质的认定错误，从而引起一系列如货物的标志、包装、积载、隔离、装卸、应急处置等程序的错误选择，甚至会造成事故。因此，为了避免这种不统一所造成的麻烦，在《国际危规》中确定了危险货物的正常运输名称，并在危险货物一览表中列出了危险货物的正确运输名称。它的同义名、辅助名、原名或缩写名等包括在索引中便于正确运输名称的检索。

正确运输名称是在危险货物一览表中最能准确说明货物条目的那一部分，大一号字体显示(加上构成名称的数字、希腊字母、“仲”和“叔”)。紧跟正确运输名称后的括号部分[例如：乙醇(乙基醇)]是可供选择的正确运输名称。条目中的小一字号文字不需要考虑作为正确运输名称的一部分，但可以使用。当名称中有连接词“和”“或”时，或名称中的一部分用逗号分隔时，该条目下的完整名称不必显示在运输单证或包装标记中。特别是在一个联合国编号下的多个名称组成的条目，就应选择合适的正确运输名称。例如：

UN 1057 打火机或打火机充气筒。可能由下列最合适的正确运输名称组成：

打火机；

打火机充气筒。

当使用限定词作为正确运输名称的一部分时，它们在单证或包装上的顺序是任选的。对第1类货物可以使用通过说明来补充正确运输名称的商业或军事名称。

许多物质的液体和固体或固体和溶液两种状态都分别列有不同条目，但和联合国编号未必相邻。如果正确运输名称没有包含限定词“熔融的”，则按照定义属于固体的一种物质熔融状态交付运输时，限定词“熔融的”须加在正确运输名称后。

除自反应物质、有机过氧化物外，如果”稳定的“一词已经以大一号的字列在危险货物一览表的名称中，那么该词须作为正确运输名称的一部分。该物质如没有进行稳定，将按要求禁止运输，因为在正常的运输环境中该物质易于发生危险反应(例如：有毒液体，有机的，未另列明的，稳定的)。水合物可按无水物质正确运输名称运输。

(四)通用条目或未另列明条目

为了减少危险货物的编号，防止文字和内容的重复，故在危险货物一览表中将理化特性、包装、标志、应急措施、积载与隔离等要求相似的货物归为一组，给予一个编号，以“通用条目”

出现,使得《国际危规》精练紧凑;另一方面随着科技进步,新的化学品不断出现,虽然品名表不断被修正,但不可能在一个时间间隔内列出所有物质或物品,而这些新生产的化学品同样需要进行贸易、需要运输,就有必要提供一个参照运输的条款。因此,在危险货物一览表中不可能列出所有的危险货物名称,并在《国际危规》中设立了未另列明的(N.O.S)条目用于这些危险货物的运输。对于在危险货物一览表中没有列出的物质或物品,可以使用"通用条目"或"未另列明的"条目进行运输。每一条目都指定一个联合国编号。

危险货物一览表中的条目分为四种情况:

(1)严格定义的物质或物品的单一条目:

例如:UN 1090　丙酮;

UN 1194　亚硝酸乙酯溶液。

(2)严格定义的物质或物品类的类属条目:

例如:UN 1133　胶合剂;

UN 1266　香水产品;

UN 2757　氨基甲酸酯农药,固体的,有毒的;

UN 3101　有机过氧化物,B型,液体的。

(3)特定的未另列明的条目,包括具有特定化学或技术属性的物质或物品:

例如:UN 1477　硝酸盐,无机的,未另列明的;

UN 1987　醇类,未另列明的。

(4)通用的未另列明的条目,包括符合一类或多类标准的物质或物品:

例如:UN 1325　易燃固体,有机的,未另列明的;

UN 1993　易燃液体,未另列明的。

二、危险货物一览表

《国际危规》第二册危险货物一览表中按各类危险货物的联合国编号从小到大排列,一览表包括了《国际危规》中所有的危险货物条目,并将它们的联合国编号(UN NO.)、正确运输名称(PSN)、类别、副危险性、包装类、特殊规定、限量、包装导则和规定、中型散装容器导则和规定、可移动罐柜和散装容器导则和规定、应急措施、积载与隔离以及特性和注意事项列成17个栏目,最后再加上一个联合国编号共18个栏目。

(一)危险货物一览表的格式

表1-2为危险货物一览表的格式。

危险货物一览表格式　　表1-2

联合国编号(1)	正确运输名称(2)	类别(3)	副危险(4)	包装类(5)	特殊规定(6)	限量(7a)	可免除量(7b)	包装		中型散装容器		可移动罐柜和散装容器			EmS(15)	积载与操作(16a)	隔离(16b)	特性与注意事项(17)	联合国编号(18)
								导则(8)	规定(9)	导则(10)	规定(11)	(12)	导则(13)	规定(14)					

第 1 栏:联合国编号(UN NO.)。本档目包含由联合国危险货物运输专家分委会对每一危险货物指定的编号。

第 2 栏:正确运输名称(PSN)。本栏目包含用大一号字体显示,可能还会包含用小一号字体在正确运输名称后显示的补充说明(见《国际危规》3.1.2)。正确运输名称在同一分类的异构体存在时可用“类”表示。正确运输名称下的无水物质也可能包括水合物。除非在危险货物一览表的条目中另有说明,否则正确运输名称中的“溶液”是指一种或多种已命名的危险货物溶解在不受本规则约束的液体中。本栏目涉及的闪点,其数据是基于闭杯闪点(c.c)测试方法获得。

第 3 栏:类别或小类。本栏目包含类别。对于第 1 类,根据《国际危规》第 2 部分第 2.1 章描述的分类体系也包括对该物质或物品指定的小类和配装类。

第 4 栏:副危险。本栏目包含适用于根据《国际危规》第 2 部分描述的分类体系确定的任一副危险性的类别。本栏也按下述方式将危险货物认定为海洋污染物。海洋污染物。基于以前标准并已判定的已知海洋污染物清单,该清单并非详尽无遗。本栏中无符号 P 或显示为“ – ”不代表可以免除《国际危规》中 2.10.3 的要求。

第 5 栏:包装类。本栏目包含指定物质或物品的包装类(Ⅰ、Ⅱ、Ⅲ)。如果某一条目含有一种以上的包装类,该物质或配制品在运输时须使用第 2 部分危险程度分类标准根据其特性确定包装类。

第 6 栏:特殊规定。本栏目包含的编号是指《国际危规》第 3.3 章中表示的该物质或物品的特殊规定。特殊规定如果没有明显措辞表明不同的情况,则适用于该所指物质或物品所允许的所有包装类。只适用于海运方式的特殊规定编号从 900 开始。

注:当特殊规定不再需要时将予以删除,但特殊规定编号不能再次使用,以防导致编号混淆。基于这个原因,有些编号是空的。

第 7a 栏:限量。本栏目提供的是按照《国际危规》第 3.4 章限量规定运输危险货物时每一内包装或物品的最大量。

第 7b 栏:可免除量。本栏目提供的字母数字代码,表明按照《国际危规》第 3.5 章规定作为可免除量运输的危险货物每一内包装和外包装的最大量。

第 8 栏:包装导则。本栏目包含的字母数字代码是指《国际危规》中 4.1.4 有关的包装导则。包装导则给出了物质或物品运输时可使用的包装(包括大宗包装)。

含字母“P”的代码是指使用《国际危规》第 6.1、6.2 或 6.3 章中描述的包装的包装导则。含字母“LP”的代码是指使用《国际危规》第 6.6 章描述的大宗包装的包装导则。如无含字母“P”和“LP”的代码,则意为该物质不允许使用这类包装。

第 9 栏:包装特殊规定。本栏目所包含的字母数字代码是指《国际危规》4.1.4 中有关的特殊包装规定。特殊包装规定给出了适用包装(包括大宗包装)的特殊规定。

含字母“PP”的特殊包装规定是指适用于使用《国际危规》4.1.4.1 中含字母“P”的包装导则的特殊包装规定。

含字母“L”的特殊包装规定是指适用于使用《国际危规》4.1.4.3 中含字母“LP”的包装导则的特殊包装规定。

第 10 栏:IBC 包装导则。本栏目中包含的数字代码是指相关中型散装容器(IBC)

导则。该导则给出了物质运输须使用的 IBC 类型。含字母"IBC"的代码是指《国际危规》第 6.5 章中所描述的 IBC_S 使用的包装导则。当无代码时,该物质不认可使用 IBC 包装。

第 11 栏:IBC 特殊规定。本栏目包含字母"B"的字母数字代码是指适用于使用《国际危规》4.1.4.2 中带有"IBC"代码的包装导则的特殊包装规定。

第 12 栏:保留。

第 13 栏:罐柜和散装容器导则。本栏目含有"T"代码(见《国际危规》4.2.5.2.6)适用于以可移动罐柜和公路罐车运输的危险货物。

当本栏目没有提供"T"代码时则意味着该危险货物不认可用罐柜运输,除非有关当局特别批准。含有字母"BK"的代码是指《国际危规》第 4.3 章和第 6.9 章描述的散装货物运输所使用的散货箱的类型。经认可用多单元气体容器($MEGC_S$)运输的气体见《国际危规》4.1.4.1 包装导则 P200 表 1 和表 2 的"多单元气体容器"栏目。

第 14 栏:罐柜特殊规定。本栏目包含的"TP"注释(见《国际危规》4.2.5.3)适用于装在可移动罐柜和公路罐车内的危险货物运输。本栏目列明的"TP"注释适用于第 13 栏的可移动罐柜。

第 15 栏:EmS。本栏目为《经修订的船舶载运危险货物应急反应措施》(EmS 指南)中相关的火灾和溢漏的应急表号。

第一个 EmS 代码是指火灾应急表号(如火灾应急表号"F-A"一般火灾应急表);

第二个 EmS 代码是指溢漏应急表号(如泄漏应急表号"S-A"毒性物质)。

下划线 EmS 代码(特殊情况)表示一个物质、材料或物品在应急反应措施中给出了附加建议。对于未另列明的或其他类属条目下运输的危险货物,最适当的应急反应措施可能由于危险成分的不同而不同。因此,托运人可根据自己的理解,申报与规则指定的 EmS 代码不同的更合适的代码。本栏目的规定不是强制性的。

第 16a 栏:积载与操作。本栏目包含《国际危规》7.1.5 和 7.1.6 列明的积载与操作代码。

第 16b 栏:隔离。本栏目包含《国际危规》7.2.5.2 列明的隔离代码和 7.2.8 列明的隔离代码。

第 17 栏:特性与注意事项。本栏目包含危险货物的特性和注意事项。本栏目的规定不是强制性的。

大部分气体特性包括了相对于空气的密度,括号中的数值即为该值。

"比空气轻",其蒸气密度低至空气密度的一半;

"远比空气轻",其蒸气密度小于空气密度的一半;

"比空气重",其蒸气密度高至空气密度的 2 倍;

"远比空气重",其蒸气密度是空气密度的 2 倍以上。

爆炸极限是指该物质的蒸气与空气混合时的体积百分比。

不同的液体与水混合的容易程度存在很大差别,大多数条目具有混溶性。在这种情况下,术语"混溶于水"通常意味着能够与水以任何比例混合形成完全的同质液体。

第 18 栏:联合国编号(UN NO.)。同第 1 栏。

(二)缩写词和符号

在危险货物一览表中使用表1-3的缩写词和符号。

危险货物一览表中使用的缩写词和符号　表1-3

缩写词/符号	栏目	含义
N.O.S.	2	未另列明的
P	4	海洋污染物

三、适用特定物质、材料和物品的特殊规定

《国际危规》第3.2章的第6栏是“特殊规定”并在此栏中设置了编号(如果有的话)。《国际危规》第3.3章对第3.2章的“第6栏:特殊规定”的编号进行了具体说明或规定的描述。这些针对具体危险货物条目的具体说明或规定的描述,对于托运人、港口及船舶来讲至关重要,必须严格遵守。因此,港口经营人的危险货物相关管理和操作人员须认真学习和掌握这些具体说明或规定的要求。比如:《国际危规》第3.3章“适用特定物质、材料和物品的特殊规定3.3.1的26”规定:“由于大量运输时存在潜在引爆性,因此这种物质不允许用可移动罐柜或容积超过450L的中型散装容器运输”;又如:《国际危规》第3.3章“适用特定物质、材料和物品的特殊规定3.3.1的274”规定:“运输单证和包件标记的正确运输名称须以技术名称作补充……”;再如:《国际危规》第3.3章“适用特定物质、材料和物品的特殊规定3.3.1的900”规定:“下列物质禁止运输:次氯酸铵,……,亚硝酸锌铵,另见特殊规定349、350、351、352和353”,等等。总之,港口经营人的危险货物相关管理和操作人员在受理危险货物作业委托人的委托时,就委托作业的危险货物须查阅《国际危规》第3.3章的“适用特定物质、材料和物品的特殊规定”,并应严格按照这些规定来操作。

四、限量内包装危险货物

《国际危规》3.4章列出了限量内包装危险货物适用《国际危规》的范围,除了列明的适用范围之外,不适用《国际危规》任何其他规定。

限量内包装危险货物就是在运输某种危险货物时,用许多小桶、小瓶替代大包件,然后将这些小包件置于一个结实的外包装内。而对于易破裂或易被戳穿的内包装,如用玻璃、瓷器或陶器或某些塑料等制成的内包装,还要使用合适的衬垫材料紧固于外包装内,使内装物的泄漏不会明显削弱衬垫材料或外包装的保护性能。

限量内包装危险货物主要是涉及某些类别限量内包装危险货物的运输。在危险货物一览表第7a栏列出了每种物质适用的内包装限量。需要注意的是,当危险货物一览表第7a栏中每一条目数量为“0”时不允许按本限量内包装危险货物的规定进行运输。

(1)包装:危险货物须放入内包装,然后放在合适的外包装里。可以使用中间包装。运输喷雾器或“装气体的小型贮器”等物品时,无需使用内容器。

一般来说,单个包件(即外包装附加内包装及危险货物)的总重量不得超过30kg。特殊情况下,如果采用玻璃、瓷器、粗陶瓷或某些塑料等材料制造的内包装,须放在符合相关规定的中

间包装中,其设计必须符合相关制造要求,单个包件的总重量不得超过 20kg。

装在玻璃、瓷器或粗陶瓷内包装的第 8 类、包装类Ⅱ的液态货物,须放在相容的刚性中间包装内。

(2)积载:限量内包装危险货物的包件按照《国际危规》7.1.3.2 定义的积载类 A 积载,危险货物一览表第 16a 栏表示的其他积载规定不适用。

隔离:《国际危规》对限量内包装危险货物的隔离作了规定(具体情况详见《国际危规》3.4.4)。

图 1-1　含限量内包装标记

(3)标记、标牌要求:除空运外,限量内危险货物的包件须显示图 1-1的标记。

限量内危险货物标记必须明显、清晰,能承受露天暴露而不明显降低效果。标记须为 45°倾斜的正方形(菱形)。标记的顶部、底部和边缘线必须为黑色,中间区域为白色或与包件背景形成鲜明反差的适当颜色。标记的最小尺寸要求为 100mm × 100mm,四方形黑线的最小宽度为 2mm,注意必须用黑色线,宽度也要严格按照此要求。如果由于包件尺寸受限,标记尺寸可减小至 50mm × 50mm,但需确保内容清晰可辨,同时四方形黑线的最小宽度可减小至 1mm。

限量危险货物包件上显示含限量内包装标记,不需要显示内装货物的危险品标志、正确运输名称和联合国编号。

当限量内危险货物包件置于集合包件内或成组装载时,除非代表集合包件或成组件内所有危险货物的标记已经是清晰可见的,集合包件或成组件须显示该包装标记。

货物运输组件表面的限量内危险货物标记尺寸为至少 250mm × 250mm,标记的信息至少能在海水中浸泡 3 个月后仍清晰可辨。

除与有关运输单证具体规定以外,限量内危险货物申报单中须含有“限量”或“LTD QTY”字样与货物运输说明。

五、可免除量包装的危险货物

《国际危规》第 3.5 章列出了可免除量包装危险货物的适用范围,除此之外不适用《国际危规》任何其他规定。可免除量运输的危险货物以表 1-4 字母数字代码列于《国际危规》危险货物一览表第 7b 栏中。

可免除量运输的危险货物字母数字代码　　表 1-4

编码	每个内包装最大净重[固体以克(g)表示,液体和气体以毫升(mL)表示]	每个外包装最大净重[固体以克(g)表示,液体和气体以毫升(mL)表示,或对于混合包装以克(g)和毫升(mL)之和表示]
E0	不允许作为可免除量	
E1	30	1000
E2	30	500
E3	30	300
E4	1	500
E5	1	300

对于气体,所标明的内包装体积指的是内包装的水容量,所标明的外包装体积指的是在单个外包装内所有内包装的水容量之和。如果不同代码的可免除量危险货物被装在一起,每个外包装的总量须按照最严格代码相对应的量进行限制。

(1)用于运输可免除量危险货物的包装须符合以下要求:

①须具有内包装并且每个内包装须由塑料(当用于液体物质时其厚度须不低于0.2mm)或玻璃、瓷器、陶器或金属制成,每个内包装的封口须采用金属丝、胶带或其他有效手段紧固;具有模压螺纹瓶颈的容器须具有防泄漏的螺纹盖,封口须能够抗内装物作用。

②每个内包装须紧固地装于一具有衬垫材料的中间包装内,其包装的方式须使内包装在正常的运输条件下不会破裂、穿孔或造成内装物泄漏。对于液体危险货物,中间包装或外包装须含有足够的吸附材料来吸收内包装的全部内装物。当放置在中间包装内时,吸附材料可以是衬垫材料。危险货物须不能与衬垫材料、吸附材料和包装材料发生危险反应或降低该材料的完整性或功能。无论其朝向,包件须能在其破裂或泄漏时完成盛装内装物。

③中间包装须被紧固于一坚固刚性的外包装内(木制的、纤维板或其他具有相同坚固性的材料制成的)。

④每个包件的类型须符合包装试验的规定。

⑤每个包件的规格须能够有足够的地方来进行确有必要的标记。

⑥可以使用集合包装并且集合包装也可以包含不适用于本规则规定的危险货物或其他货物。

(2)包装试验:准备交付运输的完整包装,内包装中固体物质充灌至不低于其容量的95%,液体物质充灌至不低于其容量的98%,须能够承受相应文件说明的试验,且其任何内包装不破损或发生泄漏并且不会降低其有效性。

①从1.8m高度跌落至一个刚性的、无弹性平坦的表面;

②对顶部表面施加压力24h,力度等同于堆码至3m高度(包含样品)总重量的力。

(3)包件的标记:含有可免除量危险货物的包件须经久清晰地标有图1-2的可免除量标记。

图1-2 可免除量标记

注:①标记的最小规格为100mm×100mm,须为正方形,阴影线和符号须是相同的颜色。

②*此位置显示类别或已指定的小类。

③**发货人或收货人的名称如果未在包件的其他处显示,须显示于此位置。

任何货物运输组件含有的可免除量的危险货物包件的数目须不超过 1000 件。且在危险货物申报单上与运输货物的描述一起还须包括“可免除量的危险货物”字样和包件的数目。

(4)积载:可免除量包装危险货物包件积载按照《国际危规》7.1.3.2 定义的积载类 A 积载。危险货物一览表第 16a 栏表示的其他积载规定不适用。

(5)隔离:《国际危规》对可免除量包装危险货物的隔离作了规定(具体情况详见《国际危规》3.5.8)。

第二章

危险货物运输包装知识

第一节 包装的作用

货物的包装具有保护产品、防止产品遗失、方便储运装卸、加速交接和点验等作用，也是美化、宣传和促进产品销售的主要手段之一。但危险货物的包装更具有特殊性，除了上述作用外，它必须保证与所装货物的危险性相容，即能承受所装货物的侵蚀、化学反应等，同时还要确保货物在运输、装卸、储存、销售等过程中的安全以及能承受住正常的风险。对于危险货物运输来说，包装也至关重要，它直接关系到货物运输安全和人身安全。为此，国际海运组织十分关心危险货物的包装，研究并制定了多项规则，通过《国际危规》规范包装的生产、检验和使用等诸多过程。通过利用满足《国际危规》要求的各种科学、合理的包装和包装方法，来抑制或钝化所盛装危险货物的危险性，使可能施于危险货物并引发危险的外界条件（如热源、火源、水、杂质、各种机械振动、摩擦、撞击等的影响）及危险货物本身对外界环境可能造成的危害，限制在最小范围内，使其能更加安全、保质保量地运往目的地，同时也为运输、装卸人员提供良好的作业环境。符合《国际危规》规定的危险货物包装（包括中型散装容器和可移动罐柜），对于危险货物的安全运输非常重要，因此，各个环节应严格把关，不符合规定及不合格的包装危险货物不允许装入集装箱、入库和装上船舶。具体来说，危险货物包装主要有下列作用：

（1）防止货物间相互污染，保护货物质量；

（2）防止因接触雨雪、阳光、潮湿空气和杂货而使产品变质，或发生剧烈的化学反应而造成事故；

（3）减少货物在装卸运输中所受的碰撞、振动、摩擦和挤压，使其在包装的保护下处于完整和相对稳定的状态，从而保证安全装卸和运输；

（4）防止因货物洒漏、挥发使性质相抵触的货物直接接触，而发生事故或污染运输设备及其他货物；

（5）便于运输过程中的装卸、搬运和保管，做到及时运输和保管安全；

（6）防止和减少放射性物质辐射，保证装卸、运输过程中的人身、环境安全。

第二节 各种包装的定义

《国际危规》“定义”中涉及包装和包件的定义如下：

（1）包装，是指一个或多个容器及为容器完成盛装和其他安全功能所需的任何其他部件或材料。

（2）内包装，是指运输需要一个外包装的包装。

（3）外包装，是指复合或组合包装的外部保护物，包括吸附性材料、内衬以及为保持和保护内容器或内包装所需的任何其他组成部分。

（4）中间包装，是指置于内包装或物品与外包装之间的包装。

（5）复合包装，是指由一个外包装和一个内容器组成的包装，其内容器和外包装构成一个整体的包装。一旦包装组装好后，无论在充罐、贮存、运输或卸空时，始终保持一个单一的整体。

(6)组合包装，是指为了运输目的，由一个或多个内包装按照《国际危规》4.1.1.5 的要求紧固在一个外包装内组成的一个包装组合。

(7)包件，是指包装工序的完整产品，由拟运输的包装及其内装物组成。

(8)集合包件，是指单个发货人为方便运输中作业和积载，用来容纳一个或多个包件以形成一个组件形式的外罩。集合包件为下列一系列包件：

①放置或堆码在一个货板如托盘，通过皮带捆扎、缩拢缠紧或其他方法予以系固；

②放入一个有保护性的外包装内，比如箱子或板条箱中。

(9)成组货物，是指下列包件：

①被放置或堆码并采用捆扎、缩紧缠绕或其他合适方法紧固在例如托盘的货板上；

②被放置在防护外罩内，例如箱式托盘；

③被永久固定合装在网吊内。

(10)大(宗)包装，是指由装有物品或内包装的外包装组成的包装，并且：

①设计上适合于机械作业；

②允许净重超过 400kg 或容积超过 450L，但其体积不大于 $3m^3$。

(11)防洒漏包装，是指能防止内装物(包括运输过程中产生的精细固体物质)洒漏的包装。

(12)重复使用的包装，是指那些准备被重复装载的包装。这些包装经检查，没有发现影响其性能试验能力的缺陷。此定义还包括装载相同或相似的相容内装物，并在产品的发货人管理的分销链内运输的包装。

(13)修复包装包括：

①金属桶。

a. 除去所有先前的内装物、内部和外部腐蚀、外部涂层和标志，清洁到原有的结构材料；

b. 恢复到原来的形状和轮廓，两端的凸边(如有)应整齐和密封，同时更换所有不完整的垫圈；

c. 在清洗后、刷漆前进行检查，去除带有可见蚀点、材料厚度显著降低、金属疲劳、螺纹或封闭装置有损坏或其他明显缺陷的包装。

②塑料桶和罐。

a. 除去所有先前的内装物、外部涂层和标志，清洁到原有的结构材料；

b. 更换所有不完整的垫圈；

c. 清洗后检查，去除带有可见损伤的包装(例如撕裂、折痕、裂缝、罗纹或封口有损坏损伤或其他明显缺陷。

(14)改制的包装，包括：

①金属桶。

a. 从一种非 UN 生产为 UN 型；

b. 从一种 UN 型生产为另一种 UN 型；

c. 进行整体结构部件的替换(如不可拆装桶顶)。

②塑料桶。

a. 从一种 UN 型生产为另一种 UN 型(如从 1H1 生产为 1H2);

b. 进行整体结构部件的替换。

(15)救助包装,是指为回收或处理而运输,用于盛装损坏、破损、泄漏或不符合规定的危险货物包件或已溢出或泄漏的危险货物的特殊包装。

(16)内衬,是指装入包装(包括中型散装容器和大宗包装)但不构成其部分(包括其开口的封闭装置)的独立管状容器或袋。

(17)袋,是指由纸、塑料薄膜、纺织物、编织材料或其他合适材料制成的柔性包装。

(18)箱,是指由金属、木材、胶合板、再生木料、纤维板、塑料或其他合适材料制成的具有完整的四边或多边形表面的包装。只要在运输中不影响包装的完整性,允许为了装卸、开箱方便或满足分类要求而特意在箱体上打一些小孔。

(19)板条箱,是指表面不完整的外包装。

(20)桶,是指由金属、纤维板、塑料、胶合板或其他合适材料制成的,两端为平面或凸面状的筒状包装。该定义也包括其他形状的包装,例如,圆锥颈形包装或提桶形包装等。木质琵琶桶和罐不包括在该定义内。

(21)容器,是指用于接受和容纳物质或物品的盛装容器,包括任何封闭装置。

(22)内容器,是指为起盛装作用而需要一个外包装的容器。

(23)封闭装置,是指封闭容器开口的装置。

(24)中型散装容器(IBC_S),是指《国际危规》第 6.1 章规定之外,满足下列条件的刚性或柔性的可移动包装:

①容积:

a. 包装类Ⅱ和Ⅲ的固体和液体:不大于 $3.0m^3$(3000L);

b. 包装在柔性、刚性塑料、复合型、纤维板或木质中型散装容器中的包装类Ⅰ类的固体:不大于 $1.5m^3$;

c. 包装在金属中型散装容器中的包装类Ⅰ类的固体:不大于 $3.0m^3$;

d. 第 7 类的放射性材料:不大于 $3.0m^3$。

②设计上适合于机械作业;

③经过测试证明,能够承受作业和运输所产生的各种应力。

(25)罐,是指截面呈长方形或多边形的金属或塑料包装。

(26)罐柜,是指装载固体、液体或液化气体的可移动罐柜(包括罐式集装箱)、公路罐车、铁路罐车或容器,当用于运输《国际危规》第 2.2.1.1 定义的气体时罐柜容积不小于 450L。

第三节 包装代码及其组合形式

包装代码是由包装形式的代码和包装材质的代码组成。包装形式代码由阿拉伯数字表示。《国际危规》对于包装代码及其组合作了相应规定。

一、代码构成

代码应包括：

(1)第一个位置为一个表示包装的种类，如圆桶、罐等的阿拉伯数字；

(2)第二个位置为一个或多个用于表示材料性质，如钢、木材等的大写拉丁字母；

(3)如需要再接第三个位置，为一个表示包装归属类型内某一类别的阿拉伯数字。

如1A1，第1位阿拉伯数字“1”表示是桶；第2位大写拉丁字母“A”表示材质为钢质；第3位阿拉伯数字“1”则表示该圆桶的桶顶为不可拆卸顶盖。

二、复合包装代码

对复合包装，须在上述代码的第二个位置依次使用两个大写拉丁字母，第1个字母表示内容器的材料，第2个表示外包装的材料。

如6PC，第1位阿拉伯数字“6”表示是复合包装，第2位使用了大写拉丁字母“P”和“C”，前一个字母“P”表示其内容器的材料是玻璃、陶瓷和粗陶器，后一个字母“C”表示外包装的材料是木材。该复合包装为外部带有木箱的玻璃或陶瓷容器。

三、组合包装代码

对组合包装，仅使用其外包装的代码。如将若干塑料罐装在木箱中组成的包装组合，仅使用木箱的代码。

四、阿拉伯数字所表示的包装形式

《国际危规》(34-08版)删去了原来用阿拉伯数字2表示的有关木琵琶桶的规定。

1——桶；

2——(保留)；

3——罐；

4——箱；

5——袋；

6——复合包装；

11——盛装固体，内装物以重力方式装卸的刚性中型散装容器；

13——柔性中型散装容器；

21——盛装固体，内装物在大于10kPa压力下装卸的刚性中型散装容器；

31——盛装液体的刚性中型散装容器。

五、包装材质代码由大写英文字母表示

大写英文字母所表示的材质如下：

A——钢；

B——铝;
C——天然木;
D——胶合板;
F——再生木;
G——纤维板、瓦楞纸板或纸板;
H——塑料、钙塑材料;
L——纺织材料;
M——多层纸;
N——金属,钢和铝除外;
P——玻璃、瓷或粗陶。
注:塑料材料被认为包含其他聚合材料,如橡胶。

六、组合包装代码

包装形式和包装材质代码的组合包装代码能完整地表示出包装的类型,如表 2-1 所示。

各种组合包装代码 表 2-1

包装形式	包装材质	类型	包装代码
1 桶	A 钢	不可拆装顶盖	1A1
		可拆装顶盖	1A2
	B 铝	不可拆装顶盖	1B1
		可拆装顶盖	1B2
	D 胶合板	—	1D
	G 纤维	—	1G
	H 塑料	不可拆装顶盖	1H1
		可拆装顶盖	1H2
	N 金属(不包括钢和铝)	不可拆装顶盖	1N1
		可拆装顶盖	1N2
2(保留)			
3 罐	A 钢	不可拆装顶盖	3A1
		可拆装顶盖	3A2
	B 铝	不可拆装顶盖	3B1
		可拆装顶盖	3B2
	H 塑料	不可拆装顶盖	3H1
		可拆装顶盖	3H2
4 箱	A 钢	—	4A
	B 铝	—	4B
	C 天然木	普通的	4C1
		箱壁防洒漏的	4C2

续上表

包装形式	包装材质	类型	包装代码
4 箱	D 胶合板	—	4D
	F 再生木	—	4F
	G 纤维板	—	4G
	H 塑料	膨胀的	4H1
		硬质的	4H2
	N 金属(不包括钢和铝)	—	4N
5 袋	H 编织塑料	无内衬或涂层的	5H1
		防洒漏的	5H2
		防水的	5H3
	H 塑料薄膜	—	5H4
	L 纺织品	无内衬或涂层的	5L1
		防洒漏的	5L2
		防水的	5L3
	M 纸	多层的	5M1
		多层的,防水的	5M2
6 复合包装	H 塑料容器	在钢桶内	6HA1
		在钢条箱或钢箱内	6HA2
		在铝桶内	6HB1
		在铝条箱或铝箱内	6HB2
		在木箱内	6HC
		在胶合板桶内	6HD1
		在胶合板箱内	6HD2
		在纤维桶内	6HG1
		在纤维板箱内	6HG2
		在塑料桶内	6HH1
		在硬塑料箱内	6HH2
	P 玻璃、陶瓷、粗陶瓷容器	在钢桶内	6PA1
		在钢条箱或钢箱内	6PA2
		在铝桶内	6PB1
		在铝条箱或铝箱内	6PB2
		在木箱内	6PC
		在胶合板桶内	6PD1
		在柳条筐内	6PD2
		在纤维桶内	6PG1
		在纤维板箱内	6PG2
		在可发性塑料包装内	6PH1
		在硬塑料包装内	6PH2

七、中型散装容器的指示性代码系统

代码须包括表 2-2 中所规定的两个阿拉伯数字,后接材料类别中所规定的一个或多个大写字母,并按具体规定,后接一位阿拉伯数字表明中型散装容器的类型。

中型散装容器的指示性代码　　表 2-2

类型	固体,装卸		液体
	重力	在大于 10kPa 的压力之下	
刚性	11	21	31
柔性	13	—	—

对于复合中型散装容器,须在代码的第二个位置上依次标上两个大写拉丁字母,第一个表示中型散装容器的内容器材料,第二个字母表示中型散装容器的外包装材料。表 2-3 为中型散装容器类别与代码划分表。

中型散装容器类别与代码划分表　　表 2-3

包装材质		类型	包装代码
金属	A 钢	适用于固体,重力装卸	11A
		适用于固体,压力装卸	21A
		适用于液体	31A
	B 铝	适用于固体,重力装卸	11B
		适用于固体,压力装卸	21B
		适用于液体	31B
	N 金属,钢和铝除外	适用于固体,重力装卸	11N
		适用于固体,压力装卸	21N
		适用于液体	31N
柔性	H 塑料	编织塑料,无涂层或内衬	13H1
		编织塑料,有涂层的	13H2
		编织塑料,有内衬的	13H3
		编织塑料,带有涂层和内衬的	13H4
		塑料薄膜	13H5
	L 纺织材料	无涂层或内衬的	13L1
		有涂层的	13L2
		有内衬的	13L3
		有涂层和内衬的	13L4
	M 纸	多层的	13M1
		多层的,防水的	13M2

续上表

包装材质		类型	包装代码
刚性	H 塑料	适用于固体,重力装卸,配有结构设备的	11H1
		适用于固体,重力装卸,独立式的	11H2
		适用于固体,压力装卸,配有结构设备的	21H1
		适用于固体,压力装卸,独立式的	21H2
		适用于液体,配有结构设备的	31H1
		适用于液体,独立式的	31H2
	HZ 带有塑料内容器的复合包装(使用中须按材料类别的要求用一个大写字母代替字母“Z”,表明外包装的性质,构成一个完整的代码)	适用于固体,重力装卸,带有刚性塑料内容器	11HZ1
		适用于固体,重力装卸,带有柔性塑料内容器	11HZ2
		适用于固体,压力装卸,带有刚性塑料内容器	21HZ1
		适用于固体,压力装卸,带有柔性塑料内容器	21HZ2
		适用于液体,带有刚性塑料内容器	31HZ1
		适用于液体,带有柔性塑料内容器	31HZ2
	G 纤维板	适用于固体,重力装卸	11G
木质	C 天然木	适用于固体,重力装卸,带有内衬	11C
	D 胶合板	适用于固体,重力装卸,带有内衬	11D
	F 再生木	适用于固体,重力装卸,带有内衬	11F

第四节　包装的使用

一、包装的封口

危险货物包装的封口分为三种:

(1)有效封口:不透液体的封口。

(2)气密封口:不透蒸气的封口。

(3)牢固封口:所装的干燥物质在正常操作中不致漏出的封口,这是对任何封口的最低要求。

二、包装类的划分

《国际危规》明确了对于拟运输危险货物的包装分类,并从总体上做了划分。除第1类、第2类、第5.2类、第6.2类、第7类和第4.1类自反应物质以外的其他所有物质按其所呈现的危险性程度分为三个包装类,即:

(1)Ⅰ类包装——可盛装高度、中等和低度危险的物质;

(2)Ⅱ类包装——只能盛装中等和低度危险的物质;

(3)Ⅲ类包装——只能盛装低度危险的物质。

三、危险货物的包装的一般规定

危险货物须盛装在质量良好的包装(包括中型散装容器和大宗包装)内,这些包装的强度须足以承受运输过程中通常遇到的振动和负荷。运输过程包括货物运输组件之间、货物运输组件与库场之间的转运以及为进行人工或机械操作在托盘上或集合包件上所做的任何搬运。在准备运输时,包装(包括中型散装容器和大宗包装)的结构和密封性须能够在正常运输条件下防止由于振动及温度、湿度或压力的变化(如因纬度不同所致)而引起的任何内装物的损失。包装(包括中型散装容器和大宗包装),须根据生产商提供的要求密封。在运输过程中,包件、中型散装容器和大宗包装的外表面不得粘附有危险残余物质。这些规定适用于新的、重复使用的、修复的或改制的包装,也适用于新的、重复使用的、修复的或改制的中型散装容器和新的或重复使用的大宗包装。

包装(包括中型散装容器和大宗包装)中直接与危险货物接触的部位不得因危险物质而受到影响或受到严重削弱;不得产生危险影响,如催化反应或与危险货物发生反应;在正常运输条件下不得渗入危险货物产生危险。必要时须进行适当的内部涂层或经适当处理。

除非另有规定,一般来说,每个包装(包括中型散装容器和大宗包装,但内包装除外)须符合按照包装的实验规定中要求检验合格的设计类型。然而,2011 年 1 月 1 日之前生产的,符合一种设计类型,但未通过相关振动试验或不需要满足相关跌落试验的中型散装容器可继续使用。

向包装(包括中型散装容器和大宗包装)内加注液体时,必须留有足够的膨胀余位(预留容量),以防止在运输过程中可能由温度引起所装液体膨胀而导致容器渗漏或永久变形。除非有特殊条款规定,否则在 55℃下,液体不得完全装满。当中型散装容器装载液体时,液面上方须留有足够的膨胀余位,以保证平均温度为 50℃时中型散装容器的充灌度不超过其水容量的 98%。

内包装装入外包装的方法须保证在正常运输条件下不会因内包装的破裂、戳穿或渗漏而使内装物进入外包装中。装运液体的内包装须封口朝上并按规定的标记方向置于外包装内。易破裂或易被戳穿的内包装,如用玻璃、瓷器或陶器或某些塑料等制成的内包装,须使用合适的衬垫材料紧固于外包装内。内装物的泄漏不应明显削弱衬垫材料或外包装的保护性能。

如果组合包装或大宗包装的一个外包装已经与不同类型的内包装进行试验并证明合格,该外包装或大宗包装也可以配用这些不同类型的内包装。如满足相关规定,并在适用时合适的衬垫材料避免其在包装内移动,除满足包装导则的要求外,允许在外包装内使用补充包装(例如中间包装或所要求的内包装内的容器)。衬垫及吸收材料须是惰性的,并与内装物的性质相适应。同时,外包装的性质和厚度须保证运输过程中不会因摩擦而产生可能严重改变所装物质化学稳定性的热量。

同其他危险货物或一般货物相互之间发生危险反应并引起如下后果的危险货物不得装在同一个外包装或大宗包装内:燃烧和/或产生相当多的热量;产生易燃、有毒或窒息性气体;形成腐蚀性物质;或形成不稳定物质。

除非在危险货物一览表中另有规定,否则盛装具有以下特性物质的包件应当是气密封口:产生易燃气体或蒸气;在干燥情况下,可能有爆炸性;产生有毒气体或蒸气;产生腐蚀性气体或蒸气;或可能与空气发生危险性反应。

四、使用中型散装容器附加的一般规定

中型散装容器用于装运闪点为60℃(闭杯)或以下的液体,或用于装运易发生粉尘爆炸的粉末时,须采取防止静电危险的措施。

每个金属中型散装容器、刚性塑料中型散装容器和复合中型散装容器在投入使用之前、以后每2年半和5年(选合适的)、修复或改制之后,重新用于运输之前须按相关规定要求分别经过检查和试验。

中型散装容器的最后一次定期试验或检验期限届满后,不得用于充灌和运输。如果中型散装容器在最后一次定期试验或检验届满前充灌,其可被运输一段时间,但不能超过最后一次定期试验或检验届满后3个月。

31HZ2型中型散装容器在装运液体时须至少装至外壳体积的80%并始终用封闭的货物运输组件来运输。

金属、刚性塑料、复合及柔性材料的中型散装容器的所有人的国家、名称或经授权的标识被永久性地标注在该容器上。除了所有人对其进行日常保养外,其他机构对此类容器进行日常保养时,须将进行日常保养的国家及进行日常保养机构的名称或授权标识符号等内容永久地标注在该容器的生产厂家的UN设计类型标志旁边。

五、有关包装导则的一般规定

《国际危规》给出了适用于第1类到第9类危险货物的包装导则,根据它们适用的包装类型,将它们分为三个部分:

①针对除中型散装容器和大宗包装以外的包装,这些包装导则由包括"P"的字母和数字编码表示;

②针对中型散装容器,这些包装导则由包括"IBC"的字母和数字编码表示;

③针对大宗包装,这些包装导则由包括"LP"的字母和数字编码表示。

一般来说,如果适用,包装导则要求遵守包装的一般规定和特殊规定。对于个别物质或物品,包装导则给出了特殊包装规定。这些特殊规定也由包括以下字样的字母数字编码表示:

"PP"适用于除中型散装容器和大宗包装以外的包装;"B"适用于中型散装容器;"L"适用于大宗包装。

危险货物一览表第8栏为每一种物品或物质标明了必须采用的包装导则。第9栏标明了适用于特定物质或物品的特殊包装规定。

(1)可移动罐柜导则。

每一可移动罐柜导则都由字母数字编码来划分(T1到T75)。危险货物一览表对须用可移动罐柜运输的危险货物给出了可移动罐柜导则,如果危险货物一览表中没有给出可移动罐柜导则,则该物质不允许用可移动罐柜运输,除非按要求给予批准。危险货物一览表对于特定危险货物也相应给出了可移动罐柜特殊规定。每一可移动罐柜特殊规定都由字母数字编码来划分(如TP1)。

可移动罐柜导则适用于第 1 类至第 9 类危险货物,该导则针对特定物质给出了特定的可移动罐柜的相关规定。对于第 1 类和第 3 类到第 9 类的物质,可移动罐柜导则给出了最低试验压力、最小罐壳厚度(用标准钢)、底部开口规定和压力释放规定。

在 T23 中,允许由可移动罐柜运输的第 4.1 类自反应物质和第 5.2 类有机过氧化物及其适用的控制和应急温度一并列出。可移动罐柜导则 T50 适用于非冷冻液化气体,其中针对允许由可移动罐柜运输的非冷冻液化气体给出了最大允许工作压力、底部开口规定、压力释放规定和充灌度规定。可移动罐柜导则 T75 适用于冷冻液化气体。

(2)确定适当的可移动罐柜导则。

虽然危险货物一览表中标明了具体的可移动罐柜导则,但是具有更高试验压力、更大罐壳厚度、更坚固底部开口和压力释放装置的其他可移动罐柜也可以使用。在确定可用作运输特定物质的可移动罐柜时可以适用表 2-4 列明的导则。

允许使用的可移动罐柜导则 表 2-4

标明的可移动罐柜导则	允许使用的可移动罐柜导则
T1	T2,T3,T4,T5,T6,T7,T8,T9,T10,T11,T12,T13,T14,T15,T16,T17,T18,T19,T20,T21,T22
T2	T4,T5,T7,T8,T9,T10,T11,T12,T13,T14,T15,T16,T17,T18,T19,T20,T21,T22
T3	T4,T5,T6,T7,T8,T9,T10,T11,T12,T13,T14,T15,T16,T17,T18,T19,T20,T21,T22
T4	T5,T7,T8,T9,T10,T11,T12,T13,T14,T15,T16,T17,T18,T19,T20,T21,T22
T5	T10,T14,T19,T20,T22
T6	T14,T19,T20,T21,T22
T7	T8,T9,T10,T11,T12,T13,T14,T15,T16,T17,T18,T19,T20,T21,T22
T8	T9,T10,T13,T14,T19,T20,T21,T22
T9	T10,T13,T14,T19,T20,T21,T22
T10	T14,T19,T20,T22
T11	T12,T13,T14,T15,T16,T17,T18,T19,T20,T21,T22
T12	T14,T16,T18,T19,T20,T22
T13	T14,T19,T20,T21,T22
T14	T19,T20,T22
T15	T16,T17,T18,T19,T20,T21,T22
T16	T18,T19,T20,T22
T17	T18,T19,T20,T21,T22
T18	T19,T20,T22
T19	T20,T22
T20	T22
T21	T22
T22	无
T23	无
T50	无

第五节　包装的试验规定

一、试验的实施和次数

每种包装的设计类型都须按照有关规定的程序进行试验。每个包装设计类型在使用前须顺利通过《国际危规》中所规定的试验。设计类型的限定因素有：设计、规格、材料、材料厚度、生产和包装方式，还可以包括各种表面处理。设计类型也包括仅在设计高度上低于设计类型的包装。须按有关要求中规定的时间间隔对产品样品进行重复试验。对包装的设计、材料或包装制造方法每进行一次变动，都须重复进行试验。对于与设计类型差别较小的包装，如内包装尺寸降低、净重减小和桶、袋箱等包装在外部尺寸上的稍许减小等，可以进行有选择的包装试验。

在下列条件下，各种装载固体或液体的内包装或物品可以组装或运输，免除外包装试验：

(1)外包装装有含液体物质的易碎(如玻璃)内包装时，应按照相关要求顺利通过针对Ⅰ类包装跌落高度的试验。

(2)内包装重量的总和不应超过上条中跌落试验中内包装总重量的一半。

(3)内包装之间、内包装和包装外之间的衬垫材料的厚度不得低于原先试验过的包装的相应厚度；如果在原试验中用一个单独的内包装，在内包装之间的衬垫厚度不得小于原试验的包装外和内包装之间衬垫的厚度。当使用的内包装较少或小(与跌落试验中内包装比较)时，须使用足够的附加衬垫材料填充空间。

(4)外包装须在空的条件下按要求成功地通过堆码试验。相同包装的总重量须以上述中跌落试验内包装重量总和为基础。

(5)盛装液体的内包装四周须用足以吸收内包装容器中的全部液体的足够数量的吸收材料加以包裹。

(6)如果外包装拟装盛装液体的内包装，但不是防渗漏的，或者拟装盛装固体的内包装，但不是防洒漏的，就须通过使用防渗漏内衬、塑料袋或其他等效容器。

(7)组合包装若已通过包装类Ⅰ的试验，其包装应按要求进行标记。所标总重量以千克(kg)为单位。

二、包装的试验准备

进行试验的包装须按照运输要求进行准备，对组合包装要包括使用的内包装。除袋装之外的内包装或单一容器或包装所盛装的液体不得少于其容量的98%，盛装的固体不少于其容量的95%。袋装包装应装至最大使用量。对其内包装设计用于盛装液体和固体的组合包装，对固体和液体分装物要分别试验。可采用其他物质代替拟运输的物质，除非这样做会使试验结果无效。如使用其他的物质来替代固体，其物理性质(重量、粒度等)须同拟装物相同。为了达到所要求的包件总重量，可允许使用添加物，例如铅粒袋等，但这种添加物的放置不应影响试验的结果。

三、跌落试验

如使用另一种物质来代替液体进行跌落试验,则这种物质的相对密度和黏度须类似于拟装运物质。在一定条件下,可使用水进行跌落试验。对于非平面跌落,样品的重心须垂直于撞击点,具体见表 2-5。

跌落试验的试验样品的数量(每种设计类型和制造厂商)**和跌落方向** 表 2-5

包装	试验样品数量	跌落方向
钢桶 铝桶 除钢或铝桶之外的金属桶 钢罐 胶合板桶 纤维桶、塑料桶和罐 桶形复合包装	6 个(每次跌落用 3 个)	每一次跌落:(用 3 个样品)须以倾斜的方式使包装的凸边撞击在目标上。如包装无凸边,则应以圆周接缝或边缘撞击 第二次跌落:(用另外 3 个样品)须使第一次跌落时没有试验到的最弱的包装部位撞击在目标上,例如封闭处或一些圆筒形桶的桶体纵向焊缝处
天然木箱 胶合板箱 再生木箱 纤维板箱 塑料箱 钢或铝箱 箱型的复合容器	5 个(每次跌落用一个)	第一次跌落:以箱底平跌 第二次跌落:以箱顶平跌 第三次跌落:以一长侧面平跌 第四次跌落:以一短侧面平跌 第五次跌落:以一个角跌落
单层袋,带侧缝	3 个(每袋跌落 3 次)	第一次跌落:以袋的宽面平落 第二次跌落:以袋的窄面平落 第三次跌落:以袋的端部跌落
单层袋,不带侧缝的或多层的	3 个(每袋跌落 2 次)	第一次跌落:以袋的宽面平落 第二次跌落:以袋的端部跌落

注:如在一次跌落试验中可能有一种以上的方向,须选择最易使包装损坏的跌落方向。

四、样品跌落试验的特殊准备

(1)塑料桶、塑料罐、膨胀式塑料箱以外的塑料箱、复合包装(塑料材料)和带有塑料内包装的组合包装(准备盛装固体或物品的塑料袋除外)等包装样品及内装物的温度须降至 -18℃或以下。

(2)必要时,须采用添加防冻剂的方法来保持试验液体处于液体状态。

(3)装有液体的可拆卸顶盖包装,在装罐和封闭之后的 24h 内不得进行跌落试验,尽可能地使其垫圈放松。

(一)跌落目标

跌落目标须为坚硬、无弹性的水平表面,并且:足够完整、厚重以固定不动;表面平坦,无影响试验结果的局部缺陷；具有足够的刚性，在试验条件下不会变形并不会被试验所损坏；具有足够大的规格以便试验包装完全跌落在其表面上。

（二）跌落高度

固体和液体可采用拟运输的固体和液体或采用具有基本相同物理性质的其他物质进行试验，见表2-6。

固体和液体跌落试验高度　　表2-6

包装类Ⅰ	包装类Ⅱ	包装类Ⅲ
1.8m	1.2m	0.8m

注：对于装在单一包装和组合包装的内包装中的液体，如使用水（包括水/防冻液体，在 -18℃的试验条件下相对密度至少为0.95）来进行试验。

（1）当拟运输的液体的相对密度不超过1.2时，见表2-7。

当拟运输的液体的相对密度不超过1.2时的跌落试验高度　　表2-7

包装类Ⅰ	包装类Ⅱ	包装类Ⅲ
1.8m	1.2m	0.8m

（2）当拟运输的液体的相对密度超过1.2时，则跌落高度根据拟运输物质的相对密度 d 须按表2-8计算，四舍五入至第一位小数。

当拟运输的液体的相对密度超过1.2时的跌落试验高度　　表2-8

包装类Ⅰ	包装类Ⅱ	包装类Ⅲ
$d\times1.5$m	$d\times1.0$m	$d\times0.67$m

（三）试验合格标准

（1）每一盛装液体的包装，当内外压力达到平衡时，须是防渗漏的。组合包装的内包装除外，其内外压力不需要平衡。

（2）盛装固体的包装经受跌落试验并以包装的上表面撞击目标后，只要内包装或内容器（如塑料袋）仍能保持全部盛装内装物，即使封闭装置已不再防洒漏但仍保持盛装的作用，受试样品即通过试验。

（3）包装或复合包装或组合包装的外包装不得出现可能影响运输安全的任何损坏。内容器或内包装不得出现盛装物质渗漏的现象。

（4）袋子最外层或外部包装不得出现可能影响运输安全的任何损坏。

（5）撞击时有少量物质从封闭装置中溢出，只要无进一步渗漏，该包装也被认为试验合格。

（6）第1类货物的包装不允许出现任何会使爆炸物质或物品从外包装中渗漏出来的破损。

五、防渗漏试验

所有拟盛装液体物质的包装设计类型均须进行防渗漏试验，但组合包装的内包装不需要进行此项试验。试验样品的数量为每种设计类型和每个制造厂3个试验样品。需要将试验样品通风式封闭装置更换为不通风式相同封闭装置或将通风口密封。

试验方法和施加的压力:包装连同其封闭装置须被置于水下 5min,同时向内部施加空气压力,包装在水下的放置方法不应影响试验效果。

施加的空气压力(表压)见表 2-9。

防渗漏试验施加的空气压力　　表 2-9

包装类Ⅰ	包装类Ⅱ	包装类Ⅲ
不小于 30kPa	不小于 20kPa	不小于 20kPa

试验合格的标准为包装无任何渗漏。

六、内压(液压)试验

所有拟盛装液体的金属、塑料和复合包装都须进行内压(液压)试验。组合包装的内包装不需要进行这类试验。试验样品的数量为每种设计类型和每个制造厂 3 个试验样品。需要将试验样品通风式封闭装置更换为不通风式相同封闭装置或将通风口密封。

金属包装和复合包装(玻璃、陶器和粗陶)包括其封闭装置须承受 5min 的试验压力。塑料包装和复合包装(塑料材料),包括其封闭装置,须承受 30min 的试验压力。当包装无任何渗漏时即为试验合格。

七、堆码试验

除袋子外,所有的包装设计类型都须进行堆码试验。试验样品的数量为每种设计类型和每个制造厂 3 个试验样品。

试验时,须对样品的顶部施加负荷力,所施加的负荷力须等于在运输中可能堆积在它上面的相同包件的总重,如样品盛装的液体,其相对密度不同于拟运输液体,此负荷力须按后者计算。堆积的最低高度包括样品在内须为 3m。试验持续时间须为 24h,但用于盛装液体的塑料桶、罐和 6HH1 和 6HH2 型复合包装的试验时间须为 28 天并且温度不低于 40℃。

试验合格标准为受试验样品无渗漏。对于复合包装或组合包装,其内容器或内包装的盛装物质不得发生渗漏。任何受试样品均不得出现会影响运输安全的变化,或会降低其强度或造成堆码包装不稳定的变形。塑料包装须冷却至环境温度后再进行评估。

八、试验报告

须出具一份至少包括以下内容的试验报告,并提供给包装用户。

试验机构的名称和地址;申请人的姓名和地址(适用时);试验报告的专用标识;试验报告的日期;包装的生产厂家;包装设计类型说明(如体积、材料、封闭装置、厚度等),包括生产方法(如吹模),图纸和/或照片;最大容量;试验内容物的特性,如液体的黏度和相对密度、固体颗粒的大小;试验描述和结果;签字,签字人的姓名和身份。

试验报告须包括以下声明:即本包装就运输而论,已经根据有关规定进行了试验,使用其他包装方法和部件的无效。

第六节　包装标记

标记表明带有该标记的包装符合检验合格的设计类型，符合对包装制造的规定，但这些规定与包装的使用无关。标记并不一定证明包装可以用于盛装任何物质。《国际危规》具体规定了每一种物质或物品所需的包装类型（如钢桶）、其最大容积或重量及其他特殊规定。

标记意在为包装生产商、修理商、用户、承运人和管理机关提供某种帮助。对于新包装的使用，原标记是生产商用于标识其类型并标明其达到某些性能试验要求。

标记并非总能提供试验水平等方面的全部细节，因此可通过参考已检验包装的合格检验证书、试验报告或注册证明来进一步考虑这些细节。如带有 X 或 Y 标记的包装可以用于装运被划入危险程度较小包装类的物质，其相对密度的最大允许值可按系数 1.5 或 2.25 来确定。也就是说，经检验用于盛装相对密度为 1.2 的物质的包装类Ⅰ包装，也可用作盛装相对密度为 1.8 的物质的Ⅱ类包装，也可以用作盛装相对密度为 2.7 的物质的Ⅲ类包装。当然，装有相对较高密度的物质的包件，仍要达到全部性能要求。

包装的标记应持久、清晰，其位置和尺寸应易于看到。对于总重超过 30kg 的包件，其标记或复制标记须标在包装的顶部或一侧，字母、数字和符号应不小于 12mm 高，容积≤30L 或装载量≤30kg 的包装，其标记应至少有 6mm 高，对于容积≤5L 或装载量≤5kg 的包装，其标记尺寸大小应适当。

标记内容表示如下：

（1）联合国包装符号（图 2-1）。该符号仅用于证明包装、柔性散装容器、可移动罐柜或多元气体容器符合《国际危规》中的有关要求，不得用于其他任何目的。对于模压金属包装，可用大写字母“UN”作为符号。

图 2-1　联合国包装符号

（2）包装类型的代码。

（3）由两部分组成的代码。

①表明其设计类型已顺利通过试验的包装类字母：

“X”表示为包装类Ⅰ、Ⅱ和Ⅲ；

“Y”表示为包装类Ⅱ和Ⅲ；

“Z”表示仅为包装类Ⅲ。

②紧跟在上述英文字母后面，表明相对密度。相对密度应四舍五入取第一位小数，表示该拟装液体物质的包装在无内包装时已按该相对密度对设计类型进行了试验。如果相对密度不超过 1.2，可免除此项。对于拟盛装固体物质或带有内包装的包装，则是以公斤表示最大总重量。

（4）用字母“S”表示包装拟用于盛装固体或内包装，或者拟装液体的包装（组合包装除外），包装所能承受的液压试验压力，用千帕表示，四舍五入到最近的 10kPa。

（5）最后两个数字表明包装的制造年份。1H 和 3H 型包装须适当标出包装的制造月份；

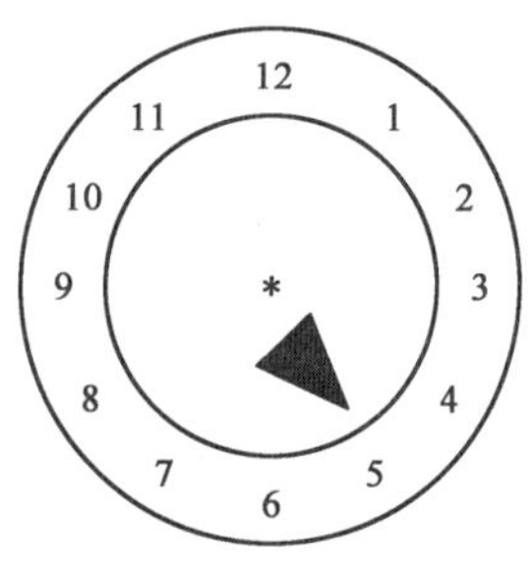

图 2-2　包装制造月份

它可以标明在包装标记的其他剩余部分,可用图 2-2 表示。

注:制造年份的后两位数字可显示在图示中 * 的位置。这种形式认可的标记的月份数字和表盘内圈指示的数字应该完全一致。其他以经久、清晰和可识别方式提供最低所需信息的方法也可接受。

(6)授权使用标记的国家,用国际通行的机动车辆使用的标记符号表示。

(7)制造厂的名称或主管机关规定的其他识别标志。包装标记示例(图 2-3)。

1A1/Y1.4/150/83　用于盛装液体的闭口钢桶
NL/VL824

1A2/Y150/S/83　用于盛装固体的开口钢桶
NL/VL825

图 2-3　包装标记示例

第七节　关于进出口危险化学品及其包装检验监管

《关于进出口危险化学品及其包装检验监管有关问题的公告》中指出,根据《危险化学品安全管理条例》规定,海关负责对进出口危险化学品及其包装实施检验。具体要求如下:

(1)海关对列入国家《危险化学品目录》(最新版)的进出口危险化学品实施检验。

(2)进口危险化学品的收货人或者其代理人报关时,填报事项应包括危险类别、包装类别(散装产品除外)、联合国危险货物编号(UN 编号)、联合国危险货物包装标记(包装 UN 标记)(散装产品除外)等,还应提供下列材料:

①《进口危险化学品企业符合性声明》;

②对需要添加抑制剂或稳定剂的产品,应提供实际添加抑制剂或稳定剂的名称、数量等情况说明;

③中文危险公示标签(散装产品除外,下同)、中文安全数据单的样本。

(3)出口危险化学品的发货人或者其代理人向海关报检时,应提供下列材料:

①《出口危险化学品生产企业符合性声明》;

②《出境货物运输包装性能检验结果单》(散装产品及国际规章豁免使用危险货物包装的除外);

③危险特性分类鉴别报告;

④危险公示标签(散装产品除外,下同)、安全数据单样本,如是外文样本,应提供对应的中文翻译件;

⑤对需要添加抑制剂或稳定剂的产品,应提供实际添加抑制剂或稳定剂的名称、数量等情

况说明。

（4）危险化学品进出口企业应当保证危险化学品符合以下要求：

①我国国家技术规范的强制性要求（进口产品适用）；

②有关国际公约、国际规则、条约、协议、议定书、备忘录等；

③输入国家或者地区技术法规、标准（出口产品适用）；

④海关总署以及质检部门指定的技术规范、标准。

（5）进出口危险化学品检验的内容包括：

①产品的主要成分/组分信息、物理及化学特性、危险类别等是否符合上述（4）中的规定。

②产品包装上是否有危险公示标签（进口产品应有中文危险公示标签），是否随附安全数据单（进口产品应附中文安全数据单）；危险公示标签、安全数据单的内容是否符合上述（4）中的规定。

（6）对进口危险化学品所用包装，应检验包装形式、包装标记、包装类别、包装规格、单件重量、包装使用状况等是否符合上述（4）中的规定。

（7）对出口危险货物的包装，应按照海运、空运、公路运输及铁路运输出口危险货物包装检验管理规定、标准实施性能检验和使用鉴定，分别出具“出境货物运输包装性能检验结果单”“出境危险货物运输包装使用鉴定结果单”。

（8）用作食品、食品添加剂的进出口危险化学品，应符合食品安全相关规定。

第三章

包装危险货物托运程序

为了保障危险货物运输安全,以及万一发生紧急情况时能够迅速正确地采取适当的行动,必须让涉及危险货物运输的每一个人正确地识别他们所面临的危险货物和明确它们的危险性。因此,托运人在提交危险货物托运时,必须对所托运的包件或货物运输组件正确地做好标记、标志和标牌,并在运输单证中进行真实的描述。

第一节 托运程序的一般规定

一、基本规定

(1)除非《国际危规》另有规定,危险货物必须具有适当的标记、标志、标牌、运输单证说明和证明,或者达到《国际危规》要求的其他运输条件方可交付运输。

(2)在托运货物的单证上应注明所托运物质、材料或物品的正确运输名称和联合国编号,例如是海洋污染物的应标明“海洋污染物”,并按要求在货物包件(包括中型散装容器)上标以正确运输名称。其目的是保证该物质、材料或物品在运输中能够被迅速识别。在发生与所托运货物有关的事故时,这种迅速识别尤为重要,即可根据情况决定采取适当必要的应急措施。例如是海洋污染物,船长应遵守《经 1978 年议定书修正的 1973 年国际防止船舶造成污染公约》(MARPOL 公约)的议定书Ⅰ要求的报告程序。

二、集合包件和成组货物的使用

(1)集合包件和成组货物上须标明内装的每一件危险货物的正确运输名称和联合国编号,并按包件要求进行标记、标志,除非代表集合包件或成组货物内所有危险货物的标记和标志清晰可见。此外,集合包件须有“集合包件”(OVERPACK)字样。除非按相关要求的代表所有危险货物的标记和标志在集合包件内清晰可见。“集合包件”(OVERPACK)标记文字高度须至少 12mm。

(2)成组货物或集合包件中的危险货物独立包件,须按规定做标记、标志。该成组货物或集合包件所含的每一个危险货物包件,须遵守《国际危规》一切适用规定。该成组货物或集合包件不得损害每个内含包件的预定功能。

(3)贴有《国际危规》中规定的包件积载方向标记的每个包件,如果被集合包装、放到组件内或用作大宗包装的内包装时,其放置方向须符合该标记。

三、未清洁的空包装或组件

(1)除第 7 类外,原先装过危险货物的包装(包括中型散装容器),须按对该危险货物的要求加以识别、标记、加贴标志和标牌,除非已采取如清洗、清除其蒸气或盛装非危险物质等措施消除危险。

(2)用于放射性物质运输的集装箱、罐柜和中型散装容器,以及其他包装和集合包件不得用于其他货物的运输,除非其辐射量低于相关标准数值。

(3)含有危险货物残余货物或装有未经清洁的空包装或未经清洁的空散装容器的空货物运输组件,须遵守最近一次货物组件、包件或散装容器内装危险货物适用的有关规定。

四、混合包装

两种或更多的危险货物装在同一个外包装内时,该包件须按每种内装危险货物的要求作标记、贴标志。如其危害性已经反映在主危险性标志上时,不必再贴副危险性标志。

五、货物运输组件内的包件

尽管有对货物运输组件作标牌和标记的规定,但货物运输组件内的每一个包件还须按规定作标记和标志。

第二节　包件(包括中型散装容器)的标记

一、一般规定

一般来说,每个装有危险货物的包件都须标有正确运输名称和冠以字母“UN”的相应的联合国编号。联合国编号和字母“UN”的高度须至少12mm,容积30L及以下或最大净重30kg及以下的包件和水容积60L及以下的气瓶,其高度须至少6mm。5L或5kg以下的包件,须采用适当的尺寸。对于无包装的物品,须在物品、支架或搬运装置、储存或吊放装置上加标记。对于1.4类、配装类S的货物,“分类”和“配装类”的字母也须标示出来,除非1.4S的标志已经显示。示例如下:腐蚀性液体,酸性,有机的,未另列明的(辛酰氯),UN 3265。

所有包件标记须清晰可见且易识别,须做到在海水中浸泡3个月以上标记内容仍清晰可辨,在考虑适当的标记方法时,还须考虑所用包装材料及包件表面的耐久性,同时包件标记须和包件外表面的背景形成鲜明的颜色对比,不得与可能大大降低其效果的其他包件标志放在一起。

救助包装(包括大宗救助包装和救助压力容器)还须额外标有“SALVAGE”字样。“救助”或“SALVAGE”字样标记高度须至少12mm。容量超过450L的中型散装容器和大宗包装须在相对的两侧做标记。

二、放射性物质特殊标记规定

每一包件须在其包装外表标出易识别、耐久的标记,用以确认发货人、收货人或两者的识别标记。每一集合包件须在外部持久易见地标记发货人或收货人的标识,或者两者同时标记,除非集合包内所有包件上这些标记清晰可见。

第7类放射性物质例外包件须按相关规定的要求进行标记。

每一超过50kg的包件都须在其包装外表用易识别、耐久的标记标出其所允许的最大总重量。同时,每个包件都应在其包装外表面应用相应字样标记标出。

在每一B(U)型、B(M)型或C型包件的设计结构上,还应在其最外层的耐火、防水容器表面,以凹凸印、压印或其他耐火、防水的方法醒目地标示出三叶形符号标记(图3-1)。

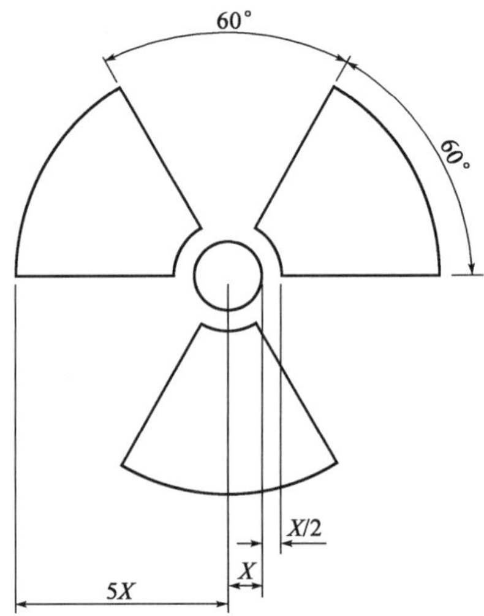

图3-1　三叶形符号及以中心圆半径X为基础的各部分的比例

注:X的最小允许尺寸为4mm。

三、其他要求

一般来说,含有盛有液态危险货物内包装的组合包装、装有通气孔的单一包装及拟装运冷冻液化气体的冷冻容器,须按要求明显地标注出包件指示箭头。指示箭头应张贴在包件外相对的两个竖直面上,箭头笔直地指着正确的方向。整个标记应为长方形,大小与包件相称。可以自由选择是否在箭头四周画一个长方形的边缘线(图3-2)。

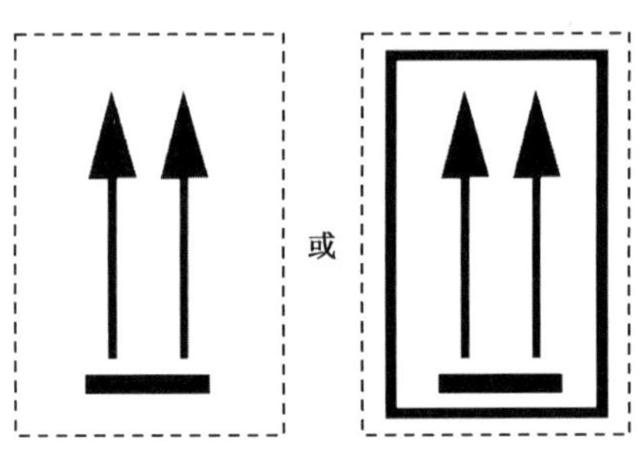

图3-2　包件指示箭头

注:两个黑色或红色箭头,底色为白色或与箭头对比鲜明的其他颜色。长方形的边缘线可随意选择是否描画。所有要素须呈如图所示的适当比例。

四、有限数量标记

有限数量危险货物的包件标记应明显、清晰,并能承受露天暴露而不降低效果。标记的上下部分和边线应为黑色,中心区域为白色或适当反差底色;标记的最小尺寸为100mm ×

100mm；菱形边的最小宽度为2mm（图3-3）；航空运输符号“Y”置于标记中央，须清晰可见；如包件的大小需要，可缩小尺寸，但不得小于50mm×50mm，且标记仍应清晰可见（图3-4）。构成限量标记的四边形的四个边的最小宽度为2mm。顶部和底部三角均为黑色，且三角形底边交于菱形外边的中点；中间区域为白色或与背景形成鲜明反差的适当颜色。最小尺寸为100mm×100mm，如果包件尺寸受限，可减小至50mm×50mm，同时四方形边线可以减小至1mm。

图3-3　有限数量包件标记（除航空运输外）

图3-4　有限数量包件标记（航空运输）

五、可免除量标记

斜影线和符号使用同一颜色，黑或红，背景为白色或其他合适的反差明显的颜色（图3-5）。

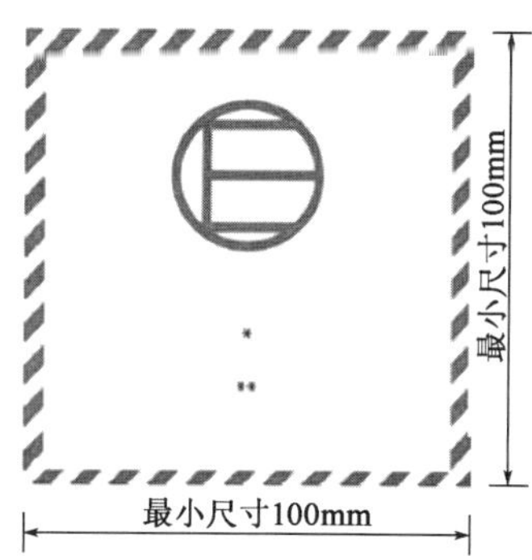

图3-5　可免除量标记

*-此位置显示类别或已指定的小类；**-发货人或收货人的名称如果未在包件的其他处显示，须显示于此位置

标记的规格最小须为100mm×100mm。

标记须为正方形，阴影线和符号须为相同的颜色，如黑色或红色，在白色或适当反差的背景上。

包件内含有的危险货物的主危险性须显示于标记中。如果有关发货人或收货人的名称未在其他处显示，则须包括在标记之中。

六、锂电池及电池组标记

装有锂电池或电池组的包件按照特殊规定188要求进行标记，如图3-6所示。

标记须标明联合国编号，并以字母“UN”开头，如“UN 3090”用于锂金属电池或电池组或“UN 3480”用于锂离子电池或电池组。当锂电池或电池组含在或装在设备中时，联合国编号以字母 UN 开头,如“UN 3091”或“UN 3481”。当包件内含有联合国编号不相同的锂电池或电池组时,所有适用的联合国编号须在一个或多个标记上标明。

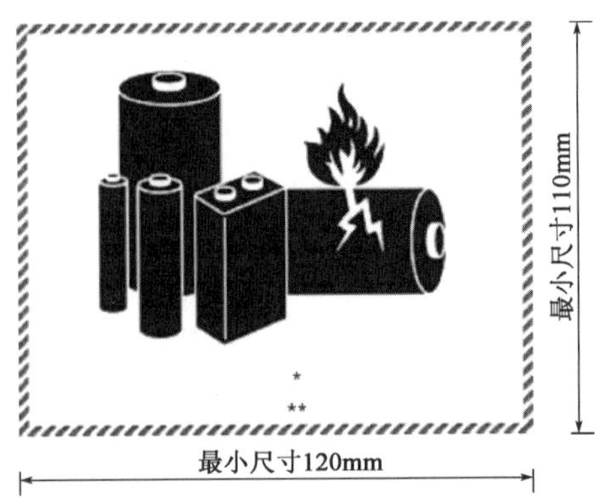

图 3-6　锂电池标记

-联合国编号位置; *-电话号码额外信息位置

七、海洋污染物标记

海洋污染物标记的显示:装有海洋污染物包件的运输组件,按规定张贴边长不小于 100mm 的正方形海洋污染物标记,如图 3-7 所示。

图 3-7　海洋污染物标记

标记须为与平面呈 45°的正方形(菱形四边形)。符号(枯树、肚皮朝上的死鱼、水平面线、滩涂)须为黑色或白色或与背景颜色反差鲜明的颜色。最小尺寸为 100mm × 100mm,形成菱形图形的线最小宽度须为 2mm。由于包件尺寸的原因,标记尺寸和线宽可以降低。

八、可堆码的大宗包装标记

可堆码的大宗包装标记如图 3-8 所示,该符号须不小于 100mm × 100mm,表示质量的字母和数字须至少 12mm 高。尺寸箭头内部打标记区域须为方形。标记上方质量须不超过设计类型试验时施加负荷的 1/1.8。

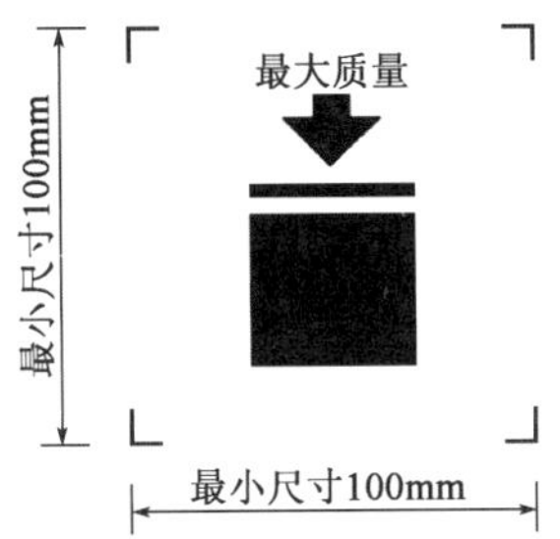

图 3-8　可堆码的大宗包装标记

九、不可堆码的大宗包装标记

不可堆码的大宗包装标记如图 3-9 所示。

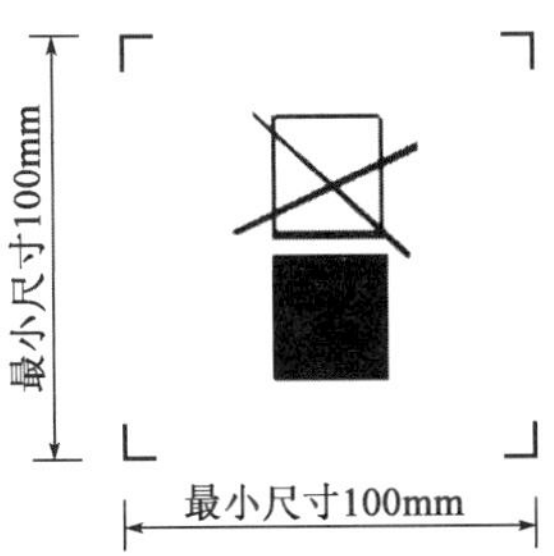

图 3-9　不可堆码的大宗包装标记

第三节　包件(包括中型散装容器)的标志

危险货物交付运输时,必须对危险货物做好适当的标志。应能使从事危险货物运输的各类相关人员在任何时候、任何情况下都能对所接触的货物迅速地加以识别,明确其危害性,并采取相应的安全措施。在运输过程中一旦发生事故,也能正确采取规定的应急措施。

这些规定主要是针对货物的危险性标志作出的,但包件上可标示在搬运和储存时应加以注意的附加标记或符号(例如表示须保持包件干燥的雨伞符号)。识别主危险性和副危险性的标志须与规定的样式相符。

危险货物一览表具体列出的物质或物品,须具有危险货物一览表第 3 栏所示危害性的危险类别标志并附加由第 4 栏中类别或分类号所表示的危险性标志。当一览表第 4 栏中未标明需标注副危险性标志或在标明危险性的同时明示可以免除副危险性标志的要求时,第 6 栏的特殊规定还可能要求副危险性标志。

包件中装有低度危险的危险货物可免除这些标志要求。

《国际危规》对第 2 类提供了三种不同的标志,一种表示第 2.1 类的易燃气体(红色),一种表示第 2.2 类的非易燃无毒气体(绿色),一种表示第 2.3 类的有毒气体(白色),如果危险货物一览表标明第 2 类气体具有一种或多种副危险性,则须按表 3-1 进行标志。

具有副危险性的第 2 类气体的标志 表 3-1

类别	副危险性	主危险性标志	副危险性标志
2.1	无	2.1	无
2.2	无	2.2	无
	5.1	2.2	5.1
2.3	无	2.3	无
	2.1	2.3	2.1
	5.1	2.3	5.1
	5.1,8	2.3	5.1,8
	8	2.3	8
	2.1,8	2.3	2.1,8

如果包件的尺寸足够大,标志须贴在包件表面靠近正确运输名称标记的地方;贴在包件表面不会被包件任何部分和配件或其他任何标记和标志覆盖或挡住的地方;同时,当主危险性标志和副危险性标志都有时,须彼此紧挨着贴。

当包件形状不规则或尺寸太小以致标志无法令人满意时,可用结实和签条或其他方法固定在包件。容积超过 450L 的中型散装容器和大宗包装须在相对的两侧张贴标志。标志须贴在形成鲜明颜色对比的表面上。

一、标志的一般规定

(1)危险货物的标志是指在包件上所使用的图案和相应文字说明的组合,用于描述所装危险货物的危险性和危险程度。危险货物标志主要以危险货物的分类为基础设计,可分为主标志和副标志两类。但危险货物标志也包括标示在包件上,作为搬运和仓储指示(警示)的标记和符号,如应保持包件干燥的雨伞符号等。

(2)危险性和副危险性的标志在《国际危规》中按危险货物分类进行规定,在《国际危规》中一一列举。

(3)《国际危规》对危险货物均做出了应标示的主危险性标志、副危险性标志和可以免除标志的规定,危险货物包件必须按规定标示相应的标志。

(4)如果某种物质符合几个危险品类别的定义,而且其名称未在危险货物一览表中具体列出,则用《国际危规》中的危险性优先顺序表和一些优先物质的规定,来确定其主要危险类别,除了主要性标志,还应贴副危险性标志。

二、标志的具体要求

(一)标志的特征

(1)标志的图形均为呈 45°角的菱形,除非由于包件尺寸的限制,否则标志的尺寸不应小于 100mm × 100mm。距每个标志外缘线 5mm 处,有一条与其平行、与符号颜色相同的线。

所有标志上的符号、文字和号码应用黑色表示,但下面的情况除外:

①第8类的标志,文字和类号用白色。

②如标志底色全部为绿色、红色或蓝色时,符号、文字和号码可用白色。

(2)标志的图形符号主要有:爆炸的炸弹(爆炸性)、火焰(易燃性)、骷髅和两根交叉的骨头棒(毒性)、气瓶(非易燃、无毒气体)、三叶形(放射性)、三个新月形沿一个圆圈重叠在一起(感染性)、圆圈上带有火焰(氧化性)、从两个玻璃器皿中流出的液体侵蚀到手和金属上(腐蚀性)、七条垂直的条带(杂类)。

(3)标志分为上下两半,除1.4、1.5、1.6类外,其余标志的上半部分为图形符号,下半部分为文字和类或分类号和适当的配装类字母。

(4)除1.4、1.5、1.6类外,第1类标志的下半部分标明物质和物品的分类号和配装类字母。1.4、1.5、1.6类的标志的上半部分标明分类号,下半部分标明配装类字母。1.4类S配装类一般不需要标志,但如果认为需要,则应以1.4号式样为基础。

(5)第5类的标志,应在下半部分标明物质的小类。

(6)除第7类物质的标志外,任何在符号下插入的文字(不是类或分类号)的内容应仅限于危险性质和搬运中的注意事项。

(二)标志张贴要求

(1)在装有危险货物的包件上粘贴标志,应做到使其在海水中至少浸泡3个月,其标志或标志图案仍清晰可辨。在考虑适当的标志方法时,还应考虑所用包装材料及包件表面的耐久性。

(2)如果包件的尺寸足够大,标志应贴在包件表面靠近正确运输名称标记的地方。标志应贴在包件表面不会被包件任何部分和配件或其他任何标记和标志盖住或挡住的地方。当主危险性标志和副危险性标志都有时,应彼此紧挨着贴。

当包件形状不规则或尺寸太小以致标志无法令人满意地贴上时,可用结实的签条或其他方法固定在包件上。

(3)对于第2类气体钢瓶,考虑到它的形状、为运输而采用的排列方向和机械加固情况,可粘贴符合规定的较小的标志,但要在钢瓶的非圆柱体部位(一般为肩部)显示。

(4)容量超过450L的中型散装容器和大宗包装须在相对的两侧张贴标志。

(5)标志应和包件形成鲜明的颜色对比。

三、标志的特殊规定

(一)对有机过氧化物标志的特殊规定

(1)装有B、C、D、E或F型有机过氧化物的包件应贴5.2类标志,这个标志同时意味着产品可能易燃,因此不需要再贴易燃液体副危险性标志。

(2)B型有机过氧化物应贴有爆炸品副危险性标志,除非主管机关因为试验数据已证明该有机过氧化物在此包装内不显示爆炸性能,已批准具体包件免贴这种标志。当符合第8类物质包装类Ⅰ或包装类Ⅱ的标准时,需要贴腐蚀性副危险性标志。

(二)对易燃固体标志的特殊规定

盛装易燃固体和可以通过摩擦着火的固体、自反应物质和相关物质、退敏爆炸品的包装应带有 4.1 类标志。此外,对于 B 型自反应物质,应有第 1 类爆炸性副危险性标志,除非主管机关根据能够证明该自反应物质在该包装中不会产生爆炸可能的试验数据,批准免除该标志。

(三)具有副危险性的第 2 类气体的标志要求

对第 2 类危险品,《国际危规》中提供了三种不同的标志,一种表示 2.1 类易燃气体(红色),一种表示 2.2 类非易燃无毒气体(绿色),一种表示 2.3 类毒性气体(白色)。如果危险货物一览表表明第 2 类气体具有一种或多种副危险性,则应按表明的副危险性分别粘贴对应的副危险性标志。

四、各类危险货物标志的图例及介绍

(一)第 1 类　爆炸品

1.1、1.2、1.3 类如图 3-10 所示。

图 3-10　1.1、1.2、1.3 类爆炸品标志

符号和符号颜色:爆炸的炸弹为黑色;
底色:橙色;
底角数字 1:黑色;
* * 属于小类的位置,如“1.1”或“1.2”或“1.3”;如果爆炸性属于副危险性则留空;
* 属于配装类的位置,如果爆炸性属于副危险性则留空。
1.4、1.5、1.6 类如图 3-11 所示。

图 3-11　1.4、1.5、1.6 类爆炸品标志

数字 1.4、1.5、1.6：黑色，数字高 30mm，字体笔画的宽度约 5mm（对于 100mm × 100mm 的标志）；
底色：橙色；
底角数字 1：黑色；
* 属于配装类的位置。

（二）第 2 类　气体

2.1　易燃气体如图 3-12 所示。

图 3-12　2.1　易燃气体标志

火焰为黑色或白色，底色为红色，底角数字为黑色或白色，符号、数字和内边缘线颜色保持一致。

2.2　非易燃无毒气体如图 3-13 所示。

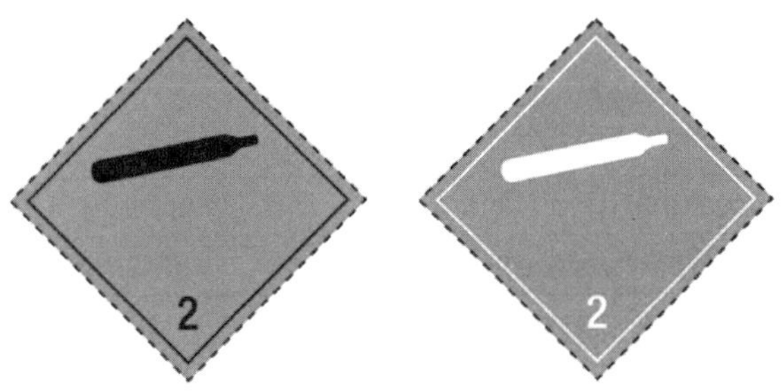

图 3-13　2.2　非易燃无毒气体标志

气瓶为黑色或白色，底色为绿色，底角数字为黑色或白色，符号、数字和内边缘线颜色保持一致。

2.3　有毒气体如图 3-14 所示。

图 3-14　2.3　有毒气体标志

骷髅和交叉骨:黑色,底色为白色,底角数字为黑色。

(三)第 3 类　易燃液体

3　易燃液体如图 3-15 所示。

图 3-15　3　易燃液体标志

火焰为黑色或白色,底色为红色,底角数字为黑色或白色,符号、数字和内边缘线颜色保持一致。

(四)第 4 类　易燃固体、易自燃物质和遇水放出易燃气体的物质

4.1　易燃固体、自反应物质和固体退敏爆炸品如图 3-16 所示。

图 3-16　4.1　易燃固体、自反应物质和固体退敏爆炸品标志

火焰为黑色,底色为白色加上 7 条红色竖直条带,垂直对角线 1 条,其他 6 条对称分列两边,且延伸至虚线边框,底角数字为黑色。

4.2　易自燃物质如图 3-17 所示。

图 3-17　4.2　易自燃物质标志

火焰为黑色,底色上半部为白色,下半部为红色,底角数字为黑色。

4.3　遇水放出易燃气体的物质如图 3-18 所示。

图 3-18　4.3　遇水放出易燃气体的物质标志

火焰为黑色或白色,底色为蓝色,底角数字为黑色或白色,符号、数字和内边缘线颜色保持一致。

(五)第 5 类　氧化性物质和有机过氧化物

5.1　氧化性物质如图 3-19 所示。

图 3-19　5.1　氧化性物质标志

圆圈上带有火焰为黑色,底色为黄色,底角数字为黑色。本火焰符号为圆圈上火焰,不同于 2.1 类和 3 类火焰符号;类别号要注明小类。

5.2　有机过氧化物如图 3-20 所示。

图 3-20　5.2　有机过氧化物标志

火焰为黑色或白色,底色上半部分为红色,下半部分为黄色,底角数字为黑色,标志上半部的内边缘线须与符号颜色一致,标志下半部分的内边缘线须与底角显示的类别号或分类编号颜色一致,注明小类。

(六)第 6 类　有毒和感染性物质

6.1　有毒物质如图 3-21 所示。

图 3-21　6.1　有毒物质标志

骷髅和交叉骨为黑色,底色为白色,底角数字为黑色。

6.2　感染性物质如图 3-22 所示。

图 3-22　6.2　感染性物质标志

符号为三个新月形符号沿一个圆圈叠加在一起,颜色为黑色,底色为白色,底角数字为黑色,标志的下半部分可以带有黑色“感染性物质”,以及“一旦破损或泄漏立即通知公共卫生机关”字样。

(七)第 7 类　放射性材料

第 7 类　放射性材料如图 3-23 所示。

图 3-23　第 7 类　放射性材料标志

1. 对于 7A

三叶形为黑色,底色为白色,底角数字为黑色。
文字(强制性要求):在标志下半部用黑色文字标出:
RADIOACTIVE(放射性);
Contents(内装物)××××;
Activity(活度)××××(全大写);
紧跟"RADIOACTIVE"字样后须标上一条垂直的红色短杠。

2. 对于 7B

三叶形为黑色,底色上半部分为黄色带白边,下半分为白色,底角数字为黑色。
文字(强制性要求):在标志下半部用黑色文字标出:
RADIOACTIVE(放射性);
Contents(内装物)××××;
Activity(活度)××××(全大写);
在黑框内标出:Transport index(运输指数)××××;
紧跟"RADIOACTIVE"字样后须标上两条垂直的红色短杠。

3. 对于 7C

三叶形为黑色,底色上半部分为黄色带白边,下半分为白色,底角数字为黑色。
文字(强制性要求):在标志下半部用黑色文字标出:
RADIOACTIVE(放射性);
Contents(内装物)××××;
Activity(活度)××××(全大写);
在黑框内标出:Transport index(运输指数)××××;
紧跟"RADIOACTIVE"字样后须标上三条垂直的红色短杠。
7E　裂变性物质如图 3-24 所示。

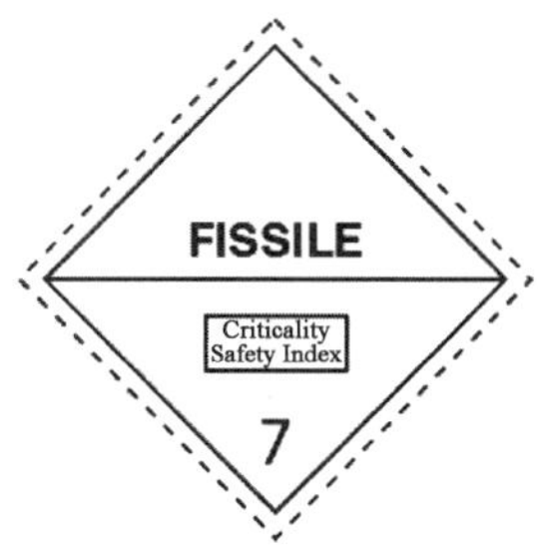

图 3-24　7E　裂变性物质标志

底色为白色,底角数字为黑色;
文字(强制性要求):在标志上半部用黑体标出:FISSILE(裂变性);
在标志的下半部用一个黑框内标出:Criticality Safety index(临界安全指数)××××。

（八）第 8 类　腐蚀性物质

8　腐蚀性物质如图 3-25 所示。

图 3-25　8　腐蚀性物质标志

符号为液体从两个玻璃容器流出来侵蚀到手和金属，颜色为黑色；底色上半部分为白色，下半部分为黑色，底角数字为白色。

（九）第 9 类　杂类危险物质和物品和环境有害物质

9　杂类危险物质和物品(包括环境有害物质)如图 3-26 所示。

图 3-26　9　杂类危险物质和物品和环境有害物质标志

上半部分为 7 条黑色竖直条带，颜色为黑色，底色为白色，底角数字 9 为黑色带下划线。

注：上半部分和下半部分之间没有横线隔开。

9A　锂电池或锂电池组如图 3-27 所示。

图 3-27　9A　锂电池或锂电池组标志

上半部分为 7 条竖直黑色条带，下半部分为电池组，一个损坏的电池并发出火焰：黑色，底色为白色，类别号 9 带黑色下划线。

下半部为电池组。

注：上半部分和下半部分之间没有横线隔开。

第四节　货物运输组件和散装容器的标牌和标记

一、标牌

（一）标牌的一般规定

如果贴在包件上的标志及标记从货物运输组件外面不能清楚可见，须将放大了的标志（标牌）、标记和符号粘贴在货物运输组件的外表面上，用于警告人们在组件内装有危险货物并存在危险。按相关要求在货物运输组件上显示标牌和标记的方法须满足其在海水中至少浸泡3个月后货物运输级组件上的标牌和标记仍清晰可辨。在确定标记方法时，还须考虑到货物运输组件表面能进行标记的简易性，以及当货物运输组件内所装的危险货物或其残余物完全卸掉后，须立即除掉或遮盖由于装运此类物质而显示的标牌、橘黄色标签、标记或标识。

（二）贴标牌的要求

装有危险货物或危险货物残留物的货物运输组件须按下列要求清楚地显示标牌：

（1）集装箱、半挂车或可移动罐柜须在组件每侧和每端各一个。容器不超过3000L的可移动罐柜可在其相对的两侧使用标牌，也可使用标志代替。

（2）铁路罐车须至少在每侧张贴标牌。

（3）盛装一种以上危险货物或其残留物的多格罐柜须在相关分格间的位置，沿每侧标记，如果每个分隔间要求显示的标牌相同，这些标牌仅需沿着货物运输组件每侧显示一次。

（4）其他任何货物运输组件须至少在组件背面和两侧张贴标牌。

二、货物运输组件的标记

（一）正确显示运输名称

对于含有危险货物的罐柜运输组件、含有危险货物的散装容器或装有单一物品包装危险货物且无标牌、联合国编号或海洋污染物标记要求的任何其他货物运输组件来说，内装物的正确运输名称须至少在运输组件的两侧有持久标记。

危险货物正确运输名称的显示字母不得小于65mm高，颜色须与背景色形成鲜明对比。容量不超过3000L的可移动罐柜可降低至12mm。

(二)正确显示联合国编号

除第 1 类货物外,联合国编号须按要求显示在下列托运货物上:

(1)在罐柜货物运输组件中运输的固体、液体或气体,包括多格罐柜货物运输组件的每个分格上;

(2)总重超过 4000kg 的包装危险货物,并且针对该货物只有一个联合国编号,是在其他货物运输组件中唯一的危险货物;

(3)在车辆、集装箱或罐柜中未包装的第 7 类 LSA-Ⅰ或 SCO-Ⅰ的物质;

(4)装载于车辆或集装箱内或具有唯一联合国编号的独立运输的包装放射性货物;

(5)在散装容器内的固体危险货物。

联合国编号须以黑色数字表示,数字高度不小于 65mm,且在符号与类别号和配装类号之间的区域,与白色底色形成鲜明对比,并不影响标牌其他要素;或者显示于不小于 120mm 高、300mm 宽且四周带有 10mm 黑框的橘黄色长方形板上,位置紧靠标牌或海洋污染物标记。对于容量不超过 3000L 的可移动罐柜,联合国编号可以适当缩小尺寸显示在罐体表面的橘黄色长方形板内,且其字符高度不小于 25mm。当不需要标牌或海洋污染物标记时,联合国编号须紧靠正确运输名称。

(三)其他要求

(1)对于液态物质运输或交付运输时温度等于或超过 100℃或固态物质运输或交付运输时的温度等于或超过 240℃,须在货物运输组件的每侧和每端粘贴加温物质标记。加温运输标记为等边三角形。标记颜色为红色。

(2)含有海洋污染物的货物运输组件须清晰显示海洋污染物标记。

(3)含有限量运输危险货物的货物运输组件须按要求显示标牌或做标记。

(4)熏蒸警告牌(图 3-28)。

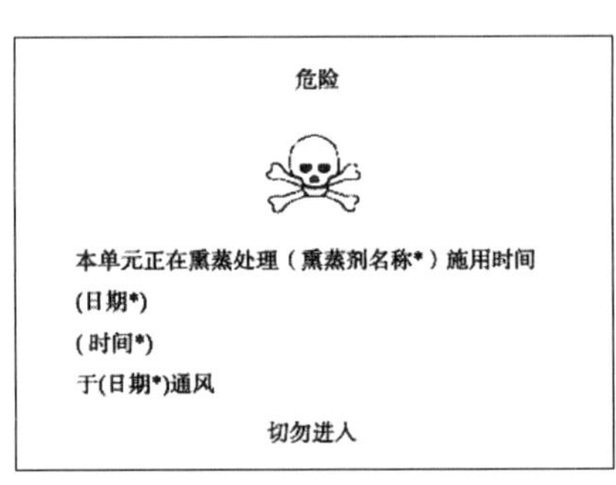

图 3-28 熏蒸警告牌

处于熏蒸状态的封闭货物运输组件,应显示熏蒸警告牌,其内容包括熏蒸剂的名称,加入日期及有效时间。熏蒸标记为长方形,宽度大于 300mm,高度大于 250mm。标记内容为黑字白底,字体大于 25mm。

(5)海洋污染物标记(图3-29)。

海洋污染物标记的显示:装有海洋污染物包件的运输组件,按规定张贴边长不小于250mm正方形海洋污染物标记。

(6)加温标记(图3-30)。

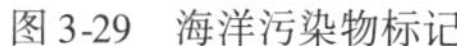
图3-29　海洋污染物标记

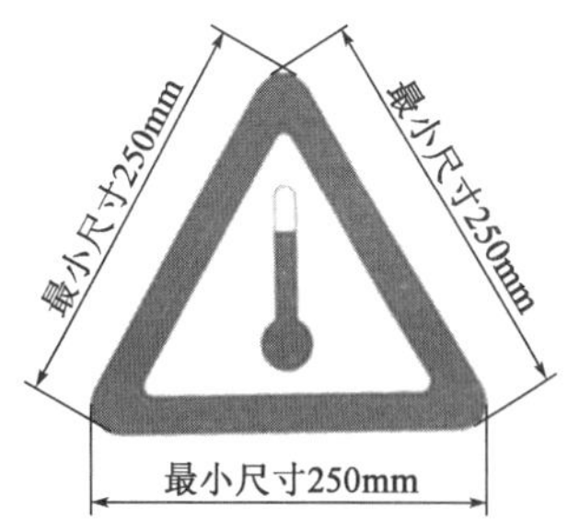

图3-30　加温标记

加温标记须为等边三角形。标记颜色须为红色。边长最小尺寸须为250mm,容量小于3000L可移动罐柜边长可降低至100mm。如无尺寸要求,所有要素须呈如图所示的适当比例。

(7)货物运输组件的窒息警告标记(图3-31)。

该标记须是长方形。最小尺寸须是150mm宽×250mm高。警告词"WARNING"须是红色或白色,至少25mm高。如无尺寸要求,所要要素须为本图所示的大致比例。

(8)含限量内包装危险货物标记(图3-32)。

图3-31　货物运输组件窒息警告标记

图3-32　含限量内包装危险货物标记

含有危险货物和限量内包装危险货物的货物运输组件,须按适用于非限量内包装危险货物的规定进行标牌和标记。如果危险货物无标牌和标记要求,货物运输组件须按图3-32进行标记,顶部、底部和边缘线为黑色,中间区域为白色或与背景形成鲜明反差的适当颜色,标牌的最小尺寸为250mm×250mm。

第五节 危险货物运输单证

托运人在托运危险货物时,除了对危险货物进行正确的标记、标志和标牌外,还必须填制相应的危险货物运输单证。它的作用是转达有关危险货物的基本信息,使接受货物的各方人员对该货物的危险性得到充分的了解,以保证运输的安全。同时,也是明确承托关系,分清各方责任的一个凭证。

单证的形式、填写的细节及其承担的责任,由适用于该运输方式的国际公约和国家立法加以确定。同时,危险货物运输单证也不排除使用电子数据处理电子数据交换(EDI)传输技术作为纸质文件的参考。

一、运输单证要求的信息

(一)基本信息

对每种交付运输的危险物质、材料或物品,危险货物运输单证必须包括以下基本信息:

(1)正确运输名称。

(2)类别,如果有,还要说明货物的分类。另外,后面还可跟类别名称。类或细分类应包含在危险类别编号里面。

(3)对于第 1 类物质和物品,分类后面应紧接着说明配装类。

(4)对具有副危险性的气体,用附加“易燃性”“氧化性”“有毒的”及/或“腐蚀性”等恰当词来进一步指明其危险性。

(5)联合国编号。

(6)包装类。

(7)危险货物的件数和包装种类,以及危险货物的总量(体积或质量,如是第Ⅰ类货物,应说明内装爆炸物的净质量)。

(二)补充信息

危险货物运输单证还应包括以下补充信息:

(1)如果其最低闪点为 60℃或以下,应予以标出。

(2)正确运输名称中未说明的副危险性应予以标出。

(3)对海洋污染物,应注明“海洋污染物”字样;如以通用条目申报,应在括号内注明被认可的海洋污染物化学名称。

二、其他特殊规定

(一)爆炸品的特殊规定

(1)使用通用条目运输的爆炸品,包括“爆炸性物质,未另列明的”“爆炸性物品,未另列明的”和“导爆索,未另列明的”这些没有具体条目的,生产主管机关应使用适当的危险性分类和配装类的条目,而且在运输单证上注明“在……国主管机关批准条目的规定下装运”,其后应显示该国的国际机动车辆识别代码。

(2)对于在适用的条目中规定有水或减敏剂含量限制的爆炸品,在所含的水或减敏剂低于最低含量时,应禁止运输。只有在生产国主管机关批准后才能运输,而且在运输单证上注明“在……国主管机关批准条目的规定下装运”,其后应显示该国的国际机动车辆识别代码。

(3)当爆炸品是使用经主管机关批准的包装时,运输单证上应注明“由……国主管机关批准的包装”,其后应显示该国的国际机动车辆识别代码。

(4)有些危险性在分类和配装类中未显示出,托运人应在运输单证中注明。

(5)对于体积大于 1000mL 的烟雾剂,应在运输单证中注明。

(二)废弃物的特殊规定

如果是运输待处理或待加工处理的废弃危险货物(除放射性废弃物外),在正确运输名称前应写明“废弃物”的字样,除非废弃物的含义已包括在正确运输名称内。

(三)加温物质的特殊规定

如果以温度等于或超过 100℃时仍为液态,或以温度等于或超过 240℃时仍为固态运输,或交付运输的物质的正确运输名称不能表达加温条件(例如:使用“熔融”或“加温”作为运输名称的一部分),应在运输单证上的正确运输名称之前加上“热”一字。

(四)自反应物质和有机过氧化物的特殊规定

(1)第 4.1 类的自反应物质和在运输期间需控制温度的有机过氧化物,其控制温度和应急温度应在运输单证中写明。

(2)对于第 4.1 类的某些自反应物质和第 5.2 类的有机过氧化物,如果主管机关批准具体包件免贴“爆炸品”副危险标志,则运输单证中应予以说明。

(3)如果运输自反应物质或有机过氧化物样品,应在运输单证中予以说明。

(五)感染性物质的特殊规定

(1)运输感染性物质时,应在有关的运输单证上标明收货人的详细地址、负责人姓名及其电话号码。

(2)在转运中,运输单据上必须显示飞机的航班号、火车的列次、抵达各航空港或车站的日期和港名、站名。

(3)如果物质易于腐烂,应在运输单证上注明注意事项,例如:“保持冷藏,在 2 ~ 4℃之间”“保持冷冻”“切勿结冰”。

(六)放射性物质的特殊规定

发货人在运输放射性物质时应在每次运输的单证中按给定的顺序提供下列信息:

(1)正确运输名称。

(2)“第7类”联合国分类的类别号。

(3)冠以“UN”字母的联合国编号。

(4)每种放射性核素的名称或符号,对于放射性核素的混合物,反映相对应的总体描述,或限制最严格的核素名称。

(5)有关放射性物质的物理和化学形态的描述,或者是否属于特殊形式(对于化学形态,一般的化学描述即可)。

(6)运输期间托运的放射性内装物的最大放射性活度以贝可勒尔(Bq)为单位,并冠以一个适当的SI词头来表示。对于裂变物质,以克或以克的倍数表示的总质量数,可用来代替活度。

(7)包件分级,比如:Ⅰ-白、Ⅱ-黄、Ⅲ-黄。

(8)运输指数(仅适用于Ⅱ-黄和Ⅲ-黄包装级别)。

(9)对于按要求例外的裂变性物质的托运货物,应标明其临界安全指数。

(10)适用于托运货物的各主管机关的许可证书的识别标记。

(11)对于装在集合包件或集装箱内的包件托运货物,应详细说明每一个集合包件和集装箱内每一包件的内装物,如果包件在某一中间卸货站点从集合包件或集装箱卸下,应能提供适当的运输单证。

(12)凡托运货物要求以独家使用方式装运的,应申明“独家使用装运”。

(13)对于“LSA-Ⅱ”“LSA-Ⅲ”“SCO-Ⅰ”“SCO-Ⅱ”以A_2的倍数为单位的托运货物总活度。

(14)发货人对承运人在操作方面如有要求,也应在运输单证中加以说明。这种说明应使用承运人或有关主管机关认为必要的语种填写,而且至少应包括以下几个方面:

①包括为了安全散热的专门积载规定在内的包件、集合包件或集装箱的装载、积载、运输、搬运和卸货等方面的补充要求,或者不需要这类要求的说明;

②关于运输方式或运输工具类型的限制以及必要的运输路线方面的指令;

③与托运相应的应急措施的安排。

相关的主管机关证书没有必要与托运货物同行,但发货人应在装卸货之前做好向承运人提供证书的准备。

(七)限量包装危险货物的特殊规定

当危险货物按规定可作为限量包装运输时,托运说明应包括“限量”字样。但是当“第×类限量运输危险货物”的说明可以用在运输单证中代替危险货物一览表中的正确运输名称时,“限量”字样可不作要求。

(八)救助包装的特殊规定

当危险货物在救助包件中运输时,在危险货物运输单证中货物的说明后应标明“救助包件”(SALVAGE PACKAGE)字样。

(九)未清洁空包装和罐柜的特殊规定

对含有危险货物(除第7类外)残余物的空盛装工具(包括包装、可移动罐柜、中型散装容器、公路罐柜和铁路罐柜)，应将“空的，未清洁”(EMPTY UNCLEANED)或“残余上次内装物”(RESIDUE LAST CONTAINED)字样，置于正确运输名称之前或之后。

三、证书或声明

由托运人准备的危险货物运输单证中，还应载有或附有一份证书或声明，表明所托运的货物适合于运输，并已正确地加以包装、标记和标志，符合现行规定的运输条件。

声明形式为：“兹声明被托运货物已经由上述正确运输名称完全而准确予以说明，并已根据所适用的国际和国内政府规定进行了分类、包装、标记以及标志/标牌，且从各方面都处于良好的运输状态”声明应有申报员的签名和日期。如果相关法律和法规承认传真的有效性，可以使用传真签名。

四、运输单证上要求信息的顺序

如果危险货物和非危险货物在同一单证中列出，则危险货物应列在前面或着重强调。

在运输单证上，货物的正确运输名称、危险性类别、联合国编号以及被划定的包装类别应按顺序标明，并且其间没有其他任何信息插入。其他要求显示的内容，其位置和顺序可自行选择。例如：

甲酸，第 8 类，联合国编号 1779，包装类Ⅱ。

五、运输单证的格式

《国际危规》对运输单证的格式要求是建议性的。按照《国际危规》的基本原则，各国可以通过国家立法的途径确立适用的运输单证格式。只要满足《国际危规》的要求，允许各国在运输单证的具体内容上有所差别。

六、我国港口危险货物运输单证

为了保证海运包装危险货物的安全运输，执行《国际危规》和落实国内相关法律法规与规定的要求，满足海运包装危险货物的安全运输条件，托运人或作业委托人需要向港口和道路主管部门及港口经营人提供与包装危险货物安全运输的单证或文件，举例如下：

(1)危险货物安全适运申请单(声明单)。

该单证由危险货物的托运人于船舶装货三天前(航程不足三天的，在装货船舶驶离出发港前)向装运港所在海事部门呈交。

(2)船舶载运危险/污染危害性货物申报单。

该单证由船公司或船舶代理向危险货物装货港所在地海事局申报。

(3)“出境货物运输包装性能检验结果单”和“出境危险货物运输包装使用鉴定结果单”。

如果港口装船的危险货物为出境，则必须具备“出境货物运输包装性能检验结果单”和“出境危险货物运输包装使用鉴定结果单”，这两张单证由装货港所在地中华人民共和国海关鉴定、检验和出具(外贸由海关出具，内贸运输由有资质的部门出具)。

(4)包装危险货物技术说明书(属于危险化学品的提供 MSDS)。

“包装危险货物技术说明书”由技术鉴定部门或生产厂家提供,用于危险货物运输作业时,对相关人员提供危险提示和应急等所用。

(5)集装箱装运危险货物装箱证明书。

危险货物如使用集装箱装运,在一系列必要的申报作业完成后,港口企业受权将危险货物装入集装箱。在港口进行危险货物装箱作业时,现场必须由经考核合格的海事局批准的装箱检查人员进行监装,在现场检查合格后,签发“集装箱装运危险货物装箱证明书”。

(6)限量危险货物证明书。

如果港口所装运的危险货物属“限量”危险货物,则需要具备“限量危险货物证明书”。

(7)危险货物包装证书。

如可移动罐柜检测报告、中型散装容器证书、气体容器检测报告和前述已列出的出境危险货物运输包装使用鉴定结果单等。

(8)相关证明书。

如稳定剂添加证书、锂电池检测证书、货物稳定证明、风化证明等。

(9)政府主管部门允许运输批准文件。

(10)港口危险货物申报单(声明单)。

(11)其他。

第四章

船舶积载与隔离及作业管理要求

第一节 船舶积载

海运中危险货物能否在船上正确积载,直接关系着人命和船舶安全、货物运输质量以及船舶营运效益。这不仅是船方所关心的主要问题,也是岸方人员所共同关心的问题。

不同性质的货物,对舱位的要求各不相同。在安排货物的舱位时,除应满足卸货港序以外,重要的是还要使货物本身的特性、包装类型等与货舱条件相适应,这就是货物积载的问题。在《国际危规》第 2 册第 3 部分“危险货物一览表”第 16 栏“积载与隔离”中列出了对每一种危险货物在积载与隔离方面的具体规定。同时,在《国际危规》第 1 册第 7 部分“运输作业的有关规定”对海运危险货物积载的一般原则和各类危险货物积载的共性问题作了详细规定。

一、基本定义

积载:是指为在运输过程中确保安全和保护环境,将危险货物恰当地布置在船上。

舱面积载:是指在露天甲板上积载。开敞式滚装货物处所见《国际危规》7.5.2.6。

舱内积载:是指不在露天甲板上的任何积载。开敞式集装箱船见《国际危规》7.4.2.1。

避开生活居住处所:是指包件或货物运输组件须距居住舱、进气口、机器处所和其他封闭工作区域至少 3m 积载。

可燃材料:是指可能是或可能不是危险货物但是能被轻易点燃并支持燃烧的材料。可燃材料包括木头、纸、稻草、植物纤维以及这些材料的制品、煤、润滑剂和油类。该定义不适用包装材料和衬垫。

潜在火源:是指但不限于明火、机器排气装置、厨房通风口、电插座和包括货物运输组件制冷或加热设备在内的电气设备,经认可的安全型电气设备除外。

远离热源:是指包件或货物运输组件须距离表面温度可能超过 55℃ 的受热的船舶结构至少 2.4m 积载。受热的船舶结构包括蒸气管、加热盘、加热燃料和货物罐柜的顶部或侧壁和机器处所的舱壁。此外,未装入货物运输组件并直接在舱面积载的包件须进行遮蔽,以避免阳光直射。在几乎无风的条件下,阳光直射会使货物运输组件表面迅速升温,货物也可能升温。根据货物运输组件内货物的具体特性须对计划航次采取预防措施,确保减少阳光直射。

装运第 1 类货物的封闭货物运输组件:是指用永久性结构将内容物完全封装并能固定在船舶结构上的组件,并且除对第 1.4 类外组件是满足结构耐用的。顶部和侧壁为纤维材料的不是封闭货物运输组件。任何封闭货物运输组件的底板须是木质结构或是将货物布置或密合在格板、木质托盘或垫板上。

对于第 1 类货物的结构耐用:是指货物运输组件须在其结构部件上不能有主要缺陷,这些部件包括集装箱的上下横梁、上下端梁、门槛门楣、地板底横梁、角柱和角端配件。而主要缺陷包括:结构上深于 19mm(不计长度)的凹陷或弯曲、结构的裂缝或断裂、上下端梁或门楣多于一处的拼接,上下横梁任何多于两处的拼接或门槛或角柱的任何拼接、门折页和金属配件卡住、弯曲、损坏、遗失或失效、垫圈或密封失效或者对于集装箱而言,整体结构的变形大致妨碍操作机械定位、在底盘或车辆上固定或系固或装入船舶格栅。此外,无论什么材料,货物运输组件构件的任何退化都不可接受,如侧壁金属的锈透或玻璃纤维老化。但可以接受如氧化(生锈)、轻微凹陷、划伤以及不影响组件耐用性或风雨密封完整性的正常磨损。

二、涉及危险货物积载的船舶分类

在危险货物积载中,为了确定适当的积载方式,把船舶分为两种类型,对装载第 1 类危险货物(限量包装的第 1.4S 类除外)的船舶来说,分为货船(不超过 12 名旅客)和客船;对装载第 2 类至第 9 类和限量包装的第 1.4S 类危险货物来说,分为货船或载客限额不超过 25 人或船舶总长每 3m 不超过 1 人的客船(以数额较大者为准),以及载客超过上述限制数额的其他客船。

三、危险货物积载类

危险货物需要将船舶类型和危险货物积载类这两种因素综合考虑,才能最终确定适当的积载方式。即依据两种船舶类型和危险货物所属的积载类,决定该货物是应当被积载在船舶什么位置。

第 1 类危险货物(限量包装的第 1.4S 类除外)须按照危险货物一览表 16a 标示的下列积载类之一进行积载,见表 4-1。

积载类的确定　　表 4-1

<table>
<tr><td rowspan="2">积载类 01</td><td>货船(不超过 12 名旅客)</td><td>在舱面封闭式货物运输组件内或舱内</td></tr>
<tr><td>客船</td><td>在舱面封闭式货物运输组件内或舱内</td></tr>
<tr><td rowspan="2">积载类 02</td><td>货船(不超过 12 名旅客)</td><td>在舱面封闭式货物运输组件内或舱内</td></tr>
<tr><td>客船</td><td>在舱面封闭式货物运输组件内或舱内或按照相关规定在舱内封闭式货物运输组件内</td></tr>
<tr><td rowspan="2">积载类 03</td><td>货船(不超过 12 名旅客)</td><td>在舱面封闭式货物运输组件内或舱内</td></tr>
<tr><td>客船</td><td>禁止装运(除非满足相关规定)</td></tr>
<tr><td rowspan="2">积载类 04</td><td>货船(不超过 12 名旅客)</td><td>在舱面封闭式货物运输组件内或在舱内封闭式货物运输组件内</td></tr>
<tr><td>客船</td><td>禁止装运(除非满足相关规定)</td></tr>
<tr><td rowspan="2">积载类 05</td><td>货船(不超过 12 名旅客)</td><td>仅在舱面封闭式货物运输组件内</td></tr>
<tr><td>客船</td><td>禁止装运(除非满足相关规定)</td></tr>
</table>

第 2 类至第 9 类和限量包装的第 1.4S 类危险货物依据安全装运所需要的积载位置,分为从 A 至 E 的不同的积载类。

危险货物积载类和船舶分类的组合关系见表 4-2。

危险货物积载方式　　表 4-2

积载方式 船舶类型	积载类 A	积载类 B	积载类 C	积载类 D	积载类 E
货船	舱面或舱内	舱面或舱内	仅限舱面	仅限舱面	舱面或舱内
客船	舱面或舱内	仅限舱面	仅限舱面	禁止装运	禁止装运

四、积载代码

在危险货物一览表第 16a 栏给出的积载代码及其描述见表 4-3。

积载代码及其描述 表 4-3

积载代码	描述
SW1	避开热源
SW2	避开生活居住所
SW3	须在控制温度下运输
SW4	要求表面通风,以帮助消除任何残存的溶剂蒸气
SW5	若在舱内,在机械通风处积载
SW6	在舱内积载时,机械通风须满足 SOLAS 公约有关于闪点低于 23℃的易燃液体的规定
SW7	须经涉及此项运输的各国有关当局的批准
SW8	可能需要通风。在装货前须考虑发生火灾时需要开启舱盖提供最大通风,以及在紧急情况下需要供水的可能性,并还须考虑因货物处所注水而引起船舶稳性丧失的风险
SW9	对袋装货物提供良好的全面通风,建议用双条积载。货物应"远离"容易受热的管道和舱壁。在航行期间,须定时在货舱不同深度测量温度并记录读数。如货物温度超过环境温度并继续上升,须关闭通风
SW10	除非使用封闭货物运输组件装运,否则应使用毡布或其他类似材料覆盖货物。货物处所须清洁、干燥和无油脂。通往货舱的通风孔须有防火罩。所有其他的通往货舱的开口、进口和通往货舱的舱口须紧密关闭。在临时停止装货而舱盖打开时,须有防火人员值班。在装货或卸货期间,禁止在附近吸烟,消防设备须备妥以便随时使用
SW11	货物运输组件须遮蔽以防止阳光直射。货物运输组件内包件的积载须能够保持货物之间的空气循环流通
SW12	考虑运输文件中列明的所有补充要求
SW13	考虑有关当局批准证书中列明的所有补充要求
SW14	仅在符合相关特殊积载规定时为积载类 A
SW15	对于金属桶,适用于积载类 B
SW16	对于开敞式货物运输组件中的成组装载,适用积载类 B
SW17	积载类 E。仅限封闭式货物运输组件和板箱。需要通风。发生火灾时,紧急情况下可能需要开启舱盖以提供最大的通风和注水,以及随货舱充水而引起船舶稳性的风险,这些须在装货前加以考虑
SW18	当按照特殊规定 SP650 运输时,适用积载类 A
SW19	除非是短程的国际运输,按照特殊规定 SP376 或 377 运输的电池组为积载类 C
SW20	六水合硝酸铀酰溶液适用积载类 D
SW21	引火的金属铀和引火的金属钍适用积载类 D
SW22	容积在 1L 或以下的喷雾器:积载类 A。 容积在 1L 以上的喷雾器:积载类 B。 对废弃的喷雾器:积载类 C,避开生活居住所

续上表

积载代码	描述
SW23	当在 BK3 型散装容器中运输时,详见有关规定
SW24	须遵守相关的特殊积载规定
SW25	须遵守相关的特殊积载规定
SW26	须遵守相关的特殊积载规定
SW27	须遵守相关的特殊积载规定
SW28	经原产国有关当局批准
SW29	含闪点大于或等于 23℃燃料的发动机或机器,积载类为 A
SW30	适合特殊积载规定,见《国际危规》7.1.4.4.5

五、操作代码

在危险货物一览表第 16a 栏给出的操作代码及其描述见表 4-4。

操作代码及其描述　　表 4-4

操作代码	描述
H1	在合理可行的条件下尽量保持干燥
H2	在合理可行的条件下尽量保持阴凉
H3	运输过程中应积载(或保存)在阴凉通风的地方
H4	如货物处所的清洁工作只能在海上进行时,所遵循的安全程序和使用的设备标准至少同在港口那样行之有效。在这样的清洁工作进行之前,装石棉的货物处所应关闭并应禁止接近这些处所

六、船上装载货物运输组件基本规定

《国际危规》7.3.8 规定:装载前,须对装运危险货物的货物运输组件进行外观检查,确定是否有损坏、泄漏或内容物撒漏的迹象。如果发现货物运输组件有损坏、泄漏或撒漏,在有效修复或移除损坏包件之前,这个货物运输组件须不能装船。

七、危险货物包件或危险货物运输组件的船舶积载

危险货物包件或危险货物运输组件在船舶的积载,港口经营人应该按照船方提供的船舶积载图进行装船。

八、特殊积载规定

(一)未清洁空包装(包括中型散装容器和大宗包装)和积载

按照危险货物一览表给出的积载规定,装满货物时仅限舱面积载的未清洁的空包装(包括中型散装容器和大宗包装)可以在舱面或舱内有机械通风的处所积载。但带有第 2.3 类标

志的未清洁的空压力容器须仅限舱面积载,废弃喷雾剂须仅按照危险货物一览表第 16a 栏进行积载。

(二)海洋污染物的积载

如果允许舱面或舱内积载,最好选择舱内积载。如果仅限舱面积载,须选择在有良好防护的甲板或露天甲板遮蔽区域内积载。

(三)限量和可免除量的积载

限量内危险货物和可免除量的危险货物包装积载按积载类 A 积载,危险货物一览表第 16b 栏表示的其他积载规定不适用。

(四)第 1 类货物的积载

(1)1984 年 9 月 1 日前建造的 500 总吨及以上的货船、客船和 1992 年 1 月 1 日前建造的 500 总吨以下的货船载运第 1 类货物(第 1. 4S 除外)须仅在舱面积载,除非主管机关另有批准。

(2)除第 1.4 类之外的第 1 类货物和积载须与生活区、救生设备和公共通道区域的水平距离不少于 12m。

(3)除第 1.4 类之外的第 1 类货物须不能积载在距船舷八分之一船宽的等效距离或 2. 4m 以内,取较小者。

(4)第 1 类货物不能积载在离潜在火源水平距离 6m 以内。

(5)第 1.4 类配装类 S 的爆炸品可以在客船上运输,不受数量限制。

(6)对于配装类 C、D 和 E 的货物和配装类 G 的物品,如果每船爆炸性物质总净重不超过 10kg,并且在舱面或舱内以封闭货物运输组件运输的;以及对于配装类 B 的物品,如果每船爆炸性物质总净重不超过 10kg,并且仅在舱面以封闭货物运输组件运输的可以在客船运输,除此之外,其他第 1 类爆炸品不得在客船上运输。

注:第 1 类货物中,如果在一起能安全地积载或运输而不会明显地增加事故率或在一定量的情况下不会明显提高事故后果等级,可视其为“可配装的”。并根据这一标准,本类中所列货物被分成 A、B、C、D、E、F、G、H、J、K、L、N、S 共 13 类,配装类和分类代码可详见《国际危规》第 2.1 章。

第二节 船舶隔离

一、隔离的依据

根据经修正的 SOLAS 公约相关要求,不相容的货物在积载时,应当相互隔离。就执行这一规定而言,如果两种物质或物品在一起积载时,会因溢漏或其他事故而发生危险,那么这两种物质或物品即被认为是不相容的。

二、隔离的定义

隔离是将两个或多个不相容的物质或物品分开的过程，这些货物当包装或积载在一起时一旦发生泄漏、遗漏或其他事故会产生不必要的危险。然而，根据呈现危险程度的不同，相应的隔离措施要求也不同。采取的隔离措施可以是使不相容的危险货物之间保持一定的距离，或是在不相容的危险货物之间隔一个或几个钢质甲板，或是这些措施的组合。危险货物之间的货位可以装入与危险物质或物品相容的其他货物。

三、隔离措施

对应于互不相容危险货物发生反应产生的危险程度，所采取的隔离措施也按隔离效果分成不同方式：

(1)使互不相容的危险货物之间保持一定的距离；

(2)在互不相容的危险货物之间隔一个或几个钢质甲板；

(3)危险货物之间的空余舱位可以装与该危险货物相容的其他货物。

四、隔离的类型

(1)不同运输形式的隔离：分为包件的隔离(货物运输组件内危险货物的隔离、常规形式积载的危险货物包件以及其与货物运输组件内所装危险货物的隔离)；集装箱船上货物运输组件的隔离；滚装船上货物运输组件的隔离等。

(2)危险货物的几种隔离：分为一般隔离(可直接在隔离表中查找)；特殊隔离(按《国际危规》危险货物一览表中积载隔离要求进行隔离)；带副危险性标志的隔离(如果副危险性标志的危险大于主危险性标志的，则应优先考虑副危险性标志的隔离要求，如：第 6.1 类糠醛带有第 3 类副危险性标志，通过隔离表可以看出其副标志的隔离要求更严，则应按第 3 类副标志进行隔离)等。

(3)隔离类。

就隔离而言，具有某些相似化学性质的危险货物按隔离类归在一起。如果在危险货物一览表第 16b 栏中，某一特殊的隔离要求涉及某一物质，例如“酸类”，该特殊隔离要求适用于被划归为相应隔离类的所有货物。如下所列：

酸类；

铵化合物；

溴酸盐；

氯酸盐；

亚氯酸盐；

氰化物；

重金属及其盐类(包括其有机金属化合物)；

次亚氯酸盐；

铅和铅化合物;
液体卤代烃;
汞和汞化合物;
亚硝酸盐及其混合物;
高氯酸盐;
高锰酸盐;
金属粉末;
过氧化物;
叠氮化物;
碱类。

应注意的是,并不是某一隔离类的所有物质、混合物、溶液或配制品都在《国际危规》中按名称列出,有些物质以未另列明的(N. O. S)条目运输,所以属于未另列明的(N. O. S)条目的具体货物名称未在隔离类中列出,但托运人必须确定分配的隔离类是否合适,如果合适,则须在运输文件中注明。

(4)确定两种或更多危险货物间的隔离须参考危险货物一览表第 16b 栏和隔离表的隔离规定,当两种规定相冲突时,危险货物一览表第 16b 栏的规定优先。

五、隔离术语

隔离表中的数码和符号按照隔离的规定要求分别定义为:

(1)“远离”;

(2)“隔离”;

(3)“用一个整个舱室或货舱隔离”;

(4)“用一个介于中间的整个舱室或货舱隔离”。

隔离术语如“远离某类”用于危险货物一览表,“某类”被认为包括“某类”中的所有物质和要求贴有“某类”副危险标志的所有物质;

(5)当使用隔离术语时,货物不允许包装在同一外包装内;除非另有规定,货物也不允许在同一货物运输组件内运输;

(6)具有两种以上危险特性(两种或两种以上副危险标志)的物质、材料或物品的隔离规定在危险货物一览表第 16b 栏注明。如氯化溴,第 2.3 类,UN 2901,副危险为第 5.1 类和第 8 类,在危险货物一览表中特殊隔离要求为:“按第 5.1 类隔离,但与第 7 类‘隔离’”。

六、隔离表

《国际危规》列出的“隔离表”表示的是不同类别危险货物间一般的隔离规定,见表 4-5。由于每一类中的物质、材料或物品的特性差异很大,必须随时查阅危险货物一览表中对隔离的具体规定,当规定不一致时,危险货物一览表中的规定优先于一般规定。

同时,隔离还须考虑副危险标志。

危险货物隔离表　　表 4-5

类别	1.1 1.2 1.5	1.3 1.6	1.4	2.1	2.2	2.3	3	4.1	4.2	4.3	5.1	5.2	6.1	6.2	7	8	9
爆炸品 1.1、1.2、1.5	*	*	*	4	2	2	4	4	4	4	4	4	2	4	2	4	×
爆炸品 1.3、1.6	*	*	*	4	2	2	4	3	3	4	4	4	2	4	2	2	×
爆炸品 1.4	*	*	*	2	1	1	2	2	2	2	2	2	×	4	2	2	×
易燃气体 2.1	4	4	2	×	×	×	2	1	2	×	2	2	×	4	2	1	×
无毒、不燃气体 2.2	2	2	1	×	×	×	1	×	1	×	×	1	×	2	1	×	×
有毒气体 2.3	2	2	1	×	×	×	2	×	2	×	×	2	×	2	1	×	×
易燃液体 3	4	4	2	2	1	2	×	×	2	1	2	2	×	3	2	×	×
易燃固体(包括自反应物质和固体退敏爆炸品)4.1	4	3	2	1	×	×	×	×	1	×	1	2	×	3	2	1	×
易自燃物质 4.2	4	3	2	2	1	2	2	1	×	1	2	2	1	3	2	1	×
遇水放出易燃气体的物质 4.3	4	4	2	×	×	×	1	×	1	×	2	2	×	2	2	1	×
氧化性物质 5.1	4	4	2	2	×	×	2	1	2	2	×	2	1	3	1	2	×
有机过氧化物 5.2	4	4	2	2	1	2	2	2	2	2	2	×	1	3	2	2	×
有毒物质 6.1	2	2	×	×	×	×	×	×	1	×	1	1	×	1	×	×	×
感染性物质 6.2	4	4	4	4	2	2	3	3	3	2	3	3	1	×	3	3	×
放射性物质 7	2	2	2	2	1	1	2	2	2	2	1	2	×	3	×	2	×
腐蚀品 8	4	2	2	1	×	×	×	1	1	1	2	2	×	3	2	×	×
杂类危险物质和物品 9	×	×	×	×	×	×	×	×	×	×	×	×	×	×	×	×	×

注:1-远离;2-隔离;3-用一个整个舱室或货舱隔离;4-用一个介于中间的整个舱室或货舱隔离。

七、第 1 类货物(爆炸品)间的隔离

第 1 类爆炸品之间的隔离按照《国际危规》7.2.7.1 的规定执行。

八、货物运输组件内的隔离

(一)一般规定

根据《国际危规》第 7.2 章的规定,需要相互隔离的危险货物不能在同一货物运输组件内运输;除非有关当局批准,否则,相互“远离”的危险货物也不能在同一货物运输组件内运输,被有关当局批准允许相互“远离”的危险货物在同一货物运输组件内运输的需要按照《国际危规》的规定保持等效的安全标准。

(二)关于食品的隔离

(1)《国际危规》7.3.4.2.1 规定,具有第 2.3、6.1、7(UN 2908、UN 2909、UN 2910 和 UN 2911 除外)、8 类主副危险的危险货物和危险货物一览表 16b 栏中含有隔离代码 SG29 或 SG50 的危险货物不能与食品在同一货物运输组件内运输;

(2)《国际危规》7.3.4.2.2 规定,尽管 7.3.4.2.1 有所规定,只要距离 3m 以上,下述危险货物仍可以与食品一起运输:

①包装类Ⅲ的第 6.1 类和第 8 类危险货物;

②包装类Ⅱ的第 8 类危险货物;

③任何具有第 6.1 类或第 8 类副危险的包装类Ⅲ的危险货物;

④危险货物一览表 16b 参见 7.3.4.2.2 的危险货物。

九、各类船上危险货物包件或危险货物运输组件的隔离

各类船上危险货物包件或危险货物运输组件之间的隔离应该按照船方提供给港口经营人的积载图的隔离要求进行隔离。

第三节 船舶作业管理要求

一、港口经营人的资质

港口经营人应取得国家主管部门颁发的"营业执照"和港口行政管理部门颁发的"港口经营许可证""港口危险货物作业附证"等资质,并在资质规定的范围内开展业务及作业,不允许超出资质范围开展港口危险货物的业务及作业。

二、人员资格

港口经营人应配备注册安全工程师和足够的取得港口危险货物安全管理人员及港口危险货物装卸管理人员资格的人员,这些具备资格的人员依照《港口危险货物安全管理规定》的要求从事本单位港口危险货物装卸作业和相关的管理工作。

三、有关岗位的设定及要求

港口经营人应设定专职或兼职的岗位人员,定期辨识国家、行业主管部门及地方政府等颁布的与港口危险货物管理操作有关的法律、法规、规章和标准等,并使其在本单位得到落实。《国际危规》每两年左右修订一次,港口经营人应按时购置新版《国际危规》,并组织相关人员参加对新版《国际危规》的培训学习,使新版《国际危规》的应用得到施行。

四、建立健全规章制度、操作规程和事故应急预案

港口经营人应依照有关法律、法规和规章等，并结合本单位实际建立健全本单位的有关港口危险货物作业管理与操作和应急方面的规章制度、操作规程和事故应急预案等，并切实得到贯彻落实。

五、作业申报审批

依照国家法律和主管部门的规定，载有危险货物的船舶应向海事主管部门申报危险货物，取得批准后，载有危险货物的船舶才能进出我国的港口，被主管部门批准允许进出我国港口的载有危险货物的船舶，船舶或其代理人应把批准的情况和信息递交给港口经营人，港口经营人据此和船舶动态安排等向港口行政管理部门申请港口危险货物的装卸作业审批，待港口行政管理部门批准后，港口经营人方可安排港口危险货物的装卸作业。

六、装卸作业的管理

从事港口危险货物装卸作业的人员，应接受过专门培训，符合国家或主管部门规定的条件，并在开始作业前充分了解作业的货物危险性质和安全注意事项后，并按操作规程开始港口危险货物的装卸作业。

港口经营人的有关人员，在船舶装卸作业前，应认真审核作业委托人递交的单证和主管部门的批准情况等，在确认待装卸的货物符合各项规定要求后，才能安排作业；在船舶装卸作业前，港口经营人应和船方共同检查确认船舶安全作业环境和条件，只有符合安全作业条件后，才能安排作业；港口经营人应加强港口危险货物的装卸作业现场管理，严格遵守国家或主管部门颁布的有关规定，并按照本单位编制的操作规程进行操作，发现问题按规定或事故应急预案及时处置。

七、《危险化学品目录》和《危险化学品分类信息表》的配置

港口经营人应配置我国颁布的《危险化学品目录》和《危险化学品分类信息表》，以此作为本单位对属于危险化学品货物的管理操作等之需。

八、夹带、瞒报、匿报等港口危险货物的防范

港口经营人应制定可能发生的作业委托人夹带、瞒报、匿报等港口危险货物的防范措施和制度，配合好海关、海事主管部门和港口行政主管部门对夹带、瞒报、匿报等港口危险货物的查发和处置工作，确保港口安全。

九、做好属于危险化学品但不属于危险货物的管理

港口经营人应依据有关规定和港口行政管理部门的要求，制定属于危险化学品但不属于《危险化学品分类》(GB 6944—2012)定义的港口危险货物的管理制度和操作规程，确保这类

货物的合法合规和操作安全。

十、系统性思维观念的管理与操作

港口经营人对于港口危险货物的管理与操作,应建立系统性思维观念。既要遵守适用于我国的国际规则(主要指《国际危规》),也要遵守我国颁布的相关法律、法规、规定和标准。比如,对锂电池的作业管理,要严格按照《国际危规》和我国有关对锂电池的运输管理和操作进行,对其申报单证和证明等进行认真审核其合规性,并对货物的包装、标记、标志等进行仔细检查,不允许包装或有问题的货物装箱、入库和装船。作业时一定要轻拿轻放,储存时按照规定堆存并与易燃易爆货物隔离,万一发生事故,启动事故应急预案处置;再如,对于剧毒品的管理,应严格遵守我国有关管理规定并符合公安部门的要求。

第四节 《防止船舶封闭处所缺氧危险作业安全规程》相关内容

以下为《防止船舶封闭处所缺氧危险作业安全规程》(GB 16993—2021)相关内容。

一、范围

本标准规定了作业人员及其他有关人员进入船舶封闭处所防止缺氧危险作业的安全程序和措施,包括基本要求、预防管理与安全防护措施、应急救助与演习要求。

本标准适用于进入航行、停泊和作业过程中的营运船舶封闭处所的作业。

二、规范性引用文件

下列文件对于本文件的应用是必不可少的。凡是注日期的引用文件,仅注日期的版本适用于本文件。凡是不注日期的引用文件,其最新版本(包括所有的修改单)适用于本文件。

GB 8958　缺氧危险作业安全规程

GB/T 12301　船舶内非危险货物产生有害气体的检测方法

GBZ 2.1　工作场所有害因素职业接触限值　第 1 部分:化学有害因素

三、术语和定义

下列术语和定义适用于本文件。

1. 缺氧

作业场所空气中的氧气浓度(按体积比计)低于 19.5% 的状态。

2. 缺氧症

由于吸入缺氧空气而引起的症状。

3. 缺氧危险作业

具有潜在的和明显的缺氧条件下的各种作业,主要包括一般缺氧危险作业和特殊缺氧危险作业。

4. 一般缺氧危险作业

在作业场所中的单纯缺氧危险作业。

5. 特殊缺氧危险作业

在作业场所中同时存在或可能产生其他有毒有害、可燃气体的缺氧危险作业。

6. 船舶封闭处所

是指具备下列条件之一的船舶处所：

(1)存在受限的出入口；

(2)通风不足；

(3)非设计为连续有人员作业。

注：船舶封闭处所主要包括但不限于货舱、双层底、燃油舱(柜)、压载舱、货泵室、货物压缩机室、隔离空舱、锚链舱、空舱、箱形龙骨、保护层间处所、锅炉、发动机曲拐箱、发动机扫气箱、污水柜(舱),以及不用于放置货物但可能与船舶封闭处所具有相同空气环境特征未通风的相邻处所。

四、基本要求

1. 空气质量

进入船舶封闭处所(以下简称“封闭处所”)作业时,空气质量应满足以下要求：

(1)氧气浓度始终大于或等于 19.5%(按体积比计),且小于或等于 23.5%(按体积比计)；

(2)有毒有害气体浓度符合 GBZ 2.1 职业接触限值的相关规定；

(3)可燃气体浓度小于或等于可燃下限(LFL)的 1%。

2. 人员能力

(1)作业负责人应对防止封闭处所缺氧危险作业具有充足的安全理论知识和实践经验,能够对封闭处所内当前或随后出现的危险可能性做出合理评估,批准作业人员进入作业许可,对作业全程进行管理。

(2)作业负责人接受的安全教育培训应包括以下内容：

①与封闭处所缺氧危险作业有关的法律法规、国际公约和相关管理要求；

②封闭处所缺氧危险作业风险评估方法,预防一般缺氧危险作业和特殊缺氧危险作业的程序和安全措施；

③缺氧症的主要症状、职业禁忌症以及缺氧症的急救知识；

④气体检测仪器、防护用品、呼吸保护器具、通信设备及抢救设备的检查、使用和维护常识；

⑤封闭处所中氧气及有毒有害、可燃气体的浓度要求和测定方法；

⑥紧急撤离、事故救援等应急处置程序和技能；

⑦应急演习的程序和要求。

(3)作业人员应充分了解可以进入封闭处所作业的安全程序,在获得进入作业许可并实施相应安全防护措施后,开展相应的作业。

(4)监护人员应对进入封闭处所的作业进行监控,与进入封闭处所的作业人员保持联系,在作业环境恶化或发生事故时启动应急救助程序。

(5)作业人员和监护人员接受的安全教育培训应包括以下内容:

①封闭处所的危险性,预防一般缺氧危险作业和特殊缺氧危险作业的安全措施和程序;

②缺氧症的主要症状、缺氧症的急救知识;

③有毒有害气体个体防护和急救知识;

④气体检测仪器、防护用品、呼吸保护器具、通信设备及抢救设备的检查和使用知识;

⑤紧急撤离、事故救援等应急处置程序。

3. 安全程序

(1)应定期识别、评估封闭处所,形成封闭处所清单。

(2)应制定封闭处所缺氧危险作业应急救助预案。

(3)作业人员及其他有关人员进入封闭处所,应按照以下程序防止缺氧危险,保障作业安全:

①风险评估;

②安全交底;

③通风换气;

④空气检测;

⑤进入准备;

⑥进入作业许可;

⑦作业安全防护;

⑧作业中断或暂停;

⑨作业结束。

4. 安全防护设备与用品

(1)作业单位应配备气体检测仪器,明确专管部门和专管人员。气体检测仪器应定期校准、维护,确保检测数据准确可靠。

(2)作业单位应配备自给式空气呼吸器等隔离式呼吸保护器具,明确专管部门和专管人员。每次使用前应仔细检查空气呼吸器,发现异常应立即更换。

(3)作业人员应配备必要的安全防护用品。每次使用前应仔细检查,发现异常应立即更换。

(4)当存在坠落危险时,作业人员应配备全身式安全带。

(5)特殊缺氧危险作业时,作业人员配备的安全防护用品还应符合以下要求:

①可能存在有毒有害气体时,配备相应的防护服等用品;

②可能存在可燃气体时,配备防静电用品和必要的相应防爆等级的便携电气设备。

(6)在实施作业的封闭处所入口处应配备必要的救助和急救设备。

五、预防管理与安全防护措施

1. 风险评估

(1)应依据船舶载运的货物、封闭处所的通风、封闭处所的涂层、相邻处所状况和其他相关因素,分析产生缺氧以及有毒有害、可燃气体的可能性,判定缺氧危险作业类型。

(2)未经风险评估的封闭处所,判定为可能存在缺氧危险,应禁止进入作业。

2. 安全交底

(1)进入封闭处所开展缺氧危险作业前,应进行安全交底,内容包括:

①封闭处所的位置及内部结构情况;

②船舶载运的货物、封闭处所的通风等相关因素;

③可能出现的缺氧以及有毒有害、可燃气体的情况;

④进入封闭处所的原因和作业内容;

⑤评估作业过程中可能发生的其他危险情况;

⑥应急救助的相关要求。

(2)船方以外作业人员进入封闭处所前,船方与作业人员应对照上述(1)的内容进行相互安全交底,明确进入封闭处所作业存在的风险情况和安全作业程序。

3. 通风换气

(1)应对人员拟进入的、可能形成不符合空气质量要求的封闭处所进行持续有效地通风换气,使作业环境空气质量符合上述有关"空气质量"的规定,直至作业结束。

(2)当打开封闭处所的出入口进行通风换气时,应在出入口处使用机械式障碍物(如绳子或铁链)拦挡,设置警示标识,安排监护人员进行监控,防止人员进入。监护人员应根据环境状况配备必要的安全防护用品。

(3)不同的封闭处所应分别进行通风换气。船舶多层货舱应视为不同封闭处所。

(4)自然通风换气效果不佳或封闭时间较长的封闭处所应采用机械通风。

(5)对可能存在可燃气体的封闭处所使用机械通风时,应采用防爆通风机械。

(6)因故暂停通风或重新关闭的封闭处所,恢复作业前应重新进行通风换气。

(7)清舱作业前或熏舱作业后,应通风换气。

(8)不应使用纯氧通风换气。

(9)采用二氧化碳等气体灭火的封闭处所,应进行有效的通风换气。

4. 空气检测

(1)空气检测类型及方法包括:

①现场检测:应根据封闭处所的环境特性和载运货物的特点,采用匹配的、标定有效的设备进行检测;

②实验室检测:应采用符合 GB/T 12301 规定的方法进行检测。

(2)应根据封闭处所的结构、货物载运状况等实际情况合理布设检测点。检测点布设原则应符合 GB/T 12301 的规定。

(3)空气检测前,应停止对封闭处所的通风,在环境状态稳定后进行测定。

(4)检测人员应尽可能在封闭处所外进行空气检测,当需要进入封闭处所检测或采样时,应采取符合 GB 8958 规定的安全防护措施。

(5)应在作业人员进入封闭处所前进行空气质量检测,并做好检查记录,确认检测结果符合上述有关“空气质量”的规定。

5.进入准备

(1)进入封闭处所作业前,作业人员应检查确认安全防护设备用品有效。

(2)应安排监护人员进行监控,并与作业人员明确通信方式和通信频率。

(3)应对需要进入作业的封闭处所进行有效隔离,切断或关闭所有相关的管路或阀门、电源或电力设备。

(4)对无需进入的封闭处所,其所有出入口应始终锁闭,对确实无法锁闭的出入口应设置警示标识和警戒线,防止人员进入。

6.进入作业许可

(1)作业人员进入封闭处所开展缺氧危险作业前,应取得由相应的作业负责人批准的进入作业许可。

(2)船方以外作业人员进入封闭处所前,应先取得船方批准的进入作业许可。

(3)进入作业许可应明确有效时限,超过有效时限应重新取得进入作业许可。

(4)作业人员未取得进入作业许可,或取得进入作业许可但未采取相应安全措施,不应打开或者进入封闭处所。

7.作业安全防护

(1)作业人员进入封闭处所时应清点人数。

(2)正在作业的封闭处所,应在出入口处设置警示标识和警戒线,防止无关人员进入。

(3)作业过程中,监护人员始终不应离开出入口外,应随时按规定的通信方式与作业人员取得联系。在超过约定的时间间隔联系不到作业人员时,应立即报告作业负责人。

(4)作业过程中对可能发生空气质量变化的,应连续检测空气质量。空气质量检测结果不符合 4.1 要求或作业人员对封闭处所安全状况产生怀疑时,应立即停止作业并撤离作业人员。

(5)货舱内装卸货作业应严格遵守相应程序规定。对需要定位分票拆垛作业,应采取阶梯式拆卸方法,并随时检测作业点的空气质量。

(6)在封闭处所内进行管道和阀门作业时,如果工作过程发生以下情况,应提高空气检测频率:

①气温升高;

②使用氧燃料火炬;

③移动设施;

④在封闭处所内可能会产生蒸气或有毒有害气体的工作;

⑤工作间歇；

⑥在工作进行期间船舶进行压载或平舱操作。

(7)在封闭处所作业过程中作业人员不应擅自离开工作面，如果作业工具及其他物品落入工作面以外区域不应私自进入拾取。

8. 作业中断或暂停

作业人员进入封闭处所后以及在临时休息期间，应持续对封闭处所进行通风换气。临时休息或中断作业后再次进入封闭处所前，应重新对空气质量进行检测。如果通风系统发生故障，封闭处所内的所有作业人员应立即离开。

9. 作业结束

(1)作业结束离开封闭处所时，应清点人数。

(2)确保作业人员全部撤离封闭处所后，应锁闭封闭处所，并通知作业负责人和相关人员。

六、应急救助与演习要求

1. 应急救助

(1)当封闭处所作业人员发生危险或异常情况时，应立即停止作业并迅速撤离。

(2)在应急救助人员对现场情况进行评估、确保可以安全进入封闭处所实施救助之前，任何在场人员不应进入该处所。仅允许训练有素和装备完善的应急救助人员在封闭处所内从事救助工作。应急救助人员应佩戴自给式空气呼吸器，不应佩戴过滤式防毒面具进入封闭处所实施救助。

(3)对已患缺氧症的作业人员应立即在空气新鲜处实施现场抢救，并尽快与医疗单位联系，以便进一步抢救和治疗。

2. 应急演习

进入封闭处所的作业人员和应急救助人员应按照有关规定定期参加应急演习，内容应包括：

(1)安全防护设施用品的检查和使用；

(2)通信设备的检查和使用；

(3)空气质量检测仪器的检查和使用；

(4)救助设备的检查和使用；

(5)应急救助程序和医疗急救演练。

第五章

危险货物的预防措施

危险货物是指物质本身具有某种危险特性,当受到摩擦、撞击、振动、接触热源或点火源、日光曝晒、遇火受潮、遇性能相抵触物品等外界条件的作用,会导致燃烧、爆炸、中毒、灼伤及污染环境事故发生的货物。因此,危险货物的预防措施就是防止危险货物发生事故的措施。

第一节 工程技术

工程技术是控制化学品危害最直接、最有效的方法,其目的是通过采取相应的措施消除工作场所中化学品的危害或尽可能降低其危害程度,以免危害工人,污染环境。工程控制有以下方法:

一、包装

1. 包装材料

包装材料在包装保护功能中,起基础作用。根据对产品包装的不同要求,包装材料应能有效地保护产品,因此应具有一定的强度、刚性、韧性和弹性,以适应压力、冲击、振动等因素的影响。并且应对水分、水蒸气、气体、光线、芳香气、异味、热量等具有一定的阻挡能力。包装材料本身的毒性要小,以免污染产品和影响人体健康。包装材料应无腐蚀性,并且具有防虫、防蛀、防鼠、抑制微生物等性能,以保护产品安全。

2. 包装技术

产品从生产出来经包装,直到最后到达消费者手中,要通过一系列流通环节,会发生很多质量变化,这些质量变化将导致商品使用价值的降低,甚至报废。为了保护商品的质量和使用价值,必须充分注意流通环境中的诸因素,合理地选择包装方法,使商品在流通过程中得到有效的保护。目前应特别重视与物流包装损失及其综合治理有密切关系的包装技术,如防震缓冲包装和防潮、防锈、防霉包装等。

3. 保管储存的安全性

任何形式的商品,几乎全部要经过仓库的储存保管,因此,包装的强度、技术的选用、包装有关产品及自身的信息对储存和信息的采集安全产生较大的影响。合适的包装强度使仓储堆码得到很好保证,高垛堆码,则要求包装抗压强度较高;低垛堆码,包装的抗压强度可相应减少,这主要取决于仓库的类型是平面仓库,还是立体仓库。

4. 搬运装卸的安全性

不同的包装对搬运装卸安全性产生如下影响:包装的重量,如采用人工装卸作业,其包装重量必须限制在人的允许能力之下;运用机械进行装卸作业,既能增大包装的重量,又能保证安全装卸。同样,包装的外形尺寸,如采用人工装卸作业,必须适合人工的作业,必要时应考虑手搬动的手扣;运用机械进行装卸作业,包装的外形尺寸可以得到极大的增大。当采用托盘搬运时,包装外形尺寸其选择余地就相对宽松。

5. 运输的安全性

对运输的安全性与其他物流环节相比较，影响是最大的。合适的缓冲包装是保证物资在运输过程中不受损伤。各种不同的包装材料因材质和结构不同，其减振和耐冲击的能力也不相同。诚然，采用不同的运输方式所可能产生的冲击力、振动力的大小也不一样。为防止运输过程中由于振动、冲击造成产品的损伤，必须对其实施缓冲包装。在进行缓冲包装设计时，需特别注意的是：在缓冲包装不足的场合下，由于产品遭受意料不到的情况而产生破损；反之，缓冲包装过分则由于包装材料费上升就会提高包装费用。因此，对于普通物资产品的工业包装其程度应当适中，才会有最佳的经济效果。缓冲包装合理化是很重要的，因为它可以保证产品的安全运输，又由于缓冲包装的简化，不但可以减少相应的包装费用，而且可以有效地利用包装资源。

二、抑制剂

选用无毒、低毒或化学稳定性更高的化学品替代已有的有毒有害化学品是消除化学品危害最根本的方法，世界各国都为之付出巨大投资。如果不能替代，根据货物的具体要求添加抑制剂或者稳定剂。抑制剂是一种用来阻滞或降低化学反应速度的物质，作用与负催化剂相同。它不能停止聚合反应，只是减缓聚合反应。借以抑制或缓和化学反应的物质。常见的危险货物如：鱼粉、苯乙烯、丙烯酸等，在运输过程中需要添加抑制剂。

三、积载、隔离

积载是指为在运输过程中确保安全和保护环境，将危险货物恰当地布置在船上。隔离是将两个或多个不相容的物质或物品分开的过程，这些货物当包装或积载在一起时一旦发生泄漏、遗漏或其他事故会产生不必要的危险。

最常用的方法就是依据《国际危规》要求的危险货物积载、隔离方式。

四、通风

控制作业场所中的有害气体、蒸气或粉尘，通风是最有效的控制措施。借助于有效的通风，使气体、蒸气或粉尘的浓度低于最高容许浓度。

通风分局部通风和全面通风两种。

对于点式扩散源，可使用局部通风。使用局部通风时，应使污染源处于通风罩控制范围内。为了确保通风系统的高效率，通风系统设计的合理性十分重要。对于已安装的通风系统，要经常加以维护和保养，使其有效地发挥作用。

对于面式扩散源，要使用全面通风。全面通风亦称稀释通风，其原理是向作业场所提供新鲜空气，抽出污染空气，进而稀释有害气体、蒸气或粉尘，从而降低其浓度。采用全面通风时，就要考虑空气流向等因素。因为全面通风的目的不是消除污染物，而是将污染物分散稀释，所以全面通风仅适合于低毒性、无腐蚀性污染物存在的作业场所。

五、一般防火措施

防止危险货物发生火灾采取以下预防措施:

(1)可燃物远离火源;

(2)用有效的包装防护易燃物质;

(3)拒绝接受破损或渗漏的包件;

(4)在能保护不招意外损害或过热的地方积载;

(5)与易于产生火花或蔓延火灾的物质隔离;

(6)合适和可能时,保证有通往危险货物的通道,便于对靠近着火区域的包件采取保护措施;

(7)用告示或标牌在禁止吸烟的危险处所清楚地显示“禁止吸烟”;

(8)电缆、照明和电气设备处于良好状态,防止因短路、接地漏电或产生火花所造成的危险。凡发现电缆或设备不安全应立即断电。

(9)对第 1、2、3、7 类货物的防火特殊需求,应按《国际危规》要求执行。

第二节 个体防护

在无法将作业场所中有害化学品的浓度降低到最高容许浓度以下时,工人就必须使用合适的个体防护用品。个体防护用品既不能降低工作场所中有害化学品的浓度,也不能消除工作场所的有害化学品,而只是一道阻止有害物进入人体的屏障。防护用品本身的失效就意味着保护屏障的消失,因此个体防护不能被视为控制危害的主要手段,而只能作为一种辅助性措施。

一、呼吸防护用品

据统计,职业中毒的 95% 左右是吸入毒物所致,因此预防尘肺、职业中毒、缺氧窒息的关键是防止毒物从呼吸器官侵入。

常用的呼吸防护用品分为过滤式(净化式)和隔绝式(供气式)两种类型。

过滤式呼吸器只能在不缺氧的劳动环境(即环境空气中氧的含量不低于 18%)和低浓度毒污染使用,一般不能用于罐、槽等密闭狭小容器中作业人员的防护。过滤式呼吸器分为过滤式防尘呼吸器和过滤式防毒呼吸器。前者主要用于防止粒径小于 5μm 的呼吸性粉尘经呼吸道吸入产生危害,通常称为防尘口罩和防尘面具;后者用以防止有毒气体、蒸气、毒烟雾等经呼吸道吸入产生危害,通常称为防毒面具和防毒口罩,又分为自吸式和送风式两类,目前使用的主要是自吸式防毒呼吸器。

隔离式呼吸器能使戴用者的呼吸器官与污染环境隔离,由呼吸器自身供气(空气或氧气),或从清洁环境中引入空气维持人体的正常呼吸。可在缺氧、尘毒严重污染、情况不明的有生命危险的工作场所使用,一般不受环境条件限制。按供气形式分为自给式和长管式两种类型。自给式呼吸器自备气源,属携带型,根据气源的不同又分为氧气呼吸器、空气呼吸器和化学氧呼吸器;长管式呼吸器又称长管面具,得借助肺力或机械动力经气管引入空气,属固定型,又分为送风式和自吸式两类,只适用于定岗作业和流动范围小的作业。

在选择呼吸防护用品时,应考虑有害化学品的性质、作业场所污染物可能达到的最高浓度、作业场所的氧含量、使用者的面型和环境条件等因素。例如,自给式防毒呼吸器的选择,就是根据作业场所毒物的浓度选择呼吸器的种类,根据毒物的特性选择滤毒罐(盒),根据使用者的面型和环境条件选配面罩。

二、其他个体防护用品

为了防止由于化学品的飞溅,以及化学粉尘、烟、雾、蒸气等所导致的眼睛和皮肤伤害,也需要根据具体情况选择相应的防护用品或护具。

眼睛护具主要有护目镜(也称安全眼镜),以及用来防止腐蚀性液体、蒸气对面部产生伤害的面罩。

用抗渗透材料制作的防护手套、围裙、靴和工作服,用于避免皮肤与化学品直接接触所造成的伤害。制造这类防护用品的材料不同,其作用也不同,因此正确选择很重要。如,棉布手套、皮革手套主要用于防灰尘,橡胶手套防腐蚀性物质。对于有些化学品,可以直接使用护肤霜、护肤液等皮肤防护品保护皮肤。

需要强调的是,没有哪一种防护用品能保护作业人员免受各种危害的伤害。

三、作业人员的个人卫生

除了以上控制措施外,作业人员养成良好的卫生习惯也是消除和降低化学品危害的一种有效方法。保持好个人卫生,就可以防止有害物附着在皮肤上,防止有害物通过皮肤渗人体内。

使用化学品过程中保持个人卫生的基本原则是:

(1)遵守安全操作规程并使用适当的防护用品;

(2)工作结束后、饭前、饮水前、吸烟前以及便后要充分洗净身体的暴露部分;

(3)定期检查身体;

(4)皮肤受伤时,要完好地包扎;

(5)时刻注意防止自我污染,尤其在清洗或更换工作服时更要注意;

(6)在衣服口袋里不装被污染的东西,如抹布、工具等;

(7)防护用品要分放、分洗;

(8)勤剪指甲并保持指甲洁净;

(9)不直接接触能引起过敏的化学品。

第三节　管理控制

管理控制的目的是通过登记注册、安全教育、使用安全标签和安全技术说明书等手段对化学品实行全过程管理,从而杜绝或减少事故的发生。

一、登记注册

登记注册是化学品安全管理最重要的一个环节。登记注册的范围是现行国家标准《化学品分类及危险性公示　通则》(GB 13690)中所列的常用危险货物。

登记注册的执行机构是国家化学品登记注册中心,该中心的职责是对企业申报的“化学品安全登记表及危险性数据填报单”进行分类、审查和建档;对新化学品和未分类化学品进行燃爆和毒性试验,并进行分类;对危险货物安全卫生数据进行评议和审核;制订各类危险货物的预防和防护措施,使企业的化学品安全管理减少盲目性。

二、分类管理

分类管理实际上就是根据某一化学品(化合物、混合物或单质)的理化、燃爆、毒性、环境影响数据确定其是否是危险货物,并进行危险性分类。分类管理是化学品管理的基础。

我国的危险货物分类主要依据为《化学品分类及危险性公示　通则》(GB 13690)和《危险货物分类和品名编号》(GB 6944)两个国家标准。

三、安全标签

安全标签是用简单、明了、易于理解的文字、图形表述有关化学品的危险特性及安全处置注意事项。安全标签的作用是警示能接触到此化学品人员。根据使用场合,安全标签分为供应商标签和作业场所标签(也称之为化学品安全周知卡)。

四、安全技术说明书

安全技术说明书详细描述了化学品的燃爆、毒性和环境危害,给出了安全防护、急救措施、安全储运、泄漏应急处理、法规等方面的信息,是了解化学品安全卫生信息的综合性资料。主要用途是在化学品的生产企业与经营单位和用户之间建立一套信息网络。

五、化学品安全教育

安全教育是化学品安全管理的一个重要组成部分。安全教育的目的是通过培训使工人能正确使用安全标签和安全技术说明书,了解所使用的化学品的燃烧爆炸危害、健康危害和环境危害,掌握必要的应急处理方法和自救、互救措施,掌握个体防护用品的选择、使用、维护和保养,掌握特定设备和材料如急救、消防、溅出和泄漏控制设备的使用。

安全教育的作用是使化学品的管理人员和接触化学品的工人能正确认识化学品的危害,自觉遵守规章制度和操作规程,从主观上预防和控制化学品危害。

第六章

危险化学品安全技术说明书

第一节 主要作用

(1)化学品安全生产、安全流通、安全使用的指导性文件。

(2)应急作业人员进行应急作业时的技术指南。

(3)为制定危险化学品安全操作规程提供技术信息。

(4)化学品登记管理的重要基础和手段。

(5)企业进行安全生产培训的重要内容。

(6)关于危险化学品燃爆、毒性和环境危害以及安全使用、泄漏应急处置、主要理化参数、法律法规等方面信息的综合性文件。

第二节 主要内容

(1)危险化学品安全技术说明书内容十分丰富,具有详细的危险货物处置资料,共分为16部分。

(2)装卸作业危险货物码头或堆场应建立“危险品安全资料册(MSDS)应急数据库”,以方便作业管理人员,特别是在抢险紧急情况下的各类危险货物应急处置的查询。

(3)通过浏览CHEMWATCH网址(http://full.chemwatch.net/chemgold/)也可以查询到“危险品安全资料册(MSDS)”,具有详细的危险货物处置资料。

①化学品名称、别名、用途、危害等级;

②成分信息名称;

③危害辨识,此部分非常重要,用以告知此化学品有没有危害;

④急救方法,如不幸吞了或吸了化学品,请在致电向外求救前,细阅此部分来自救;

⑤消防措施,如化学品起火,可参阅本部分再决定用哪一类灭火介质(器材)来扑灭火灾;

⑥泄漏应急处理,此部分非常重要,用以告知当化学品泄漏时(轻微泄漏及严重泄漏)之处理法;

⑦操作和储存操作程序,合适容器;

⑧接触控制/个体防护接触控制,紧急暴露限度及个人防护用具;

⑨理化性质(物理及化学性质),此部分非常重要,用以告知此化学品是外貌固体、粉状、液体或气体,在什么温度便燃烧[闪点爆炸上下限(%)];

⑩化学品稳定性和反应性信息;

⑪毒理学信息,此部分非常重要,用以告知此化学品是否对人类有毒;

⑫生态学信息;

⑬关于废弃需考虑的事项,用以告知此化学品被废弃时的安排;

⑭运输信息卷标,运输此化学品的安排;

⑮法规信息,相关监管法例;

⑯危险货物信息化管理系统。

第三节　填写举例

下面以氢氧化钠化学品安全技术说明书(MSDS)举例说明。

一、第一部分:化学品及企业标识(表6-1)

化学品及企业标识　　表6-1

化学品中文名:氢氧化钠 化学品英文名:sodium hydroxide、caustic soda、sodium hydrate 化学品别名:苛性钠、烧碱 CAS No.:1310-73-2 EC No.:215-185-5 分子式:NaOH 产品推荐用途:请咨询生产商。 产品限制用途:请咨询生产商。 企业名称:××省××市××区×××化工有限公司	地址:××市×××路×××号 邮编:×××××× 电子邮件址:××××.××@××××.com 传真号:××××-×××××××× 企业应急电话:××××-××××××××

二、第二部分:危险性概述

(一)紧急情况概述

固体。会引起皮肤烧伤,有严重损害眼睛的危险。

(二)GHS危险性类别

根据《化学品分类和标签规范　第16部分:有机过氧化物》,该产品分类如下:皮肤腐蚀/刺激,类别1A;严重眼损伤/眼刺激,类别1。

(三)标签要素

1.象形图(图6-1)

图6-1　标签

2. 警示词

危险。

(四)危险信息

造成严重皮肤灼伤和眼损伤,造成严重眼损伤。

(五)防范说明

(1)预防措施:不要吸入粉尘/烟/气体/烟雾/蒸气/喷雾。作业后彻底清洗脸部及手部。戴防护手套/穿防护服/戴防护眼罩/戴防护面具。

(2)事故响应:立即呼叫解毒中心或医生。具体治疗(见本标签上的××××)。沾染的衣服清洗后方可重新使用。如误吸入:将受害人转移到空气新鲜处,保持呼吸舒适的休息姿势。如误吞咽:漱口。不要诱导呕吐。如皮肤(或头发)沾染:立即去除/脱掉所有沾染的衣服。用水清洗皮肤/淋浴。如进入眼睛:用水小心冲洗几分钟。如戴隐形眼镜并可方便地取出,则取出隐形眼镜。继续冲洗。

(3)安全储存:存放处须加锁。

(六)废弃处置

按照地方/区域/国家/国际规章处置内装物/容器。

(七)危害描述

1. 物理化学危险

无资料。

2. 健康危害

咳嗽、咽喉痛、灼烧感、呼吸短促、腹部疼痛、口腔和咽喉烧伤、咽喉和胸腔有灼烧感、恶心、呕吐、休克或虚脱、发红、疼痛、严重的皮肤烧伤、水疱、发红、疼痛、视力模糊、严重烧伤。

3. 环境危害

请参阅本说明第十二部分。

三、第三部分:成分/组成信息(表 6-2)

第三部分:成分/组成信息　　表 6-2

危险组分	浓度或浓度范围	CAS No.
氢氧化钠	≥99 1	310-73-2

四、第四部分:急救措施

(一)急救措施描述

(1)一般性建议:急救措施通常是需要的,请将本说明出示给到达现场的医生。

(2)皮肤接触:脱去污染的衣服。用大量水冲洗皮肤或淋浴至少15min。立即给予医疗护理。

(3)眼睛接触:先用大量水冲洗几分钟(如可能易行,摘除隐形眼镜),然后就医。

(4)吸入:新鲜空气,休息。立即给予医疗护理。

(5)食入:漱口。不要催吐。在食入后几分钟内,可饮用1小杯水。立即给予医疗护理。

对保护施救者的忠告:存储和使用区域应当有贮留池以便在排放和处理前调整pH值,并稀释泄漏液。清除所有火源,增强通风。避免接触皮肤和眼睛。避免吸入粉尘。使用防护装备,包括呼吸面具。

(二)对医生的特别提示

根据出现的症状进行针对性处理。注意症状可能会出现延迟。

五、第五部分:消防措施

(一)危险特性

遇火会产生刺激性、毒性或腐蚀性的气体。加热时,容器可能爆炸。受热或接触火焰可能会产生膨胀或爆炸性分解。

(二)灭火方法与灭火剂

(1)适合的灭火介质:雾状水、砂土。

(2)不适合的灭火介质:高压水。

(3)灭火注意事项及措施。

灭火时,应佩戴呼吸面具(符合MSHA/NIOSH要求的或相当的)并穿上全身防护服。在安全距离处、有充足防护的情况下灭火。防止消防水污染地表和地下水系统。

六、第六部分:泄漏应急处理

(一)作业人员防护措施、防护装备和应急处置程序

无火灾状况下的溢漏和泄漏应穿着蒸气防护服,且完全密封。不要触摸或穿越泄漏物。不要触摸破损的容器或泄漏物质,除非穿着合适的防护服。保证充分的通风。清除所有点火源。采取防静电措施。迅速将人员撤离到安全区域,远离泄漏区域并处于上风方向。使用个人防护装备。避免吸入蒸气、烟雾、气体或风尘。

(二)环境保护措施

在确保安全的情况下,采取措施防止进一步的泄漏或溢出。避免排放到周围环境中。

(三)泄漏化学品的收容、清除方法及处置材料

少量泄漏时,可采用干砂或惰性吸附材料吸收泄漏物,大量泄漏时需筑堤控制。附着物或收集物应存放在合适的密闭容器中,并根据当地相关法律法规废弃处置。清除所有点火源,并采用防火花工具和防爆设备。

七、第七部分:操作处置与储存

(一)操作注意事项

在通风良好处进行操作,穿戴合适的个人防护用具,避免接触皮肤和进入眼睛,远离热源、火花、明火和热表面。

(二)储存注意事项

保持容器密闭。储存在干燥、阴凉和通风处。远离热源、火花、明火和热表面。存储于远离不相容材料和食品容器的地方。储存温度不应高于 30℃,相对湿度不应高于 80%。

八、第八部分:接触控制/个体防护

(一)控制参数

1. 职业接触限值(表 6-3)

职业接触限值 表 6-3

组分	标准来源	类型	标准值	备注
氢氧化钠	GBZ. 1—2019	PC-TWA	—	
		PC-STEL	—	

2. 生物限值

无资料。

(二)监测方法

《工作场所空气用于评估暴露于化学或生物试剂的程序指南》(EN 14042)、《工作场所空气有毒物质测定(系列标准)》(GBZ/T 60.1 ~ GBZ/T 160.81)。

(三)工程控制

保持充分的通风,特别在封闭区内。确保在工作场所附近有洗眼和淋浴设施。使用防爆

电器、通风、照明等设备。设置应急撤离通道和必要的泄险区。

1. 呼吸系统防护

如果蒸气浓度超过职业接触限值或发生刺激等症状时，请使用全面罩式多功能防毒面具(US)或 AXBEK 型(EN 14387)防毒面具筒。

2. 眼睛防护

佩戴化学护目镜(符合欧盟 EN 166 或美国 NIOSH 标准)。

3. 皮肤和身体防护

穿阻燃防静电防护服和抗静电的防护靴。

4. 手防护

戴化学防护手套(例如丁基橡胶手套)。建议选择经过欧盟 EN 374、美国 US F739 或 AS/NZS 2161.1 标准测试的防护手套。

5. 其他防护

工作现场禁止吸烟、进食和饮水。工作完毕，淋浴更衣。保持良好的卫生习惯。

九、第九部分：理化特性(表 6-4)

理化特性　　表 6-4

外观与性状：白色固体	
pH 值(指明浓度)：14(50g/20℃)	气味：无特殊气味
沸点、初沸点和沸程(℃)：1388	熔点/凝固点(℃)：318
相对蒸气密度(空气 = 1)：不适用	气味临界值：无资料
饱和蒸气压(kPa)：不适用	相对密度(水 = 1)：2.12(20℃)
蒸发速率：不适用	黏度(mm^2/s)：不适用
闪点(℃)：不适用	n-辛醇/水分配系数：无资料
分解温度(℃)：无资料	引燃温度(℃)：无资料
爆炸上限/下限[%(V/V)]：上限：无资料；下限：无资料	
溶解性：与水混溶	易燃性：无资料

十、第十部分：稳定性和反应性

(一)稳定性

在正确的使用和存储条件下是稳定的。

(二)不相容的物质

酸类、酚类、醇类和硝基取代烃。

(三)应避免的条件

不相容物质,热、火焰和火花。

(四)危险反应

与酸类、酚类、醇类接触可发生剧烈反应。

(五)分解产物

在正常的储存和使用条件下,不会产生危险的分解产物。

十一、第十一部分:毒理学信息

(一)急性毒性

无资料。

(二)致癌性(表6-5)

致癌性 表6-5

ID	CAS NO.	组分名称	IARC	NTP
1	1310-73-2	氢氧化钠	未列入	未列入

(三)皮肤刺激性或腐蚀性

造成严重皮肤灼伤和眼损伤(类别1A)。

(四)眼睛刺激或腐蚀

造成严重眼损伤(类别1)。

(五)皮肤致敏

根据现有资料,不符合分类标准。

(六)呼吸致敏

根据现有资料,不符合分类标准。

(七)生殖细胞突变性

根据现有资料,不符合分类标准。

(八)生殖毒性

根据现有资料,不符合分类标准。

(九)特异性靶器官系统毒性——一次接触可能

根据现有资料,不符合分类标准。

(十)特异性靶器官系统毒性——反复接触

根据现有资料,不符合分类标准。

(十一)吸入危害

根据现有资料,不符合分类标准。

十二、第十二部分:生态学信息

(一)急性水生毒性(表 6-6)

急性水生毒性　　表 6-6

组分	CAS No.	鱼类	甲壳纲动物	藻类/水生植物
氢氧化钠	1310-73-2	LC_{50}:196mg/L (96h)(鱼)	EC_{50}:40.4mg/L (48h)(甲壳纲)	无资料

(二)慢性水生毒性

无资料。

(三)持久性和降解性

无资料。

(四)潜在的生物累积性

无资料。

(五)土壤中的迁移性

无资料。

(六)其他有害作用

无资料。

十三、第十三部分:废弃处置

(一)废弃处置方法

产品:处置之前应参阅国家和地方有关法规。建议用焚烧法处置。

不洁的包装:包装物清空后仍可能存在残留物危害,应远离热和火源,如有可能返还给供应商循环使用。

(二)废弃注意事项

请参阅上述(一)内容。

十四、第十四部分:运输信息

(1)联合国危险货物编号(UN):1823。
(2)联合国运输名称:固态氢氧化钠。
(3)联合国危险性分类:8。
(4)包装类别:Ⅱ。
(5)包装标签(图 6-2)。

图 6-2　包装标签

(6)海洋污染物(是/否):否。
(7)包装方法。

安瓿瓶外普通木箱。螺纹口玻璃瓶、铁盖压口玻璃瓶、塑料瓶或金属桶(罐)外普通木箱。磨砂口玻璃瓶或螺纹口玻璃瓶外普通木箱。按照生产商推荐的方法进行包装。

(8)运输注意事项。

运输时运输车辆应配备相应品种和数量的消防器材及泄漏应急处理设备。运输前应先检查包装容器是否完整、密封。运输工具上应根据相关运输要求张贴危险标志、公告。

十五、第十五部分:法规信息(表 6-7)

中国化学品管理名录　　表 6-7

组分	A	B	C	D	E	F	G	H
氢氧化钠	列入	未列入	未列入	未列入	未列入	未列入	未列入	未列入

注:A-《危险化学品目录(2015 年版)》;B-《重点环境管理危险化学品目录》;C-《中国严格限制的有毒化学品名录》;D-《麻醉药品和精神药品品种目录(2013 年版)》;E-《重点监管的危险化学品名录(第 1 和第 2 批)》;F-《中国进出口受控消耗臭氧层物质名录(第 1 到 6 批)》;G-《易制爆危险化学品名录(2017 年版)》;H-《高毒物品目录》。

十六、第十六部分：其他信息

（一）最新修订版日期：××××/××/××

（二）修改说明

本 SDS 按照《化学品安全技术说明书内容和项目顺序》（GB/T 16483—2008）和《化学品安全技术说明书编写指南》（GB/T 17519—2013）等标准修订。其中，化学品 GHS 分类结果依据为《危险化学品目录（2015 版）实施指南（试行）》及《化学品分类和标签规范》（GB 30000.2—2013 ~ GB 30000.29—2013）系列标准。

（三）参考文献

[1] 国际化学品安全规划署：国际化学品安全卡（ICSCs），网址：http：//www.ilo.org/dyn/icsc/showcard.home.

[2] 国际癌症研究机构，网址：http：//www.iarc.fr/.

[3] OECD 全球化学品信息平台，网址：http：//www.echemportal.org/echemportal/index？pageID＝0&request_locale＝en.

[4] 美国 CAMEO 化学物质数据库，网址：http：//cameochemicals.noaa.gov/search/simple.

[5] 美国医学图书馆：化学品标识数据库，网址：http：//chem.sis.nlm.nih.gov/chemidplus/chemidlite.jsp.

[6] 美国环境保护署：综合危险性信息系统，网址：http：//cfpub.epa.gov/iris/.

[7] 美国交通部：应急响应指南，网址：http：//www.phmsa.dot.gov/hazmat/library/erg.

[8] 德国 GESTIS-有害物质数据库，网址：http：//gestis-en.itrust.de/.

（四）缩略语说明

CAS：化学文摘号；
TSCA：美国 TSCA 化学物质名录；
PC-STEL：短时间接触容许浓度；
PC-TWA：时间加权平均值；
DNEL：衍生的无影响水平；
IARC：国际癌症研究机构；
RPE：呼吸防护设备；
PNEC：预测的无效应浓度；
LC_{50}：50%致死浓度；
LD_{50}：50%致死剂量；
NOEC：无观测效应浓度；
EC_{50}：50%有效浓度；
PBT：持久性，生物累积性，毒性；
POW：辛醇/水分配系数；
BCF：生物浓度因子；
（BCF）vPvB：持久性，生物累积性；
CMR：致癌、致畸和有生殖毒性的化学物质；
IMDG：国际海事组织；
ICAO/IATA：国际民航组织/国际航空运输协会；
UN：联合国；
ACGIH：美国工业卫生会议；
NFPA：美国消防协会；
OECD：经济合作与发展组织。

第四节　标　　签

标签示例如图 6-3 所示。

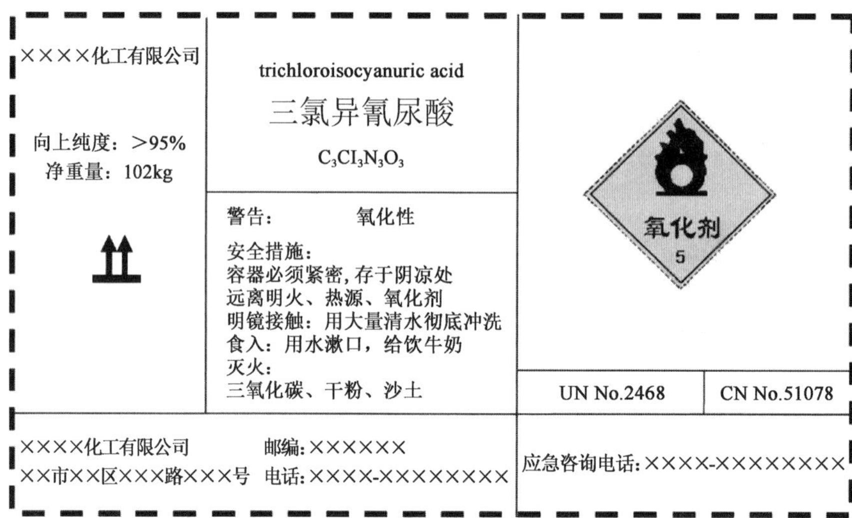

图 6-3　标签

第七章

港口危险货物重大危险源安全管理

第一节　重大危险源的概念

重大危险源,是指长期地或者临时地生产、搬运、使用或者储存危险物品,且危险物品的数量等于或者超过临界量的单元(包括场所和设施)。

危险化学品重大危险源:长期地或临时地生产、加工、使用或储存危险化学品,且危险化学品的数量等于或超过临界量的单元。

港口危险货物重大危险源(以下简称港口重大危险源),是指参照《危险化学品重大危险源辨识》(GB 18218—2018)等标准辨识确定的,危险货物港口经营人(以下简称港口经营人)储存危险货物的数量等于或者超过临界量的单元(包括场所和设施),其中,储罐以罐区防火堤为界限划分为独立的单元,仓库以独立库房(独立建筑物)为界限划分为独立的单元,封闭的危险货物堆场以隔离设施为界划分为独立的单元。港口重大危险源按照其危险程度,由高到低依次划分为一级、二级、三级、四级。

第二节　重大危险源的辨识方法

防止重、特大事故的第一步,是根据有关标准辨识或确认哪些是可能发生事故的潜在重大危险源。辨识的标准一般在物质毒性、燃烧、爆炸特性等基础上,确定危险物质及其临界量标准。目前,我国重大危险源辨识主要依据国家标准《危险化学品重大危险源辨识》(GB 18218—2018),此标准自2019年3月1日实施。

危险化学品重大危险源分为生产单元危险化学品重大危险源和储存单元危险化学品重大危险源。

生产单元:危险化学品的生产、加工及使用等装置及设施,当装置及设施之间有切断阀时,以切断阀作为分隔界限划分为独立单元。

储存单元:用于储存危险化学品的储罐或仓库组成的相对独立的区域,储罐区以防火堤为界限划分为独立单元,仓库以独立库房(独立建筑)为界限划分为独立单元。

第三节　重大危险源的辨识指标

(1)生产单元、储存单元内存在危险化学品的数量等于或超过规定的临界量,即被定为重大危险源。单元内存在的危险化学品的数量根据处理危险化学品种类的多少区分为以下两种情况:

①生产单元、储存单元内存在的危险化学品为单一品种,则该危险化学品的数量即为单元内危险化学品的总量,若等于或超过相应的临界量,则定为重大危险源。

②生产单元、储存单元内存在的危险化学品为多品种时,则按下式计算,若满足下式则定

为重大危险源：

$$S = q_1/Q_1 + q_2/Q_2 + \cdots + q_n/Q_n \geqslant 1$$

式中：　　S——辨识指标；

$q_1, q_2, \cdots, q_n$——每种危险化学品实际存在量(t)；

$Q_1, Q_2, \cdots, Q_n$——与每种危险化学品相对应的临界量(t)。

(2)危险化学品储罐以及其他容器、设备或仓储区的危险化学品的实际存在量按设计最大量确定。

对于危险化学品混合物，如果混合物与其纯物质属于相同危险类别，则视混合物为纯物质，按混合物整体进行计算；如果混合物与其纯物质不属于相同危险类别，则应按新危险类别考虑其临界量。

第四节　重大危险源的辨识依据

(1)危险化学品临界量的确定方法如下：

①《危险化学品重大危险源辨识》中所列的危险化学品其临界量按表 7-1 确定。

危险化学品名称及其临界量(部分节选)　　表 7-1

序号	危险化学品名称和说明	别名	CAS 号	临界量(t)
1	氨	液氨；氨气	7664-41-7	10
2	环氧乙烷	氧化乙烯	75-21-8	10
3	丙酮氰醇	丙酮合氰化氢；2-羟基异丁腈；氰丙醇	75-86-5	20
4	甲苯二异氰酸酯	二异氰酸钾苯酯；TDI	26471-62-5	100
5	溴	溴素	7726-95-6	20
6	硝酸钾		7757-79-1	1000
7	甲烷，天然气		74-82-8(甲烷) 8006-14-2(天然气)	50
8	氧(压缩的或液化的)	液氧；氧气	7782-44-7	200
9	苯	纯苯	71-43-2	50
10	苯乙烯	乙烯苯	100-42-5	500
11	甲苯	甲基苯；苯基甲烷	108-88-3	500
12	汽油(乙醇汽油、甲醇汽油)		86290-81-5(汽油)	200
13	乙醇	酒精	64-17-5	500
14	白磷	黄磷	12185-10-3	50
15	烷基铝	三烷基铝		1
16	氯酸钠		7775-09-9	100
17	发烟硝酸		52583-42-3	20
18	硝酸(发红烟的除外，含硝酸 >79%)		7697-37-2	100

续上表

序号	危险化学品名称和说明	别名	CAS 号	临界量(t)
19	碳化钙	电石	75-20-7	100
20	钠	金属钠	7440-23-5	10
21	甲苯	甲基苯;苯基甲烷	108-88-3	500

②未在表 7-1 内的危险化学品,依据其危险性,按表 7-2 确定临界量;若一种危险化学品具有多种危险性,按其中最低的临界量确定。

未在表 7-1 中列举的危险化学品类别及其临界量 表 7-2

类别	符号	危险性分类及说明	临界量(t)
健康危害	J(健康危险性符号)	—	—
急性毒性	J1	类别 1,所有暴露途径,气体	5
	J2	类别 1,所有暴露途径,固体、液体	50
	J3	类别 2、类别 3,所有暴露途径,气体	50
	J4	类别 2、类别 3,吸入途径,液体(沸点≤35℃)	50
	J5	类别 2,所有暴露途径,液体(J4 外)、固体	500
物理危险	W(物理危险性符号)	—	—
爆炸物	W1.1	(1)不稳定爆炸物 (2)1.1 项爆炸物	1
	W1.2	1.2、1.3、1.5、1.6 项爆炸物	10
	W1.3	1.4 项爆炸物	50
易燃气体	W2	类别 1 和类别 2	10
气溶胶	W3	类别 1 和类别 2	150(净重)
氧化性气体	W4	类别 1	50
易燃液体	W5.1	(1)类别 1 (2)类别 2 和 3,工作温度高于沸点	10
	W5.2	类别 2 和 3,具有引发重大事故的特殊工艺条件,包括危险化工工艺、爆炸极限范围或附近操作、操作压力大于 1.6MPa 等	50
	W5.3	不属于 W5.1 或 W5.2 的其他类别 2	1000
	W5.4	不属于 W5.1 或 W5.2 的其他类别 3	5000
自反应物质和混合物	W6.1	A 型和 B 型自反应物质和混合物	10
	W6.2	C 型、D 型和 E 型自反应物质和混合物	50
有机过氧化物	W7.1	A 型和 B 型有机过氧化物	10
	W7.2	C 型、D 型、E 型、F 型有机过氧化物	50
自燃液体和自燃固体	W8	类别 1 自燃液体 类别 1 自燃固体	50
氧化性固体和液体	W9.1	类别 1	50
	W9.2	类别 2、类别 3	200

续上表

类别	符号	危险性分类及说明	临界量(t)
易燃固体	W10	类别 1 易燃固体	200
遇水放出易燃气体的物质和混合物	W11	类别 1 和类别 2	200

(2)危险化学品临界量的确定方法如下：

①在表 7-1 范围内的危险化学品，其临界量按表 7-1 确定；

②未在表 7-1 范围内的危险化学品，依据其危险性，按表 7-2 确定临界量；若一种危险化学品具有多种危险性，按其中最低的临界量确定。

第五节　重大危险源监控与管理

一、港口重大危险源监测监控

港口经营人应当对港口重大危险源进行监测监控，根据危险货物种类、数量、储存工艺或相关设备、设施等实际情况，按照下列要求建立健全港口重大危险源安全监测监控体系，完善控制措施。

(1)港口重大危险源应设置在线监测和视频监控系统。

(2)港口重大危险源安全监测监控系统应具备危险货物储存量的在线实时更新和查询功能，满足应急救援人员第一时间查询需求。

港口经营人应当按照国家有关规定，定期对港口重大危险源的安全设施和监测监控系统进行检测、检验，并进行经常性维护、保养，记录维护、保养、检测、检验结果，保证重大危险源的安全设施和安全监测监控系统有效、可靠运行。

港口经营人不得关闭、破坏直接关系生产安全的监控、报警、防护、救生设备、设施，或者篡改、隐瞒、销毁其相关数据、信息。

二、重大危险源备案

港口经营人应当对辨识确认的港口重大危险源及时进行登记建档，对港口重大危险源进行辨识、分级，并完成港口重大危险源安全评估后 15 日内，应将港口重大危险源及有关安全措施、应急措施向所在地港口行政管理部门和应急管理部门备案。对不再构成港口重大危险源的，港口经营人应及时向所在地港口行政管理部门书面报告，并提供相关评估材料。

三、港口重大危险源管理

港口经营人应当建立健全安全风险分级管控和隐患排查治理双重预防工作机制，制定完善港口重大危险源安全管理制度，落实港口重大危险源安全技术措施；对港口重大危险源的安全状况进行定期检查和日常巡查;对于检查发现的事故隐患,应及时采取措施予以消除。

港口经营人应当建立安全风险警示公告制度,将港口重大危险源的危险特性、可能的事故后果和应急措施等信息,以适当方式告知从业人员和其他相关单位、人员。港口经营人应当在重大危险源所在场所设置明显的安全警示标志和安全风险公告栏,制作岗位安全风险告知卡,标明主要安全风险、可能引发事故隐患类别、事故后果、管控措施、应急措施及报告方式等内容。

港口经营人应当建立健全港口重大危险源安全责任制,明确本单位每一处重大危险源的主要负责人、技术负责人和操作负责人。重大危险源的主要负责人、技术负责人、操作负责人姓名、对应的安全职责及联系方式应在安全风险公告栏中写明。

港口经营人应对港口重大危险源的管理和操作岗位人员进行安全操作技能培训,使其了解港口重大危险源的危险特性,熟悉港口重大危险源安全管理规章制度和安全操作规程,全面掌握本岗位的安全操作技能和在紧急情况下应当采取的应急措施。

港口经营人应当评估本单位存在的安全风险,实施安全风险分级管控,采取相应的安全管控措施;建立安全风险报告制度,对辨识出的重大安全风险按要求向港口行政管理部门报告。将港口重大危险源的危险特性、可能的事故后果和应急措施等信息,以适当方式告知从业人员和其他相关单位、人员。

港口经营人应按照国家有关规定和标准要求,制定完善有关港口重大危险源事故应急预案,配备必要的防护、救援物资和装备,并进行经常性维护、保养,保障其完好。港口经营人应建立专职或兼职应急救援队伍,应急救援队伍应满足相应的应急处置需求,应急救援队伍规模应与其危险货物储运规模相适应。

港口经营人应当及时将本单位应急救援队伍建立情况报送港口行政管理部门,并依法向社会公布。

对于可能产生吸入性有毒、有害气体的港口重大危险源,港口经营人应当配备便携式浓度监测设备、空气呼吸器、化学防护服、堵漏器材等应急器材和设施;涉及剧毒气体的港口重大危险源应急救援队伍,应配备 2 套以上(含 2 套)气密型化学防护服。

第六节 生产经营单位的职责

港口经营人对事故隐患排查治理情况应当如实记录,并通过职工大会或者职工代表大会、信息公示栏等方式向从业人员通报。其中,重大事故隐患排查治理情况应当及时向所在地港口行政管理部门和职工大会或者职工代表大会报告。

港口经营人应当加强安全生产标准化建设,不断提高安全生产标准化水平。涉及一级、二级港口重大危险源的港口经营人按照有关规定和标准规范的要求,鼓励取得一级以上安全生产标准化等级。

港口经营人应当制定港口重大危险源事故应急预案演练计划,并按照下列要求进行事故应急演练:

(1)对于一级、二级港口重大危险源,每季度至少进行一次;

(2)对于三级、四级港口重大危险源,每半年至少进行一次。

港口经营人应当记录和评估港口重大危险源事故应急演练情况,并根据记录和评估结果,及时修订完善港口重大危险源事故应急预案,并将演练情况报送所在地港口行政管理部门。

港口经营人应当按照国家有关规定对从业人员和应急救援人员进行应急教育和培训;应急救援人员应当具备处置危险货物重大事故必要的专业知识、技能、身体素质和心理素质,应急救援人员经过培训合格后,方可参加应急救援工作。港口经营人应当建立应急值班制度,配备应急值班人员,成立应急处置技术组,实行24h应急值班。

第八章

《1972 年国际集装箱安全公约》

第一节 《1972 年国际集装箱安全公约》简介

一、概述

1972 年 12 月 1 日,联合国和政府间海事协商组织(简称海协,现改称国际海事组织)在日内瓦联合召开的国际集装箱安全会议上通过了《国际集装箱安全公约》(the International Convention for Safe Containers 1972)。

该公约考虑到在集装箱的装卸、堆放和运输过程中,高度保障人身安全的需要,以及便利集装箱国际运输的必要性,并结合了订立公约的对于各国的益处。公约正式提出有关集装箱结构上的要求,以保护在正常营运中集装箱的装卸、堆码和运输的安全。

公约适用范围:适用于国际运输中所使用的现有或新集装箱,但不包括为空运专门设计的集装箱。

《1972 年国际集装箱安全公约》主要包括 16 条正文内容以及两个附件。

公约发布后经过数次修正:

1981 年首次修正案:对公约的附件进行修改、首次检验日期、现有集装箱的首次检验日期及重新检验日期进行了修改。

1983 年修正案:对中间检验时间间隔延长至 30 个月;引入连续检验计划。

MSC. 310(88)修正:2012 年生效;对安全合格牌照提出新规定;增加了单开门的要求;也是在此新增了附则Ⅲ,对控制和验证的一些要求。

MSC. 355(92)修正:新增了部分定义;同意了单位制;引入了有限堆码的概念;集装箱构件的损坏达到什么程度是被限制使用的(缺陷清单)。

二、公约正文主要内容

《1972 年国际集装箱安全公约》的正文共有 16 条,其中核心内容为:

(一)公约内涉及定义

(1)集装箱”是指一种运输设备:

①具有耐久性,因而其相应的强度足以适应重复使用;

②经专门设计,便于以一种或多种运输方式运输货物,而无需中途拆装;

③为了系固和(或)便于装卸,设有角配件;

④四个外底角所围蔽的面积应为下列二者之一:

a. 至少为 $14m^2$($150ft^2$),或;

b. 如装有顶角配件,则至少为 $7m^2$($75ft^2$)。

“集装箱”一词既不包括车辆,也不包括包装;但是,集装箱在底盘车上运输时,则连同底盘车包括在内。

(2)“角配件”是指为了装卸,堆码和(或)系固目的而在集装箱顶部和(或)底部上安装的一种表面有孔的支撑配件。

(3)“主管机关”是指有权批准集装箱的缔约国政府。

(4)“获得批准”是指被主管机关批准。

(5)“批准”是指主管机关作出的决定,即某种定型设计或某个集装箱在本公约条款范围内是安全的。

(6)“国际运输”是指位于两个国家领土上的起运地和目的地之间的运输,而本公约至少适用其中一国。两国间运输业务的一部分在一个适用本公约的国家领土内进行时,本公约也应适用。

(7)“货物”是指物品、器皿、商品和用集装箱装运的各种物件。

(8)“新集装箱”是指在本公约生效时或生效后开始制造的集装箱。

(9)“现有集装箱”是指不属于新集装箱的集装箱。

(10)“箱主”是指各缔约国国家法律规定的所有人或承租人或受托人,如双方有协议,该承租人或受托人将承担对集装箱的维修和检验的责任。

(11)“集装箱的定型设计”是指经主管机关批准的定型设计。

(12)“定型系列集装箱”是指按照批准的定型设计制造的任何集装箱。

(13)“样箱”是指按定型设计系列制成或准备制造的具有代表性的集装箱。

(14)“最大营运总重量”或“额定重量”或“R”是指集装箱和所装货物最大的允许总重量。

(15)“皮重”是指集装箱空载的重量,包括装置的永久性设备。

(16)“最大允许载货重量”或“P”是指最大营运总重量或额定重量与皮重之间的差数。

(二)公约第三条:适用范围

(1)公约适用于国际运输中所使用的现有或新集装箱,但不包括为空运专设计的集装箱。

(2)应根据附件Ⅰ所要求的或是做定型试验或是做单个试验的规定来认可每一个新集装箱。

(3)每一现有集装箱应在本公约生效之日起 5 年内,按附件Ⅰ所做出的有关有集装箱批准的规定获得批准。

(三)公约第四条:试验、检查、批准和维修

(1)为了使附件Ⅰ中各项规定付诸实施,各主管机关应按本公约的标准,建立有效的集装箱试验、检查和批准程序。但主管机关可委托给它正式授权的机构来进行这些试验,检查和批准工作。

(2)在主管机关将试验、检查和批准工作委托给一个机构时,应通知国际海事组织秘书长,以便转知各缔约国。

(3)可向任何缔约国的主管机关申请批准。

(4)集装箱均应按照附件Ⅰ中的各项规定,保持在安全状态。

(5)如获得批准的集装箱实际上达不到附件Ⅰ的要求,有关主管机关应采取必要的措施,使之达到上述要求,或撤销批准。

(四)公约第五条:接受批准

(1)根据本公约的条款,在某一缔约国授权下的批准,均应被其他缔约国在本公约所包括的范围内接受。同时也应被认为与它们自己作出的批准同样有效。

(2)对于本公约中规定的集装箱,缔约国不得擅自对此提出任何其他安全结构和试验的要求。但本公约中的任何规定不得妨碍应用国家规章或法律或国际协定中的条款,对专门设计运输危险品或具有独特装置的运输散装液体货物的集装箱或空运的集装箱,在安全结构或试验方面提出补充要求。"危险品"一词应含有国际公约中赋予的意义。

(五)公约第六条:管理

(1)根据第三条获得批准的每个集装箱,应在缔约国领土内受该缔约国正式授权的官员的管理。这种管理仅限于证实集装箱上装有按本公约要求的有效的安全合格牌照,除非有重要证明该集装箱的现状对安全有明显的危险,在这种情况下,执行管理工作的官员所采取的必要行动,也仅限于保证集装箱在继续投入营运之前恢复到安全状态。

(2)当集装箱由于某种缺陷似乎危及安全,而这项缺陷在该集装箱获得批准时可能业已存在,应由发现这种缺陷的缔约国通知负责批准该集装箱的主管机关。

第二节 《1972 年国际集装箱安全公约》附件Ⅰ和附件Ⅱ

一、附件Ⅰ:集装箱试验、检验、批准和维修规则

附件Ⅰ为集装箱试验、检验、批准和维护规则,规定了集装箱安全合格牌照的要求和集装箱的维护和检验要求,明确箱主应负责使集装箱保持在安全状态,规定集装箱从出厂到第一次检验的间隔期不应超过 5 年以及其后的重新检验的间隔期均不应超过 30 个月。同时规定,作为上述定期检验的替代方案,当不低于这些安全要求时,缔约国可批准箱主提交的连续检验计划。

附件Ⅰ主要内容如下:

(一)所有批准系统的共同准则

1. 安全合格牌照

(1)每一个经核准的集装箱,均应永久装有一块符合本附件的附录所订规格的安全合格牌,镶在明显易见而不易受损的位置,同其他任何为公务目的而发的合格牌并列。

①牌照上应至少以英语或法文标明下列数据:

a. 集装箱公约安全核准;

b. 批准国和批准编号;

c. 制造日期(年、月);

d.制造者给予该集装箱的鉴别号码；如果是不知道鉴别号码的现有集装箱，则用管理当局所给的号码；

e.最大营运总重量（公斤和磅），对1.8g以下的允许堆放的重量（公斤和磅）横向推拉试验负载值（公斤和磅）。

②牌照上应保留一块空白，以便按照本条第3款及附件Ⅱ第6和第7号试验的规定填入端壁和（或）侧壁的负荷值（系数）。牌上还应保留一块空白，以便填入使用后第一次以及随后各次保养检查的日期（年、月）。

③当有关机关认为新集装箱符合本公约的安全规定时，如果该集装箱的端壁和（或）侧壁的设计负荷值（系数）大于或小于附件Ⅱ所规定的值，则应在安全合格牌上予以注明。

④安全合格牌照的存在，仍不排除按其他有效条例的规定展示其所要求的标记或其他资料的必要性。

2.维修

（1）箱主应负责进行维修集装箱，以维持其安全状态。

（2）获得批准的集装箱箱主，应每隔与使用情况相适应的期间，按照有关的缔约方所规定或认可的程序，检查或请人检查该集装箱。新集装箱最迟应进行第一次检查的期限（年、月）应标明在安全合格牌上。

（3）集装箱应予再度检查的期限（年、月）应清楚地标明在该集装箱的安全合格牌上或尽可能靠近它的位置；标记方式须得到规定或认可该种保养程序的缔约方的接受。

（4）从出厂日期到第一次检查日期的间隔不应超过5年。其后对新集装箱的检查以及对现有集装箱的再度检查间隔不应超过30个月。所有检查都应验明该集装箱是否有任何足以对任何人造成危险的缺陷。

（5）本规则中有关缔约国是指在箱主定居或设有总部的领土上的缔约国而言。

（二）定型设计新集装箱的批准规则

1.定型设计新集装箱的批准规则

集装箱都应符合附件Ⅱ规定的要求。

对于提出申请批准的集装箱，主管机关应审查其设计并亲自观察样箱的试验，以保证集装箱符合附件Ⅱ规定的要求。当主管机关认为满意后，应将该集装箱符合本公约的要求一事以书面形式通知申请人。并且，该书面通知应授权制造厂在定型设计系列的每个集装箱上装置安全合格牌照。

2.按定型设计批准的规定

（1）按定型设计系列制造的集装箱，在向主管机关提出批准申请时，应连同将获得认可的定型设计集装箱的设计说明书、图纸以及主管机关可能所需要的其他资料，一并送审。

（2）申请人应说明由制造厂对申请批准的定型设计集装箱规定产品号码。

（3）呈递申请书时还应附有制造厂的保证，具体请参见公约附件Ⅰ。

（4）主管机关可以批准按认可了的定型设计的修改来生产集装箱，如果它认为这些修改在定型设计批准过程中不会影响实验的效果。

(5)除非主管机关满意地认为制造厂已制定内部生产管理条例,保证其所制造的集装箱与获得批准的样箱相符,否则,主管机关不应在定型设计批准的基础上授权制造厂装置安全合格牌照。

(三)现有集装箱的批准规则

(1)自公约生效起5年内,现有集装箱的箱主须向主管机关提交相关材料资料。安全合格牌照所需要的其他资料,主管机关经过调查,应将是否给予批准以书面形式通知箱主;如给予批准,在按本规则第二条对有关集装箱进行检验后,该书面通知应使箱主有权在该集装箱上装置安全合格牌照。

(2)对不能依照本规则第九条第一款规定申请批准的现有集装箱,可根据本附件第一或第三章规定提请批准。附件Ⅱ关于端壁和侧壁强度的要求,不适用于该类集装箱。主管机关如对该类集装箱已被使用一事感到满意,可以放弃提交图纸和试验的要求,但仍需要进行必要的举吊和箱底强度试验。

按下列格式制备的安全合格牌照应采用永久、耐腐、防火的长方形牌子,其尺寸不得小于200mm×100mm。“CSC安全合格”字母不得小于8mm(高度),其他字体和号码不得小于5mm(高度),并应在牌面上刻印成凸凹或用其他永久而清晰的方式标示出来,如图8-1所示。

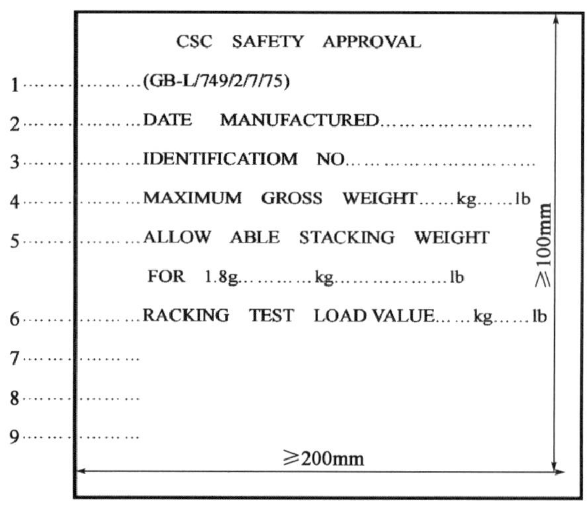

图8-1 安全合格牌照

①上例第一行的批准国家和批准证明书(批准国家应用在标示国际公路运输中车辆登记国的标识符号加以标示)。

②出厂日期(年、月)。

③集装箱制造厂产品号码,或如现有集装箱的号码不详,则标上由主管机关指定的号码。

④最大营运总重量(kg和lb)。

⑤对1.8g的允许堆码重量(kg和lb)。

⑥横向推拉试验负荷数值(kg和lb)。

⑦只有在端壁的设计承担负荷小于或大于最大允许载货重量的 0.4 倍，即 0.4P 时，端壁强度才能在安全合格牌照上加以注明。

⑧只有在侧壁的设计承担负荷小于或大于最大允许载货物重量的 0.6 倍，即 0.6P 时，侧壁强度才能在安全合格牌照上加以注明。

⑨如牌照用来做维修检验时间证明时，须填写新集装箱第一次维修检验日期（年、月）。

二、附件Ⅱ：集装箱结构的安全要求和试验

附件Ⅱ为集装箱结构的安全要求和试验，规定了集装箱制造的要求以及在集装箱作业的所有阶段对集装箱试验负荷和试验程序。

下面列举国际集装箱安全公约附件Ⅱ核心内容：

（一）设计原则

集装箱的移动、放置、堆码和载货集装箱的重量所产生的力以及外力，都不得超过集装箱的设计强度，即加之于集装箱的力不超过其设计所能承担的力（外部施加，如堆码）；在集装箱内堆装货物时，对作用在集装箱上的力不超过其设计所能承担的力（内部施加，如装载量 P）。

（二）制造

(1) 凡以任何合适材料制成的集装箱，能满意地完成下列试验而未造成任何永久性变形或不正常状态，以致无法按设计要求使用的，都应视为是安全的。

(2) 考虑到角配件的尺寸、位置和配合公差在举吊和系固系统中所起的作用，应对它们进行查核。

(3) 当集装箱备有仅供空箱使用的专门装置时，应将此项限制在集装箱上标明。

（三）试验负荷和试验程序

如集装箱的设计恰当，则下列试验负荷和试验程序应适用于所有接受试验的集装箱，见表 8-1。

试验程序 表 8-1

试验负载和施加力	试验程序
1. 举吊	
具有规定的内载负荷的集装箱，应在不施加显著加速力的状态下举吊。集装箱举吊后应悬空或支撑五分钟，然后放到地面	
从角件举吊	
内载负荷：均布负荷，使集装箱和试验负荷的总重量等于 2R	①从顶角配件举吊： 长度大于 3000mm（10ft）（公称）的集装箱应将举吊力垂直作用在四个顶角配件上。长度小于或等于 3000mm（10ft）（公称）的集装箱应将举吊力作用在四个顶角配件上，使每根吊索与垂直方向之间的角夹角为 30°

续上表

<table>
<tr><th>试验负载和施加力</th><th>试验程序</th></tr>
<tr><td>施加的外力:按试验程序栏内规定的方式举吊 2R 总重量</td><td>②从底角配件举吊:
集装箱应在这种情况下施加举吊力,即使吊具仅作用在四个底角配件上。
施加的举吊力应于水平方向呈如下角度:长 12000mm(40ft)(公称)或以上的集装箱为 30°;长 9000mm(30ft)(公称)至 12000mm(40ft)(公称)但不包括 12000mm 本身的集装箱为 37°;长 6000mm(20ft)(公称)至 9000mm(30ft)(公称)但不包括长 9000mm 的集装箱为 45°;长度小于 6000mm(20ft)(公称)的集装箱为 60°</td></tr>
<tr><td colspan="2">采取其他附加方法举吊</td></tr>
<tr><td>内载负荷:均布负荷使集装箱和试验负荷的总重量等于 1.25R
施加的外力:按试验程序规定的方式举吊 1.25R 总重量</td><td>①叉槽举吊:
集装箱应放在与它处在同一水平面的横条上,横条应置于每一个用来举吊重载集装箱的叉槽的中心。横条的宽度应与用来作业的货叉相同,横条并应伸入叉槽长度的 75%</td></tr>
<tr><td>内载负荷:均布负荷使集装箱和试验负荷的总重量等于 1.25R。施加的外力:按试验程序规定的方式举吊 1.25R 总重量</td><td>②夹钳臂位置举吊:
集装箱应放在与它处于同一水平面的垫块上,在每一夹钳臂位置底下放一垫块。垫块的尺寸应与用来作业的夹钳臂的举吊部位面积相同</td></tr>
<tr><td></td><td>③其他方法:
如果所设计的集装箱不属于①和②的任何方法在其重载的状况下举吊,也应进行代表这种适用方法的加速度状况的内载负荷和施加外力的试验</td></tr>
<tr><td colspan="2">2. 堆码</td></tr>
<tr><td colspan="2">1. 国际运输条件,如最大垂直加速力显著地不同于 1.8g,而集装箱又能可靠而有效地限制到这种运输条件时,堆码负荷将随加速力的适当比例而变化。
2. 成功地完成本试验后,即可估定在集装箱上面允许施加的静力堆码重量,并将其填写在安全合格牌照“对 1.8g 的允许堆码重量(公斤和磅)”项内</td></tr>
<tr><td>内载负荷:均布负荷使集装箱和试验负荷的总重量等于 1.8R</td><td>具有规定的内载负荷的集装箱应放在一个坚硬水平面所支撑的四块水平垫块上,每个底角配件或等同的角结构之下放一垫块,垫块的中心点应在角配件之下,垫块的设计尺寸应近似于角配件</td></tr>
<tr><td>施加的外力:对四个角配件的每一个,施加垂直向下力 1/4×1.8×允许静力堆积重量</td><td>每个外力应通过相应的角配件或相同设计尺寸的垫块作用在每个配件上。试验角配件或垫块应偏离集装箱顶角配件横向 25mm 和纵向 38mm</td></tr>
<tr><td colspan="2">3. 集中负荷(1)顶部</td></tr>
<tr><td>内载负荷:无
施加的外力:300kg(660lb)的集中负荷平均分布在 600mm×300mm 的面积上</td><td>外力应垂直向下作用在集装箱顶部外表面的最薄弱部分上</td></tr>
<tr><td colspan="2">4. 集中负荷(2)底部</td></tr>
<tr><td>内载负荷:两个各为 2730kg(6000lb)的集中负荷,各通过 142cm² 的接触面作用在箱底上
施加的外力:无</td><td>该项试验要求将集装箱的四个底角搁置在四个水平支撑物上,使集装箱的底结构能自由挠曲。
一个试验装置,在其总接触面积为 284cm² 的两个表面上装载 5460kg(12000lb),即每个接触面积为 142cm² 的两个表面上各装 2730kg(6000lb),表面宽为 180mm,两个表面中心的间距为 760mm,然后应使其在整个集装箱箱底面积上移动</td></tr>
</table>

续上表

试验负载和施加力	试验程序
5. 横向推拉	
内载负荷:无	空载状态的集装箱的每个底角应放在四个水平支撑物上,并以固定装置制止其横向或垂直移动,使横向抑制力仅作用在应力作用点或对角线的底角上
施加的外力:从侧面推拉集装箱的端结构。使用的力应等于该集装箱的设计要求	外力应分别或同时作用在集装箱一侧的每一顶角配件上,外力的方向既平行于箱的底部,又平行集装箱各端的平面、先向顶角配件,然后反向顶角配件施力。对于每一端与其垂直中心线相对称的集装箱,仅需对一侧进行试验。但对两端不对称的集装箱,则两侧都应进行试验
6. 纵向固定(静力实验)	
在设计和制造集装箱时必须考虑到,当集装箱以内陆运输方式运输时,可能会遇到水平地作用在集装箱上的纵向 2g 加速度	
内载负荷:均布负荷使集装箱和试验负荷的总重量等于最大营运总重量或额定重量	具有规定的内载负荷的集装箱,应通过将一端的两个底角配件或等同的角结构系固在合适的固定装置点上,获得纵向固定
施加的外力:使集装箱每一侧承受纵向 R 数值的压缩和拉伸力即整个集装箱箱底将承受 $2R$ 的合力	外力应首先作用于固定装置点方向,然后再反方向施力。集装箱的每侧都应进行试验
7. 端壁	
端壁应能承受的负荷不得小于最大允许载货重量的 0.4 倍。但是,如果设计的端壁承受的负荷小于或大于最大允许载货重量的 0.4 倍时,应根据附件Ⅰ第一条的规定将该强度系数在安全合格牌照上予以注明	
内载负荷:使一个端壁内部承受 $0.4P$ 的均布负荷或按集装箱设计要求的其他负荷。 施加的外力:无	规定的内载负荷应适用于下列各项:集装箱的两端都应进行试验。但如两端相同,只需试验其一端。无侧开口处或无侧门的集装箱,其端壁可分别或同时进行试验。有侧开口处或侧门的集装箱,其端壁必须分别进行试验。当分别进行试验时,作用在端壁上的力的反作用应被限制在集装箱的底部结构上
8. 侧壁	
侧壁应能承受的负荷不得小于最大允许载货重量的 0.6 倍,但是如设计的侧壁承受负荷小于或大于最大允许载货重量的 0.6 倍时,应根据附件Ⅱ第一条规定将该强度系数在安全合格牌照上予以注明	
内载负荷:使一个侧壁内部承受 $0.6P$ 均布负荷或按集装箱设计要求的其他均布负荷 施加的外力:无	规定的内载负荷应适用于下列各项:集装箱的两侧都应进行试验。但如两侧相同,只需试验其一侧。侧壁应分别进行试验,内载负荷的反作用应被限制在角配件或等同的角结构上。开顶集装箱应根据设计要求的操作状态进行试验。例如,将可拆卸的顶部构件保持在原位上进行试验

第九章

港口危险货物集装箱堆场设计规范

近年来,随着我国水路集装箱运输的快速发展,港口危险货物集装箱堆场的数量、规模及作业量不断增大,安全管理风险也不断增加。为进一步统一港口危险货物集装箱堆场设计要求,满足现行国家和行业标准相关规定,提高港口危险货物集装箱堆场设计水平,交通运输部水运局组织制定了《港口危险货物集装箱堆场设计规范》(JTS 176—2020),规范共分9章和3个附录,并附有条文说明,主要包括平面布置、堆场面层、消防、环保设施、其他配套设施、个体防护用品和应急器材等内容。规范适用于沿海和内河港口新建、改建、扩建港口危险货物集装箱堆场的设计。同时,港口危险货物集装箱堆场的设计除应符合规范的规定外,尚应符合国家现行有关标准的规定。

一、术语定义

(一)危险货物集装箱

危险货物集装箱是指装有《国际海运危险货物规则》(IMDG Code)或《危险货物分类和品名编号》(GB 6944)、《危险货物品名表》(GB 12268)中所列的危险货物的集装箱,包括危险货物残留物和危害性未被清除,并标有危险货物标志、标记的集装箱。

(二)港口危险货物集装箱堆场

港口危险货物集装箱堆场是指港区内露天堆存危险货物集装箱的专用场所。

(三)外部防护目标

外部防护目标是指受港口危险货物集装箱堆场事故影响,港口危险货物集装箱堆场企业外可能发生人员伤亡的设施或场所。外部防护目标按现行国家标准《危险化学品生产装置和储存设施风险基准》(GB 36894)的规定,划分为高敏感防护目标、重要防护目标和一般防护目标,其中一般防护目标根据规模分为一类防护目标、二类防护目标和三类防护目标。

(四)外部安全防护距离

外部安全防护距离是指为了预防和减缓港口危险货物集装箱堆场的火灾、爆炸和中毒等潜在事故对外部防护目标的影响,在港口危险货物集装箱堆场与外部防护目标之间设置的距离。

二、平面布置

港口危险货物集装箱堆场的规模应包括堆场箱容量、地面箱位数、堆场面积等内容。其中,堆场的箱容量应根据危险货物集装箱吞吐量、类别、平均堆存期等预测确定,堆场的地面箱位数和堆场面积,应根据堆场箱容量和国家现行标准《港口危险货物集装箱堆场安全作业规程》(GB/T 36029)、《港口作业安全要求　第3部分:危险货物集装箱》(GB 16994—2021)等的堆存安全要求确定。

港口危险货物集装箱堆场的位置选择应充分考虑周边环境、堆场规模、依托条件,满足作业组织和危险货物集疏运需求,以及安全、环保、消防等要求。宜布置在集装箱码头或港区的边缘区域,应远离人员密集场所和重要公共建筑,并位于当地年最大风频率的下风侧或最小风频率的上风侧。

堆存1.3~1.6类爆炸品的港口危险货物集装箱堆场,应采用事故后果法计算外部安全防护距离,其中堆存列入《危险化学品目录》和《危险化学品分类信息表》爆炸品的堆场,与外部防护目标的距离不应小于1000m。

堆存民用爆炸物品和烟花爆竹的港口危险货物集装箱堆场,应分别符合现行国家标准《民用爆炸物品工程设计安全标准》(GB 50089)和《烟花爆竹工程设计安全规范》(GB 50161)的有关规定。

堆存2.1类易燃气体、2.3类毒性气体的港口危险货物集装箱堆场,应采用定量风险评价法计算外部安全防护距离,定量风险评价法计算时应采用可能堆存的危险货物最大量进行计算。

同时堆存1.3~1.6类爆炸品和2.1类易燃气体、2.3类毒性气体的港口危险货物集装箱堆场,外部安全防护距离应按分别计算后取最大值。

港口危险货物集装箱堆场与客运场站、办公楼等的防火间距不应小于规范的规定。

(一)出入口通道及封闭要求

港口危险货物集装箱堆场应与其他堆场分开,单独、封闭布置。堆场的出入口不应少于2处,出入口宽度不宜小于5m,出入口应与场外道路通畅衔接,并设置安全警示标志。同时,港口危险货物集装箱堆场应设置隔离设施,隔离设施可采用围网、金属栅栏或实体围墙形式。周界与其他单位相邻的,宜采用实体围墙隔离,围墙高度不宜低于2.5m;内部隔离可采用围网、金属栅栏,其高度不宜低于采用围网封闭时,应使用金属网围或其他不燃、阻燃材料围网,并应有良好的系固,堆场周边围网、金属栅栏、实体围墙靠近道路和作业通道的,应设置防撞设施,防撞设施应设置夜间反光标识。

(二)堆场布置和安全标志

港口危险货物集装箱堆场应根据堆存货物类别、数量划分堆存区域堆存,不同类别危险货物集装箱的隔离应符合现行行业标准《危险货物集装箱港口作业安全规程》(JT 397)的有关规定。堆场应根据所采用的装卸工艺和作业机械、车辆的需求,设置宽度足够的作业通道,堆场地面应标明箱区箱位线和作业通道标线,当危险货物集装箱纵向列数大于6列时,应加设纵向消防车道。港口危险货物集装箱堆场显著位置处应设立风向标。

堆场应设置明显的安全标志,堆场的安全标志、标线,应符合现行国家标准《安全色》(GB 2893)、《安全标志及其使用导则》(GB 2894)和《道路交通标志和标线》(GB 5768)等的有关规定。

三、堆场面层

港口危险货物集装箱堆场面层应采用现浇混凝土面层结构,堆场内箱区和道路面层、荷载设计应符合现行行业标准《港口道路与堆场设计规范》(JTS 168)等的有关规定。堆场地面坡度宜采用3%~10%。

堆存6.1类毒性物质的港口危险货物集装箱堆场,地面应设置防渗漏层或使用防渗混凝土,并易于冲洗。堆场应采取防止泄漏液体流散的措施。

四、消防

消防给水系统的设置应符合现行国家标准《建筑设计防火规范》(GB 50016)、《室外给水设计标准》(GB 50013)和《消防给水及消火栓系统技术规范》(GB 50974)等的有关规定。

港口危险货物集装箱堆场应具备消防给水系统,并设置室外消火栓。消防给水应由给水管网或消防水池(罐)提供。一次灭火的室外消火栓用水量不应小于40L/s,火灾延续时间不应小于3h。

消防给水管网应布置成环状,向环状管网输水的进水管不应少于两条,当其中一条发生故障时,其余的进水管应能满足消防用水总量的供给要求。消防给水管道的直径不宜小于DN150。

消火栓宜沿道路设置,其保护半径不应大于150m,消火栓间距不应大于60m,消防扑救面一侧的消火栓数量不宜少于2个,寒冷地区设置的室外消火栓还应采取防冻措施。消火栓的数量应按其保护半径和室外消防用水量等综合计算确定,每个室外消火栓的用水量宜按10～15L/s计算。消火栓、阀门、消防水泵接合器等设置地点应设置相应的固定标识。港口危险货物集装箱堆场黄沙箱储存总量不应小于每个沙箱容积不应小于0.25m^3,相邻2个沙箱间距不应大于60m。堆场内应配备推车式和手提式磷酸铵盐干粉灭火器、泡沫灭火器等灭火器材,堆场值班室应配备手提式灭火器,灭火器应根据堆存货种、火灾种类等配置,并应符合现行国家标准《建筑灭火器配置设计规范》(GB 50140)的有关规定。

当外部消防车辆在10min内无法到达的,港口危险货物集装箱堆场企业应配备消防车辆,消防车选型应根据堆存的危险货物类别确定。堆场值班室内应设置火灾报警电话,并配备无线电通信器材。

消防车道:

港口危险货物集装箱堆场应布置环形消防车道,受布置条件等限制时,可设尽头式消防车道,消防车道应与堆场出入口连通,当堆场内装卸作业通道宽度满足消防车道宽度时,可作为消防车道使用。消防车道的净宽度不应小于4m,尽头式消防车道的回车道或回车场设置应按现行国家标准《建筑设计防火规范》(GB 50016)的有关规定执行。

五、环保设施

港口危险货物集装箱堆场周围应设置独立排水沟,事故状态下的冲洗水、地面初期雨水应经排水沟收集处置,还应设置污水收集池。污水收集池容量应根据发生事故的集装箱容量、事故时消防用水量及可能进入收集池的降水量等因素综合确定,收集池应采用耐酸碱材料铺砌。收集池应设置与港区排水系统隔离的截止阀。

港口危险货物集装箱堆场应设置应急处理场所,用于危险货物泄漏应急处置,应急处理场所面积应满足应急处置要求,应便于应急处置,且不对作业和消防车道造成堵塞。应急处理场所应采取避免泄漏物流出的措施。

六、个体防护用品和应急器材

作业人员个体防护用品的配备应符合现行国家标准《个体防护装备选用规范》(GB/T 11651)的有关规定。港口危险货物集装箱堆场内应配备应急器材,应急器材的配置可参考表9-1,并应根据实际需要确定。堆场箱区及应急处理场所附近应设置冲淋洗眼装置。港口危险货物集装箱堆场应设置存放消防器材、应急器材和个体防护用品的器材间,器材间的位置应便于事故应急时取用,耐火等级不宜低于二级。

应急器材基本配置表　　表9-1

序号	应急器材名称	数量
1	化学防护服(轻型和重型)	4套
2	空气呼吸器	2套
3	空气呼吸器备用钢瓶	2只
4	防毒面具	4副
5	红外线测温仪	1台
6	便携式可燃气体检测仪	1台
7	便携式有毒气体检测仪	1台
8	堵漏设备	1套
9	救援担架	1台
10	防爆对讲机	1套
11	应急处置容器箱	1个
12	吸附材料	根据实际需要配备
13	空铁桶、空塑料桶等容器	
14	多用水枪	
15	软刷和塑料簸箕	
16	警戒线	
17	急救药品	

第十章

危险货物道路运输规则及危险货物车辆标志

第一节 危险货物道路运输规则

一、概述

2018 年 8 月 29 日中华人民共和国交通运输部颁布危险货物道路运输规则,同年 12 月 1 日正式实施,主要包括以下 7 部分内容:

(1)《危险货物道路运输规则　第 1 部分:通则》(JT/T 617.1—2018);

(2)《危险货物道路运输规则　第 2 部分:分类》(JT/T 617.2—2018);

(3)《危险货物道路运输规则　第 3 部分:品名及运输要求索引》(JT/T 617.3—2018);

(4)《危险货物道路运输规则　第 4 部分:运输包装使用要求》(JT/T 617.4—2018);

(5)《危险货物道路运输规则　第 5 部分:托运要求》(JT/T 617.5—2018);

(6)《危险货物道路运输规则　第 6 部分:装卸条件及作业要求》(JT/T 617.6—2018);

(7)《危险货物道路运输规则　第 7 部分:运输条件及作业要求》(JT/T 617.7—2018)。

7 部分内容的具体要求如下:

(1)危险货物的范围及运输条件、运输条件豁免、国际多式联运相关要求、人员培训要求、各参与方的安全要求以及安保防范要求;

(2)道路运输危险货物的分类,包括分类的一般要求和具体规定;

(3)道路运输危险货物品名的一般要求、道路危险货物运输要求索引、特殊规定,以及有限数量危险货物和例外数量危险货物的道路运输要求;

(4)道路运输危险货物包装、中型散装容器、大型包装、可移动罐柜、罐式车辆罐体的使用要求;

(5)危险货物道路运输托运的一般要求、集合包装及混合包装的标记标志要求、包件标记与标志、集装箱、罐体与车辆标志牌及标记、运输单据;

(6)危险货物道路运输的装卸作业的基本要求,包件运输装卸条件、散装运输装卸条件、罐式运输装卸条件和装卸作业要求;

(7)危险货物道路运输的运输装备条件、人员条件及运输作业要求。

二、装卸条件及作业要求

JT/T 617.6—2018 规定了危险货物道路运输的装卸作业的基本要求,包件运输装卸条件、散装运输装卸条件、罐式运输装卸条件和装卸作业要求。

(一)基本要求

(1)运输装备的选择及装卸操作,应符合相关运输特殊规定。

(2)符合 CSC 或 UIC591、UIC592 中"集装箱"定义的大型集装箱、可移动罐柜和罐式集装箱,在运输危险货物时,其结构应满足 CSC 或 UIC 规则要求。

(3)运输危险货物的大型集装箱,其结构构件(包括顶部及底部的侧梁、门槛和门楣、底板、底横梁、角柱、角件等)不得存在以下重大缺陷:

①深度超过19mm的凹陷或弯曲;

②裂缝或破裂;

③顶部或底部端梁、门楣中间出现多于一处的拼接,或不正确拼接(如搭接的拼接)以及在任何一个顶部或底部侧梁处出现超过两处的拼接,或在门槛、角件上出现任何拼接;

④门铰链和部件出现卡住、扭曲、破裂、丢失或因其他原因失灵;

⑤门胶条和封口不密封;

⑥足以影响到起吊设备和车架系固操作的整体变形。

(4)大型集装箱当出现任何构件的恶化,例如侧壁金属锈蚀或玻璃纤维材料破裂,不可继续使用;当出现不影响使用性能的普通磨损,包括氧化(生锈)、轻微的凹陷或划伤,则可继续使用。

(5)大型集装箱装载前,装货人应检查集装箱内,确保没有危险货物残留,且集装箱底板和箱壁内部没有凸起。

(二)包件运输装卸条件

(1)除另有规定之外,包件可用下列类型的车辆或集装箱装载:

①封闭式车辆或封闭式集装箱;

②侧帘车辆或软开顶集装箱;

③敞开式车辆或开顶集装箱。

(2)包件采用的包装若由易受潮湿环境影响的材质制成,应通过侧帘车辆、封闭式车辆、软开顶集装箱或封闭式集装箱进行装载。

(3)运输包件车辆或箱体,应符合JT/T 617.3—2018表A.1中第(16)列中代码表示的特殊规定。

(三)散装运输装卸条件

1.一般要求

(1)对于JT/T 617.3—2018表A.1第(10)列为BK代码且满足6.2规定的货物,或者在JT/T 617.3—2018表A.1第(17)列为VC代码且满足6.3规定的货物,可采用散装形式将货物装在散装容器、集装箱或车厢内进行运输。

(2)散装容器、集装箱以及车体应防溢洒,并在运输过程中保持关闭,防止由于振动,或者温度、湿度、压力变化导致货物溢洒。

(3)通风装置应保持洁净并处于运行状态。

(4)货物不得与散装容器、集装箱和车厢、衬垫、设备(盖子和防水帆布)的材料发生危险反应,或者与货物直接接触的保护涂层发生反应或明显降低包装材料的使用性能。

(5)充装和交付运输前,应检查和清理每一个散装容器、集装箱或车辆以确保无下列情形的残留物:

①可能与即将运输的物质发生危险的化学反应;

②对散装容器、集装箱或车辆的结构完整性产生不利影响;

③影响散装容器、集装箱或车辆对危险货物的适装性。

(6)运输途中,应确保散装容器、集装箱或车体的外表面没有危险货物残留。

(7)多个封口装置串联时,充装货物之前应首先关闭最靠近所装货物的封口装置,并依次关闭剩余封口装置。

(8)容易发生粉尘爆炸或者释放出易燃气体的货物的散装运输,应在运输、充装和卸货时采取消除静电措施。

(9)如果危险货物与其他货物容易发生下列危险反应,两者不能混装:

①燃烧或释放大量热;

②释放易燃或有毒气体;

③生成腐蚀性液体;

④生成不稳定物质。

(10)充装货物之前,应对散装容器、集装箱或车辆采取目视检查,确保其内壁、顶板和底板无凸起或损坏,内衬和货物固定装备没有明显裂痕或损伤;集装箱顶部和底部的侧梁、门槛和门楣,底横梁、角柱、角件等结构组成部分不存在下列重大缺陷:

①在结构或支撑部件上出现影响散装容器、集装箱或车体完整性的凹陷、裂缝和断裂;

②顶部或底部的端梁或门楣中出现多于一处的拼接或任何不正确拼接(如搭接的拼接);

③顶部或底部的侧梁出现超过两处的拼接;

④门槛、角柱上出现任何拼接;

⑤门铰链和部件出现卡住、扭曲、破裂、丢失或因其他原因失灵;

⑥门胶条和封口不密封;

⑦足以影响到起吊设备和车架系固操作的整体变形;

⑧升降设备或装卸设备接口出现任何损坏;

⑨操作设备出现任何损坏。

(四)装卸作业要求

1. 一般规定

(1)车辆、大型集装箱、散装容器、罐式集装箱或可移动罐柜等,应符合安全、安保防范、清洁及装卸操作等相关管理规定。

(2)装货人在对车辆、大型集装箱、散装容器、罐式集装箱或可移动罐柜及其装卸载设备检查时,发现不满足法规或标准要求时,不得进行装载。

(3)装卸操作人员在装卸之前应检查车辆、罐体或集装箱等,如果发现安全隐患,不得进行装卸作业。

(4)按照 JT/T 617.3—2018 表 A.1 中第(17)和(18)列的运输特殊规定,某些特定的危险货物应采用单次专用形式运输。

(5)包件与集合包装应按其方向标记进行装卸。液体危险货物应尽可能装载在干燥的危险货物下方。

(6)危险货物装卸操作应按照其预先设计要求或测试过的操作方法进行。

2. 包件混合装载要求

(1)除表允许进行混合装载之外,标有不同危险性标志的包件不应装载在同一车辆或集装箱中。

(2)带有1、1.4、1.5或1.6标志的包件,在同一车辆或集装箱中混合装载时,应符合相关的规定。

(3)带有有限数量标志的包件,禁止与其他含有爆炸物质或物品的货物混合装载。

3. 包件与普通货物的装载要求

(1)除非另有规定,危险货物不能与含有食品、药品、动物饲料及其添加剂的货物混装在同一车辆或集装箱中。

(2)除非另有规定,危险货物包件与普通货物装载在同一车辆或集装箱时,应采取下列方式之一进行隔离:

①使用与包件等高的隔离物;

②四周至少保持0.8m的间隔。

4. 运输量限制

(1)JT/T 617.3—2018表A.1中第(18)列所列运输特殊规定中对运输量有特别要求的危险货物,每个运输单元的运输总量应遵守相应的规定。

(2)B、C、D、E或F型的自反应物质,或B、C、D、E或F型的有机过氧化物,每个运输单元的最大重量为20000kg。

5. 操作和堆放

(1)在车辆或集装箱上,应视情况配备紧固和搬运装置:

①含有危险物质的包件或无包装的危险货物应通过紧固带、滑动板条或扣式装置等合适手段进行紧固,防止运输途中货物出现晃动,改变包件朝向或造成损毁;

②危险货物与其他非危险货物混合运输时,应确保所有货物已安全固定,防止危险货物泄漏;

③可以通过衬垫、填充物或支撑物等方式填充空隙,防止货物的移动;

④使用紧固带或绷带时,不要固定过紧,以防造成包件的变形和损毁。

(2)除非包件设计为可堆码,否则不应堆码。不同类型包件装载堆码时,应避免包件堆码可能导致的挤压、破损。堆码不同包件应根据需要使用承载装置,以防下层包件受损。

(3)装卸过程中,应采取保护措施防止装有危险货物的包件受损。

(4)装载、堆放和卸载集装箱、罐式集装箱、可移动罐柜应遵守相关规定。

(5)车组成员不可打开装有危险货物的包件。

6. 卸载后的清洗

(1)装有危险货物的车辆或集装箱卸载后,若发现有危险货物遗洒,应及时对其进行清洗,方可再次装载。如果不可能在卸载点清洗,车辆或集装箱应被安全运输到最近的合适地点进行清洗。应采取适当措施保证其安全运输,防止发生更大的遗洒或泄漏。

(2)散装运输的危险货物车辆或集装箱,在再次装载前应正确清洗,除非要装载货物与前次的危险货物相同。

7. 禁止吸烟

装卸过程中,禁止在车辆或集装箱附近和内部吸烟,以及使用电子香烟等其他类似产品。

8. 预防静电

在装卸可燃性气体,或闪点不超过60℃的液体,或包装类别为Ⅱ的UN 1361,应在装卸作业前将车辆底盘、可移动罐柜或罐式集装箱进行接地连接,并要限定充装流速。

三、运输条件及作业要求

JT/T 617.7—2018 规定了危险货物道路运输的运输装备条件、人员条件及运输作业要求。

(一)运输装备条件

1. 运输单元

应使用载货汽车(半挂牵引车除外)或半挂牵引车与半挂车组成的汽车列车作为载运危险货物的运输单元。

2. 标志牌和标记

危险货物运输单元应按 JT/T 617.5—2018 中第7章要求粘贴或悬挂菱形标志牌、矩形标志牌和标记。

3. 灭火器具

(1)运输单元运载危险货物时,应随车携带便携式灭火器。灭火器应适用于扑救《火灾分类》(GB/T 4968)规定的A、B、C三类火灾。

(2)便携式灭火器的数量及容量应符合表10-1的规定。运输剧毒和爆炸品的车辆灭火器数量要求应符合《道路运输爆炸品和剧毒化学品车辆安全技术条件》(GB 20300)的规定。

运输单元应携带的便携式灭火器数量及容量要求 表10-1

运输单元最大总质量 M(t)	灭火器配置最小数量(个)	适用于发动机或驾驶室的灭火器		额外灭火器	
		最小数量(个)	最小容量(kg)	最小数量(个)	最小容量(kg)
$M \leqslant 3.5$	2	1	1	1	2
$3.5 < M \leqslant 7.5$	2	1	1	1	4
$M > 7.5$	3	1	1	2	4

注:容量是指干粉灭火剂(或其他同等效用的适用灭火剂)的容量。

(3)符合JT/T 617.1—2018中5.1规定的运输单元,应配备至少1个最小容量为2kg干粉灭火器(或其他同等效用的适用灭火器)。

(4)便携式灭火器应满足有关车用便携式灭火器的规定。如果车辆已装备可用于扑灭发动机起火的固定式灭火器,则其所携带的便携式灭火器无须适用于扑灭发动机起火。

(5)便携式灭火器应在检验合格有效期内。

(6)灭火器应放置于运输单元中易于被车组人员拿取的地方。

4. 用于个人防护的装备

(1)应根据所运载的危险货物标志式样(包括包件标志、车辆或集装箱标志牌)选择个人防护装备。危险货物标志式样应符合 JT/T 617.5—2018 的规定。

(2)运输单元应配备以下装备:

每辆车需携带与最大允许总质量和车轮尺寸相匹配的轮挡、一个三角警示牌、眼部冲洗液(第 1 类和第 2 类除外)。

(3)运输单元应为每名车组人员配备以下装备:

反光背心;防爆的(非金属外表面,不产生火花)便携式照明设备;合适的防护性手套;眼部防护装备(如护目镜)。

(4)特定类别危险货物还应包括以下附加装备:

对于危险货物危险标志式样为 2.3 项或 6.1 项,每位车组人员随车携带一个应急逃生面具,逃生面具的功能需与所装载化学品相匹配(如具备气体或粉尘过滤功能);对于危险货物危险标志式样为第 3 类、4.1 项、4.3 项、第 8 类或第 9 类固体或液体的危险货物,配备:一把铲子(对具有第 3 类、4.1 项、4.3 项危险性的货物,铲子应具备防爆功能);一个下水道口封堵器具,如堵漏垫、堵漏袋等。

(二)人员条件

1. 驾驶员培训要求

(1)驾驶员上岗前应经过危险货物运输基本知识培训,掌握必需的知识和技能,并通过考核。

(2)罐式车辆驾驶员还应至少接受罐体运输专业知识培训。

(3)运载第 1 类或第 7 类危险货物的车辆驾驶员还应分别接受相应的专业知识培训。

2. 驾驶员培训内容

基本知识培训应至少包含以下内容:

危险货物运输有关的法律法规;主要危险特性;危险废物转移过程中环境保护的有关要求;针对不同类型的危险货物所应采取的相关预防和安全措施;事故发生后要采取的应急处置措施(急救、安全防护设备使用的基本知识,危险货物道路运输安全卡所规定的要求等);标记、标志、菱形标志牌和矩形标志牌等的含义和使用要求;道路通行限制要求;危险货物运输过程中,允许和禁止驾驶员操作的事项;车辆相关设备的用途和使用方法;在同一辆车或集装箱中混合装载的禁止性条款;装卸危险货物时的注意事项;包件的堆放要求;安全驾驶规范;安全意识。

(三)运输作业要求

1. 携带单据和证件

(1)应随车携带以下单据和证件:

道路运输证、危险货物运单;危险货物道路运输安全卡;危险货物道路运输车组成员从业资格证;法规标准规定的其他单据。

(2)危险货物道路运输安全卡应放置在车辆中易于取得的地方。

2. 车组人员要求

(1)禁止搭乘无关人员。

(2)车组人员应会使用灭火装置。

(3)非紧急情况下,车组人员不应打开含有危险货物的包件。

(4)应使用防爆的(非金属外表面,不产生火花)便携式照明装置。

(5)装卸作业时,车辆附近和车内禁止吸烟和使用明火,包括电子香烟及其他类似产品。

(6)装卸过程中应关闭发动机,国家有关标准规范中允许装卸过程中启动发动机或其他设备的除外。

(7)运载危险货物的运输单元停车时,应使用驻车制动装置。挂车应使用至少两个轮挡限制其移动。

3. 车辆停放要求

根据 JT/T 617.3—2018 表 A.1 第(19)列的规定,当危险货物适用于附录 A 中 S1d)、S14 ~ S24 特殊规定时,危险货物车辆停车时应受到监护。应按以下优先顺序选择危险货物车辆停车场所:

(1)未经允许不能进入的公司或工厂的安全场所;

(2)有停车管理人员看管的停车场,驾驶员应告知停车管理人员其去向和联系方式;

(3)其他公共或私人停车场,但车辆和危险货物不应对其他车辆和人员构成危害;

(4)一般不会有人经过或聚集的、与公路和民房隔离的开阔地带。

4. 道路通行要求

(1)危险货物运输车辆应遵守国家和行业对道路通行限制的要求。

(2)隧道类别说明和隧道通行限制代码参见附录 B。如果某个隧道入口处贴有附录 B 所示的隧道类别代码,承运人应根据 JT/T 617.3—2018 表 A.1 道路运输危险货物一览表第(15)列的规定,判断该隧道是否允许所运输的危险货物通行。

5. 运输作业特殊规定

JT/T 617.3—2018 表 A.1 第(19)列列出了运输某些危险货物的特殊规定,其含义见附录 A。特殊规定的要求优先于第 4、5、6 章的要求。

6. 国际多式联运相关要求

JT/T 617.1—2018 中 6.1 规定,当道路运输作为国际海运或空运的多式联运的一个环节时,如果运输危险货物的包件、集装箱、可移动罐柜和罐式集装箱符合《国际海运危险货物规则》或《危险品航空安全运输技术细则》相关要求,但不能满足本部分及 JT/T 617.2 ~ 617.7 中有关包装、混合包装、标记、标志、菱形标志牌和矩形标志牌等要求,可按照《国际海运危险货物规则》或《危险品航空安全运输技术细则》相关要求进行道路运输,运输车辆应按照 JT/T 617.5—2018 中 7.2 的要求悬挂矩形标志牌。

JT/T 617.1—2018 中的 6.2 规定,在道路运输与海运或航空运输接驳时,JT/T 617.3—2018 的第 6 章和 JT/T 617.5—2018 的 8.2、8.3 中要求提供的信息可由符合《国际海运危险货物规则》或《危险品航空运输技术细则》要求的运输文件或信息替代。

第二节　危险货物车辆标志

《道路运输危险货物车辆标志》(GB 13392—2023)规定了道路运输危险货物车辆标志的分类、外观与尺寸,技术要求,试验方法,检验规则,标志、包装和运输,以及产品悬挂要求和使用中的维护。

一、分类

道路运输危险货物车辆标志分为标志牌、标记两种。标志牌包含矩形标志牌和菱形标志牌两类,标记包括危害环境物质标记和高温物质标记两类。

二、外观与尺寸

(一)矩形标志牌

(1)矩形标志牌按尺寸大小分为标准版和缩小版,形状及符号应符合下列要求:

① 4 个边应有边缘线;

②标准版标志牌应在垂直方向二分之一处,以与边缘线等宽的水平线将矩形标志牌分为上、下两部分。上部分为危险性识别号或空白,危险性识别号应按 JT/T 617.5 确定;下部分为 UN 编号或空白,UN 编号应按 JT/T 617.3 确定;

③缩小版标志牌仅显示 UN 编号;

④矩形标志牌底色应为橙色,数字、字母字体应为黑体、位置居中,边缘线和数字、字母颜色应为黑色;

⑤顶部有两个安装孔,可只标画位置,不打孔。

(2)尺寸和厚度应符合图 10-1 的要求。如果车辆外廓尺寸和结构没有足够的面积,矩形标志牌可缩小至缩小版尺寸。除插槽式矩形标志牌外,其余类型矩形标志牌允许的尺寸浮动范围为 ±10%。矩形标志牌图例见图 10-1。

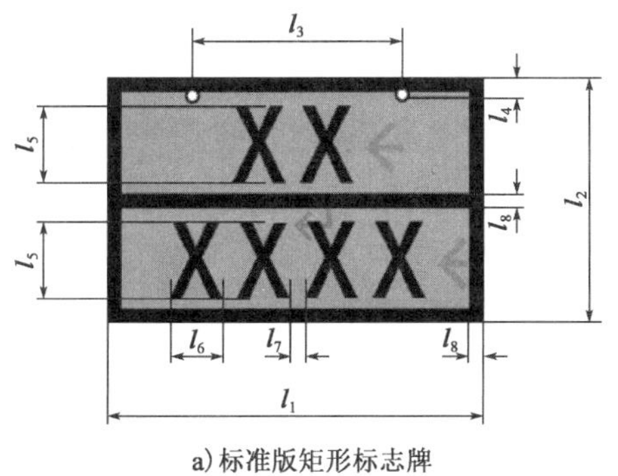

a)标准版矩形标志牌

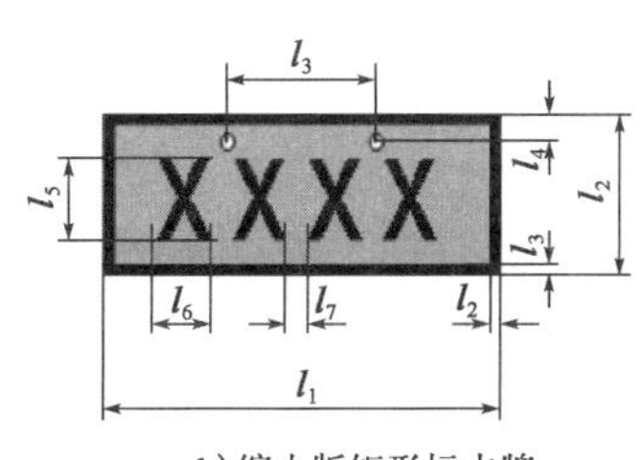

b)缩小版矩形标志牌

图　10-1

类型	l_1	l_2	l_3	l_4	l_5	l_6	l_7	l_8	厚度
PA_1	400	300	200	20	100	65	15	15	≥1.25
PA_2	300	120	150	20	65	50	15	10	≥1.25

注:PA_1 为标准版,PA_2 为缩小版。

图 10-1 矩形标志牌

l_1-矩形标志牌长;l_2-矩形标志牌高;l_3-两圆孔中心间距离,圆孔半为 5mm;l_4-圆孔中心至标志牌上边缘距离;l_5-字体上边缘至下边缘距离;l_6-字体左边缘至右边缘距离;l_7-字体间距离;l_8-字体线条、边缘线和水平线宽度

(二)菱形标志牌

(1)菱形标志牌按尺寸大小分为标准版和缩小版,形状及符号应符合下列要求:

①形状为菱形,4 个内角为直角,内有一条边缘内侧线;外侧边缘虚线根据《道路运输危险货物车辆标志》附录 A 中图形要求,若有则显示;

②标志图形及颜色符合《危险货物包装标志》(GB 190)的规定。

(2)边长和厚度应符合图 10-2 的要求。如果车辆外廓尺寸较大、悬挂位置允许,菱形标志牌尺寸可适当放大,但所有要素均应与图例比例一致;对于容量不超过 $3m^3$ 的罐体以及小型集装箱,菱形标志牌可缩小至缩小版尺寸。菱形标志牌图例见图 10-2。

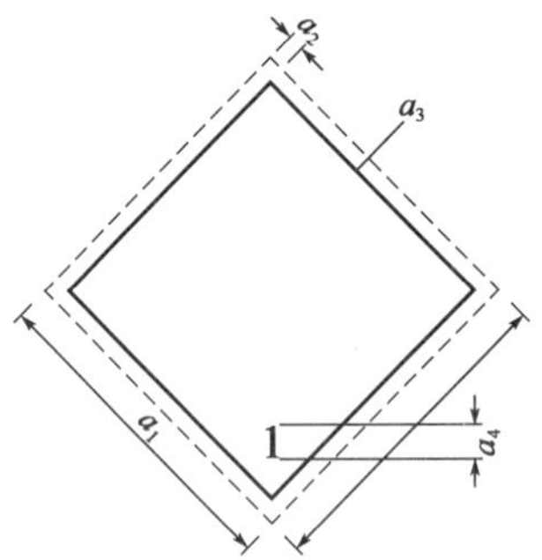

类型	代号	a_1	a_2	a_3	a_4	厚度(mm)
PB_1	PB_1-n	≥250	≥12.5	≥5	≥25	≥1.25
PB_2	PB_2-n	100	5	2	—	≥1.25

注:1. PB_1 为标准版,PB_2 为缩小版;

2. 代号中的"n"为数字 01 ~ 22,与《危险货物包装标志》(GB 190)中标志图相对应。

图 10-2 菱形标志牌(第 7 类除外)

a_1-菱形标志牌边长;a_2-内外侧边缘线间距离;a_3-内外侧边缘线线条宽度;a_4-底部数字高度

(三)危害环境物质标记

(1)危害环境物质标记形状为菱形,4 个内角为直角。标记图形及颜色应符合《危险货物包装标志》(GB 190)的规定。

(2)尺寸和厚度应符合图 10-3 的要求。如车辆外廓尺寸较大、悬挂位置允许,标记尺寸可适当放大,但所有要素均应与图例比例一致。危害环境物质标记图例见图 10-3。

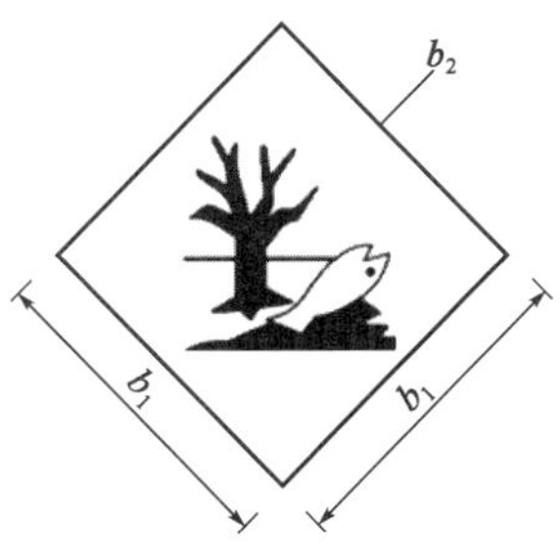

类型	b_1	b_2	厚度(mm)
PC	≥250	≥5	≥1.25

图 10-3　危害环境物质标记

b_1-标记边长;b_2-边缘线线条宽度

(四)高温物质标记

(1)高温物质标记形状为等边三角形,3 个边有实线条,3 个角导圆角。标记图形及颜色应符合《危险货物包装标志》(GB 190)的规定。

(2)尺寸和厚度应符合图 10-4 的要求。如车辆外廓尺寸较大、悬挂位置允许,标记尺寸可适当放大,所有要素均应与图例比例一致。高温物质标记图例见图 10-4。

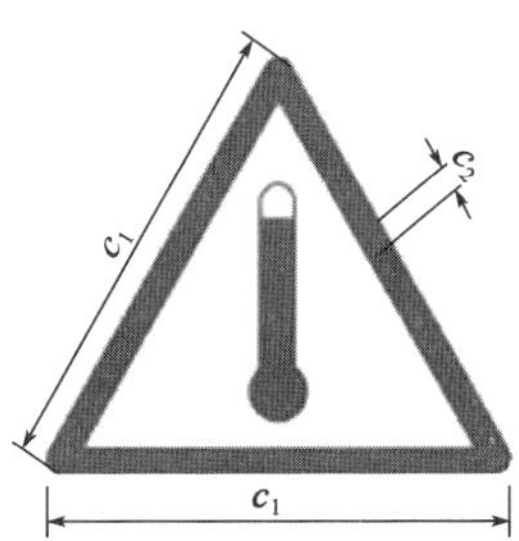

类型	c_1	c_2	厚度(mm)
PD	≥250	≥5	≥1.25

图 10-4　高温物质标记

c_1-标记边长;c_2-边缘线线条宽度

第十一章 放射性物品安全运输规程

第一节 放射性物品安全运输规程简介

一、概述

2019 年 2 月 15 日中华人民共和国生态环境部和国家市场监督管理总局联合发布了《放射性物品安全运输规程》(GB 11806—2019),同年 4 月 1 日正式实施,包括范围、规范性引用文件、术语和定义、一般要求、限值、放射性物品的要求、包装和货包的要求、运输要求及需要审批的事项等 9 部分内容,具体要求如下:

(1)常规运输条件、正常运输条件和运输事故条件下放射性物品运输安全要求,适用和不适用的运输条件。

(2)引用的文件列表及版本适用。

(3)放射性物品运输的术语和定义。

(4)一般要求,包括辐射防护、应急响应、质量保证、遵章保证、特殊安排、不符合项和培训。

(5)限值,包括放射性核素基本值、放射性核素基本值的确定、辐射水平限值、表面污染水平限值和运输指数和临界安全指数限值。

(6)放射性物品的要求,包括低比活度物品、表面污染物体、特殊形式放射性物品、低弥散放射性物品、例外易裂变材料和六氟化铀。

(7)包装和货包的要求,包括货包分类、对所有包装和货包的一般要求、IP-3 型、A 型、B 型和 C 型货包的通用要求、空运货包的附加要求、工业货包的附加要求、六氟化铀货包的附加要求、B(U)型货包的附加要求、B(M)型货包的附加要求、C 型货包的附加要求和易裂变材料货包的附加要求。

(8)运输要求,包括放射性物品品名和联合国编号、货包装运前的要求、运输指数、临界安全指数的确定、运输和中途贮存的要求、货包和集合包装分级、标记、标志和标牌、托运人的职责、承运人保留和取得运输文件、海关作业和无法交付的托运货物。

(9)需要审批的事项,包括概述、设计的审批事项、运输活动的审批事项。

二、适用范围

放射性物品安全运输规程规定了常规运输条件、正常运输条件和运输事故条件下放射性物品运输安全要求,运输要求包括包装的设计、制造和维护,也包括货包的准备、托运、装载、运载(包括中途贮存)以及货包最终抵达地的接收和卸载。

本标准适用于放射性物品(包括伴随使用的放射性物质)的陆地、水上和空中任何方式的运输。本标准不适用于:

(1)已成为运输手段组成部分的放射性物质;

(2)在单位内部进行不涉及公用道路或铁路的放射性物品运输,即厂内运输;

(3)为了诊断或治疗,已植入或注入人体或活的动物体内的放射性物质;

(4)由于意外或故意摄入放射性物质或受到放射性污染而被送医的人员,其体内或体外存在的放射性物质;

(5)已获得有关政府部门的批准并已销售给最终用户的消费品中的放射性物质;

(6)已加工过的含天然放射性核素的天然物质和矿石,且这类物质的活度浓度不超过本标准相关限值规定的豁免值的10倍;对于含有未处于长期平衡态的天然放射性核素的天然物质和矿石,应按照相关公式计算其放射性活度浓度;

(7)任何表面带有放射性物质但数量均不超过本标准3.13规定的表面污染水平的非放射性固体物体。

当运输的放射性物品具有附加风险,或与其他危险货物一起装运时,还应遵守危险货物运输的有关规定。

第二节　放射性物品安全运输的一般要求和限值

一、一般要求

(一)辐射防护

(1)人员所受剂量应低于《电离辐射防护与辐射源安全基本标准》(GB 18871)规定的剂量限值。防护应是最优化的,即在考虑了经济和社会因素之后,在个人所受剂量低于剂量约束值的条件下,个人剂量的大小、受照射人数以及引起照射的可能性保持在可合理达到的尽量低的水平。应从组织结构和系统上采取措施,并考虑运输与其他活动之间的关系。

(2)托运人应制定辐射防护大纲。该大纲拟采取的措施应与辐射照射的大小和受照可能性相适应。

(3)对运输活动产生的职业照射:

①一年中有效剂量始终不可能超过1mSv时,不必采用特殊的工作方式,也不必细致监测、制定剂量评定计划和保存个人记录;

②当一年中有效剂量预计可能处于1~6mSv之间时,应尽可能进行个人剂量监测。应对这类人员的职业受照情况进行评价,这种评价应以个人监测或工作场所监测的结果为基础;

③当一年中有效剂量预计可能超过6mSv时,应进行个人剂量监测和评价。在进行个人监测或工作场所监测时,应保存相关的记录。

(二)应急响应

(1)一旦在运输放射性物品期间发生事故或小事件时,应遵守我国有关规定,需要时启动响应程序,采取必要的应急措施保护人员、财产和环境。

(2)应急程序应考虑发生事故时,因托运货物的内容物与环境之间的反应而产生的其他危险物质。

(三)质量保证

应为各种特殊形式放射性物品、低弥散放射性物品和货包等的设计、制造、试验、文件编制、使用、维护和检查以及为运输作业和中途贮存作业制定质量保证大纲并有效实施,以保证其符合本标准的相关要求。应向有关政府部门呈交用于说明设计规范已完全得以实施的证明。制造者、托运人和使用者均应在制造和使用过程中为有关政府部门的检查提供方便,并向有关政府部门证实:

(1)所有制造方法和材料均符合已批准的设计规范;

(2)所有包装均定期进行检查,并在必要时进行维修和维护,以保持良好状态,使其即使在重复使用之后仍能符合所有的相关要求和规范。

(四)遵章保证

主管部门应安排开展由放射性物品运输引起的人员辐射剂量定期评估工作,以保证防护与安全系统符合《电离辐射防护与辐射源安全基本标准》(GB 18871)的要求。

(五)特殊安排

不得运输不符合本标准规定的托运货物,特殊安排除外。当有关政府部门确信本标准中除了特殊安排之外的某些规定是难以遵守的,但通过替代措施可满足本标准的要求时,有关政府部门可以按特殊安排批准单件托运货物或计划内的一系列多件托运货物的运输作业。特殊安排运输的总体安全水平至少应相当于在所有适用要求均得以满足时所具有的总体安全水平。对于这类托运货物的国际运输,必须经多方批准。

(六)不符合项

如果发生辐射水平或者污染水平不满足本标准有关限值的情况时:

(1)应酌情向托运人、收货人、承运人和运输期间可能受影响的组织通报有关不符合情况:

①若在运输期间发现不符合情况时,应由承运人通报;

②若在接收时发现不符合情况时,应由收货人通报。

(2)承运人、托运人或者收货人应当:

①立即采取措施,减轻不符合情况产生的后果;

②调查不符合情况的原因、状况和后果;

③采取适当行动查找原因,补救导致出现不符合情况的状况,防止再次出现导致不符合情况的状况;

④将导致有关不符合情况的原因和已经采取的或者将要采取的纠正或者预防行动通知有关政府部门。

(3)无论应急照射情况已经发生还是正在发生,应将不符合情况尽快通知托运人和有关政府部门。

（七）培训

（1）工作人员应接受可能遭受的辐射危害以及拟采取的防护措施等方面有关知识的培训，以确保限制工作人员的职业照射和可能受其运输活动影响的其他人员的辐射照射量。

（2）从事放射性物品运输的人员应当接受本标准中与其职责相称的内容的培训。

（3）从事放射性物品分类、包装、作标记、贴标签的人员，准备放射性物品运输文件的人员，提供或接收需要运输的放射性物品的人员，在运输中搬运或操作放射性物品的人员，为放射性物品货包作标记或者贴标牌的人员，将放射性物品货包装入或者卸出运输车辆、散货包装或者货物集装箱等的人员，以及有关政府部门确定的直接参与放射性物品运输的其他人员，应当接受本规程规定的相关培训。

二、限值

（一）放射性核素基本值

放射性核素限值表给出了单个放射性核素的下述基本值：

（1）A_1 和 A_2（单位：TBq）；

（2）豁免物品的活度浓度限值（单位：Bq/g）；

（3）豁免托运货物的放射性活度限值（单位：Bq）。

（二）放射性核素基本值的确定

（1）放射性核素限值表中未列出的放射性核素基本值的确定应经有关部门批准，若涉及国际运输，应经多方批准。对于这些放射性核素，应按照《电离辐射防护与辐射源安全基本标准》（GB 18871）的要求确定豁免物品的活度浓度和豁免托运货物的放射性活度限值。若考虑在正常运输条件和运输事故条件下每种放射性核素的化学形态，则按照国际放射防护委员会的建议，允许使用适当肺部吸收类型的剂量转换系数计算的 A_2 值。

（2）对于仪器或制品中的单个放射性核素，如果放射性物质被封装在符合"装有由天然铀、贫化铀或天然钍制成的物品"规定的仪器或制品中，或作为该仪器或其他制成品的一个组成部分，放射性核素限值表豁免托运货物的放射性活度允许使用替代的放射性核素基本值，但应经有关政府部门批准，若涉及国际运输，应经多方批准。

（三）辐射水平限值

（1）货包或集合包装的外表面上任一点的最高辐射水平应不超过 2mSv/h，满足下列任何一项情况除外：

①按独家使用方式通过铁路或公路运输的货包或集合包装，在满足下述条件时可超过 2mSv/h，但不可超过 10mSv/h：

a. 车辆采取实体防护措施防止未经批准的人员在常规运输条件下接近托运货物；

b. 对货包或集合包装采取了固定措施，在常规运输条件下它们在车辆内的位置能够保持不变；

c. 运输期间,无任何装载或卸载作业。

②使用船舶运输的货包或集合包装,按独家使用方式装载在车辆内或车辆上,且始终不从车辆上卸下;

③按特殊安排方式使用船舶或航空运输的货包或集合包装。

(2)按独家使用方式运输,货包或集合包装的外表面上任一点的最高辐射水平应不超过10mSv/h。

(四)表面污染水平限值

应使任何货包外表面的非固定污染保持在实际可行的尽量低的水平上,在常规运输条件下,这种污染不得超过下述限值:

(1)对 β 和 γ 发射体以及低毒性 α 发射体为 $4Bq/cm^2$;

(2)对所有其他 α 发射体为 $0.4Bq/cm^2$。可以用在表面的任意部位任何 $300cm^2$ 面积上取的非固定污染平均值来判断是否符合这一要求。

(五)运输指数和临界安全指数限值

任何货包或集合包装的运输指数应不超过 10,任何货包或集合包装的临界安全指数应不超过 50,按独家使用方式运输的托运货物除外。

三、放射性物品的要求

(一)低比活度物品

(1)低比活度物品分为三类:Ⅰ类低比活度物品(LSA-Ⅰ)、Ⅱ类低比活度物品(LSA-Ⅱ)和Ⅲ类低比活度物品(LSA-Ⅲ)。

(2)应限制低比活度物品的单个货包中的放射性内容物,以使距无屏蔽的低比活度物品3m 处的辐射水平不超过 10mSv/h,还应限制单个货包中的放射性活度,以使运输工具中的总放射性活度不超过表 11-2-1 中所示的限值。

(3)装有不燃固体Ⅱ类低比活度物品(LSA-Ⅱ)或Ⅲ类低比活度物品(LSA-Ⅲ)的单个货包,空运时,其放射性活度不应大于 $3000A_2$。

(4)LSA-Ⅲ物品应是具有这样一种性质的固体,即若货包的全部内容物经受了"Ⅲ类低比活度物品(LSA-Ⅲ)和低弥散放射性物品的浸出试验"所规定的试验,水中的放射性活度不超过 $0.1A_2$。

(二)表面污染物体

(1)表面污染物体分为两类:Ⅰ类表面污染物体(SCO-Ⅰ)和Ⅱ类表面污染物体(SCO-Ⅱ)。

(2)应限制表面污染物体的单个货包中的放射性内容物,以使距无屏蔽的表面污染物体3m 处的辐射水平不超过 10mSv/h;还应限制单个货包中的放射性活度,以使运输工具中的总放射性活度不超过表 11-1 中所示的限值。

工业货包内的或无包装的 LSA 物品和 SCO 用的运输工具放射性活度限值　表 11-1

放射性物品的类别	运输工具(内河航道用运输工具除外)的放射性活度限值	内河船舶的船舱或隔舱的放射性活度限值
LSA-Ⅰ	无限值	无限值
LSA-Ⅱ和 LSA-Ⅲ不可燃性固体	无限值	$100A_2$
LSA-Ⅱ和 LSA-Ⅲ可燃性固体及各种液体和气体	$100A_2$	$10A_2$
SCO	$100A_2$	$10A_2$

(三)特殊形式放射性物品

(1)特殊形式放射性物品至少应有一维尺寸大于 5mm。

(2)特殊形式放射性物品应具有这样一种性质,或应是这样设计的,即其经受了“特殊形式放射性物品的试验”所规定的试验时,应满足相关要求。

(3)当密封件成为特殊形式放射性物品的组成部分时,应把这种密封件制成仅在将其毁坏时才可被打开。

(四)低弥散放射性物品

(1)低弥散放射性物品应进行如下试验:含有或模拟低弥散放射性物品的试样应经受强化耐热试验和撞击试验。每种试验可以采用不同的试样,在每次试验后,试样应经受“低比活度(LSA-Ⅲ)物品和低弥散放射性物品的浸出试验”规定的浸出试验。

(2)装入货包的低弥散放射性物品的总量应满足下述要求:

①距无屏蔽的放射性物品 3m 处的辐射水平不超过 10mSv/h。

②在经受“强化耐热试验”和“撞击试验”时,气态的和空气动力学等效直径不大于 100μm 的微粒形态的气载放射性排放不超过 $100A_2$。每种试验可用不同的试样。

③在经受“Ⅲ类低比活度物品(LSA-Ⅲ)和低弥散放射性物品的浸出试验”时,水中的放射性活度不超过 $100A_2$。应用这种试验时,应考虑上述②规定试验的损伤效应。

(五)例外易裂变材料

如满足下列条件之一的材料,则为例外易裂变材料。例外易裂变材料货包最小外部尺寸不得小于 10cm,允许无包装的除外。每批托运货物只允许适用下述条款中的一项规定来确定为例外易裂变材料。

(1)铀-235 富集度最高为 1%(质量)的铀,钚和铀-233 的总含量不超过铀-235 质量的 1%,并且易裂变核素基本上均匀分布于该物品内。若铀-235 以金属、氧化物或碳化物形态存在,则不得形成栅格排列。

(2)铀-235 富集度最高为 2%(质量)的硝酸铀酰水溶液,钚和铀-233 的总含量不超过铀-235 质量的 0.002%,最小的氮铀原子比为 2。

(3)按铀-235 质量计,铀富集度最高为 5%,每个货包中铀-235 不超过 3.5g;每个货包中钚和铀-233 的总含量不超过铀-235 质量的 1%。每批托运货物中易裂变核素不超过 45g。

(4)每个货包中易裂变核素总质量不超过 2.0g。每批托运货物中易裂变核素不超过 15g。

(5)按独家使用方式运输的有包装或无包装的易裂变核素总质量不超过 45g 的易裂变材料。

(六)六氟化铀

(1)六氟化铀应分配下述其中一种联合国编号:

①UN 2977,放射性物品六氟化铀,易裂变的;

②UN 2978,放射性物品六氟化铀,非易裂变的或例外易裂变的;

③UN 3507,六氟化铀,放射性物品,例外货包,每个货包装载的六氟化铀小于 0.1kg,非易裂变的或例外易裂变的。

(2)六氟化铀货包内容物应符合下列要求:

①六氟化铀的质量应符合货包设计所允许的量;

②在工厂工艺系统接入货包时,当货包处于所规定的最高温度下货包中六氟化铀的装载量不得使货包容积的剩余空腔小于货包总容积的 5%;

③在交付运输时,六氟化铀应呈固态且内部压力不得超过大气压。

第三节 放射性物品的包装、货包和运输要求

一、包装和货包的要求

(一)货包分类

根据放射性内容物的特性、活度水平、比活度和运输方式对货包进行分类。具体分为:例外货包、工业货包、A 型货包、B(U)型货包、B(M)型货包、C 型货包。此外,还有易裂变材料货包和六氟化铀货包。各类货包内容物及相关限值应满足以下要求。

(1)货包满足下列条件之一的,可归类为例外货包:

①盛装过放射性物品的空货包;

②装有不超过表 11-2 列明的放射性活度限值的仪器或制品;

③装有由天然铀、贫化铀或天然钍制成的物品;

④装有不超过表 11-2 列明的放射性活度限值的放射性物品;

⑤装有不超过表 11-2 第 4 栏列明放射性活度限值且少于 0.1kg 的六氟化铀。

例外货包的放射性活度限值 表 11-2

内容物的物理状态	仪器或制品		放射性物品
	物项限值	货包限值	货包限值
固态:			
特殊形式	$10^{-2}A_1$	A_1	$10^{-3}A_1$
其他形式	$10^{-2}A_2$	A_2	$10^{-3}A_2$

续上表

内容物的物理状态	仪器或制品		放射性物品
	物项限值	货包限值	货包限值
液态	$10^{-3}A_2$	$10^{-1}A_2$	$10^{-4}A_2$
气态： 氚 特殊形式 其他形式	 $2\times10^{-2}A_2$ $10^{-3}A_1$ $10^{-3}A_2$	 $2\times10^{-1}A_2$ $10^{-2}A_1$ $10^{-2}A_2$	 $2\times10^{-2}A_2$ $10^{-3}A_1$ $10^{-3}A_2$

(2)工业货包进一步分为1型工业货包(IP-1)、2型工业货包(IP-2)和3型工业货包(IP-3)。

(3)A型货包满足下列条件，盛放放射性物品的货包可被归类为A型货包。

A型货包内的放射性活度不大于：

①A_1(对特殊形式放射性物品)；

②A_2(对所有其他放射性物品)。

(4)B(U)型、B(M)型或C型货包。

①B(U)型、B(M)型和C型货包应按照原设计国颁发的货包批准文件进行分类。

②B(U)型、B(M)型或C型货包的内容物应符合批准文件中的规定。

③B(U)型和B(M)型货包在空运时，还应满足所含放射性活度限值要求：

a. 对于低弥散放射性物品：批准文件规定的货包设计所允许的值；

b. 对于特殊形式放射性物品：$3000A_1$ 或 $105A_2$，取两者中的较低值；

c. 对于所有其他放射性物品：$3000A_2$。

(二)对所有包装和货包的一般要求

(1)在货包设计时，应考虑其质量、体积和形状，并便于固定在运输工具内或运输工具上，以便安全地运输。

(2)货包最小的外部尺寸不得小于10cm(例外货包除外)。

(3)在货包设计时，应确保货包上的提升附加装置按预期的方式使用时不会失效，即使在提吊附加装置失效时，也不会削弱货包满足本标准其他要求的能力。设计时还应考虑相应的安全系数，以适应突然起吊情况。

(4)货包外表面上的可能被误用于提吊货包的附加装置和其他任何部件，应依据相关要求设计成能够承受货包的重量，或应将其设计成是可拆卸的，或使其在运输期间不能被使用。

(5)应尽实际可能把包装设计和加工成其外表面无凸出部分并易于去污，且可防止集水和积水。

(6)运输期间附加在货包上的但不属于货包组成部分的任何部件均不得降低货包的安全性。

(7)货包应能经受在常规运输条件下可能产生的任何加速度、振动或共振的影响，并且无损于容器上的各种密闭器件的有效性或货包完好性。尤其应把螺母、螺栓和其他紧固器件设计成即使经多次使用后也不会意外地松动或脱落。

(8)货包的设计应考虑影响其寿命的老化机理和老化效应。

(9)包装和任何部件或构件的材料在物理和化学性质上均应彼此相容,并且应与放射性内容物相容、应考虑这些材料在辐照下的行为。

(10)有可能引起泄漏放射性内容物的所有阀门应具有防止其被擅自操作的保护措施。

(11)货包的设计应考虑在常规运输条件下有可能遇到的环境温度和压力。

(12)货包的设计应提供足够的屏蔽,以确保在常规运输条件下,货包在装载最大设计装载量的放射性内容物时,货包外表面任一点处的辐射水平不超过各类货包的规定限值。

(13)对于具有其他危险性质的放射性物品,货包设计应考虑相应的危险性质,如爆炸性、易燃性、自燃性、化学毒性和腐蚀性等。

(三)IP-3 型、A 型、B 型和 C 型货包的通用要求

(1)货包的外部应具有类似铅封之类的部件。该部件应不易损坏,由其完好无损即可证明货包未曾打开过。

(2)应把货包上的任何栓系附件设计成在正常运输条件和运输事故条件下其受力均不会降低该货包满足本标准要求的能力。

(3)货包设计应考虑包装各部件的温度范围:-40 ~ +70℃。应注意液体的凝固温度,以及在此给定温度范围内包装材料性能可能下降的情况。

(4)设计和制造工艺均应符合相关标准要求。

(5)容器设计的包容系统应该是可靠的紧固方式,能防止意外被打开或由于内部产生的压力打开。

(6)可把特殊形式放射性物品视为包容系统的一个组成部分。

(7)若包容系统构成货包的一个独立单元,则它应能被一种可靠紧固件牢固地紧闭。该器件应独立于包装的其他构件。

(8)包容系统任何组件的设计,在必要时应考虑液体和其他易损物品的辐射分解,以及由化学反应和辐射分解所产生的气体。

(9)在环境压力降至 60kPa 的情况下,包容系统应仍能保持其放射性内容物不泄漏。

(10)除减压阀以外,所有阀门均应配备密封罩,以包封通过阀门的任何泄漏物。

(11)应把规定作为包容系统一部分的货包某一部件的辐射屏蔽层设计成能防止该部件意外地与屏蔽层脱离。在辐射屏蔽层与其包容的部件构成一个独立单元时,应能使用一种独立于包装其他构件的可靠紧固件将该屏蔽层牢固地紧闭。

(12)对装载液体放射性物品货包的设计,应考虑留出液面上部空间,以适应内容物的温度、动力学效应和充填动态效应方面的变化。

(四)空运货包的附加要求

(1)对于空运的货包,在环境温度为 38℃ 和不考虑暴晒的情况下,其可接近表面的温度不得高于 50℃。

(2)应把拟空运货包设计成即使处于 -40 ~ +55℃ 的环境温度下,也不会有损包容系统的完好性。

(3)空运的装有放射性物品的货包,应具有能经受不小于最大正常工作压力加 95kPa 的

压力差的内压值,且不会发生放射性内容物从包容系统漏失或弥散。

二、运输要求

应按照“放射性物品的要求”和“包装和货包的要求”的规定,为放射性物品分配一个在表11-3中详细指明的联合国编号。

联合国编号、专用货运名称和说明　　表11-3

联合国编号	分配专用货运名称和说明
例外货包	
UN 2908	放射性物品例外货包——运输放射性物品的空包装
UN 2909	放射性物品例外货包——天然铀或贫化铀或天然钍制造的物品
UN 2910	放射性物品例外货包——有限量的放射性物质
UN 2911	放射性物品例外货包——仪器或制品
UN 3507	六氟化铀,放射性物品例外货包,每个货包装载的六氟化铀小于0.1kg,非易裂变的或例外易裂变的
低比活度放射性物品	
UN 2912	Ⅰ类低比活度放射性物品(LSA-Ⅰ),非易裂变的或例外易裂变的
UN 3321	Ⅱ类低比活度放射性物品(LSA-Ⅱ),非易裂变的或例外易裂变的
UN 3322	Ⅲ类低比活度放射性物品(LSA-Ⅲ),非易裂变的或例外易裂变的
UN 3324	Ⅱ类低比活度放射性物品(LSA-Ⅱ),易裂变的
UN 3325	Ⅲ类低比活度放射性物品(LSA-Ⅲ),易裂变的
表面污染物体	
UN 2913	放射性表面污染物体(SCO-Ⅰ或SCO-Ⅱ),非易裂变的或例外易裂变的
UN 3326	放射性表面污染物体(SCO-Ⅰ或SCO-Ⅱ),易裂变的
A型货包	
UN 2915	放射性物品A型货包,非特殊形式的,非易裂变的或例外易裂变的
UN 3327	放射性物品A型货包,易裂变的,非特殊形式的
UN 3332	放射性物品A型货包,特殊形式的,非易裂变的或例外易裂变的
UN 3333	放射性物品A型货包,特殊形式的,易裂变的
B(U)型货包	
UN 2916	放射性物品B(U)型货包,非易裂变的或例外易裂变的
UN 3328	放射性物品B(U)型货包,易裂变的
B(M)型货包	
UN 2917	放射性物品B(M)型货包,非易裂变的或例外易裂变的
UN 3329	放射性物品B(M)型货包,易裂变的
C型货包	
UN 3323	放射性物品C型货包,非易裂变的或例外易裂变的
UN 3330	放射性物品C型货包,易裂变的

续上表

联合国编号	分配专用货运名称和说明
特殊安排	
UN 2919	特殊安排下运输的放射性物品,非易裂变的或例外易裂变的
UN 3331	特殊安排下运输的放射性物品,易裂变的六氟化铀
UN 2977	放射性物品六氟化铀,易裂变的
UN 2978	放射性物品六氟化铀,非易裂变的或例外易裂变的

三、运输指数、临界安全指数的确定

(1)运输指数(TI)的确定。

货包、集合包装或货物集装箱,或无包装的 LSA-Ⅰ和 SCO-Ⅰ的运输指数(TI)应按照下述步骤导出:

①确定距货包、集合包装、货物集装箱或无包装的 LSA-I和 SCO-I的外表面 1m 处的最高辐射水平(以 mSv/h 为单位),运输指数的值应为该值乘以 100。对于铀矿石和钍矿石及其浓缩物,在距装载物的外表面 1m 处的任一点的最高辐射水平可以取:0.4mSv/h 对铀矿石和钍矿石及其物理浓缩物;0.3mSv/h 对钍的化学浓缩物;0.02mSv/h 对铀的化学浓缩物(六氟化铀除外);

②对于罐、货物集装箱、无包装的 LSA-Ⅰ和 SCO-Ⅰ的运输指数,应对①确定的值乘以表 11-4所列的相应系数进行修正;

罐、货物集装箱和无包装 LSA-I 和 SCO-I 的放大系数 表 11-4

装载物尺寸*	放大系数
装载物尺寸≤$1m^2$	1
$1m^2$<装载物尺寸≤$5m^2$	2
$5m^2$<装载物尺寸≤$20m^2$	3
装载物尺寸>$20m^2$	10

注:* 载物所测得的最大截面积。

③按照上述程序①和②计算得到的值应进位至小数点后第一位(例如将 1.13 进到 1.2),只有当计算结果小于或等于 0.05 时才可以认为运输指数为零。

(2)每个集合包装、货物集装箱或运输工具的运输指数应以所装的全部货包的运输指数(TI)之和来确定或直接测量辐射水平。对于非刚性集合包装只能用全部货包的运输指数(TI)之和来确定。

(3)临界安全指数(CSI)的确定。

装有易裂变材料货包的临界安全指数应由 50 除以包装和货包的要求导出的两个 N 值中的较小者得到(即 $CSI=50/N$)。倘若无限多个货包是次临界的(即 N 在这两种情况下实际上均是无限大),临界安全指数值可以为零。

每件集合包装或货物集装箱的临界安全指数应以所装的全部货包的临界安全指数之和来确定。确定一批托运货物或一件运输工具的临界安全指数的总和时应当遵守同样的程序。

四、运输和中途贮存的要求

1. 运输期间和中途贮存期间的隔离

盛装放射性物品的货包、集合包装、货物集装箱和无包装的放射性物质在运输期间和中途贮存期间都应：

(1)与经常处于作业区内的工作人员隔离，确保工作人员所受剂量不超过5mSv/a。计算隔离距离时应使用保守模型和参数。

(2)与公众经常出入的区域内的公众隔离，确保公众所受剂量小于1mSv/a。计算隔离距离时应使用保守模型和参数。

(3)与未显影的照相胶片隔离，确定隔离距离的依据是：每批托运未显影照相胶片在与放射性物品运输期间受到的总辐射照射小于0.1mSv。

(4)按照有关规定，与其他危险货物隔离。

Ⅱ级(黄)或Ⅲ级(黄)货包或集合包装均不应放在旅客乘用的隔舱中运输，批准专门押运这类货包或集合包装的人员所专用的隔舱除外。

2. 运输期间和中途贮存期间的堆放

只要货包或集合包装表面的平均热流密度不超过15W/m^2，且其紧邻的货物不装在袋里或包里，则该货包或集合包装可与有包装的普通货物一起运输或贮存，无须特殊的堆放要求，有关政府部门对堆放规定有专门要求的货包或集合包装除外。

应按下述要求控制货物集装箱的装载及货包、集合包装和货物集装箱的存放：

(1)除独家使用的情况外，应限制单件运输工具上的货包、集合包装和货物集装箱的总数，以使运输工具上的运输指数总和不大于表13-5所示数值，对托运的LSA-Ⅰ物品，不限制其运输指数总和。

非独家使用的货物集装箱和运输工具的运输指数(TI)限值　　表11-5

货物集装箱或运输工具类型	货物集装箱内或运输工具上运输指数总和的限值
小型货物集装箱	50
大型货物集装箱	50
车辆	50
飞机：	
a)客机	50
b)货机	200
内河船舶	50
海船*：	
a)货舱、隔舱或限定的甲板区：	
1)货包、集合包装和小型货物集装箱	50

续上表

货物集装箱或运输工具类型	货物集装箱内或运输工具上运输指数总和的限值
2)大型货物集装箱	200
b)整船:	
1)货包、集合包装、小型货物集装箱	200
2)大型货物集装箱	不限

注:* 依据对按独家使用方式运输的托运货物的要求规定的装在车辆内或车辆上运输的货包或集合包装均可用船舶运输,其前提是这些货包或集合包装在船舶上时,始终不从车辆上卸下。

(2)在常规运输条件下,运输工具外表面上任一点的辐射水平应不超过 2mSv/h,在距运输工具外表面 2m 处的辐射水平应不超过 0.1mSv/h,车辆周围的辐射水平应低于相应限值,按独家使用方式运输的托运货物除外。

(3)货物集装箱内和运输工具上的临界安全指数总和应不超过表 11-3-5 所示限值。

运输指数大于 10 的货包、集合包装或临界安全指数大于 50 的托运货物,应按独家使用方式运输。

五、货包和集合包装分级

货包、集合包装和货物集装箱应按照表 11-6 中规定的条件并按下述要求划分为Ⅰ级(白)、Ⅱ级(黄)或Ⅲ级(黄)。

货包、集合包装和货物集装箱的分级 表 11-6

条件		分级
运输指数(TI)	外表面上任一点的最高辐射水平 H(mSv/h)	
0①	$H \leqslant 0.005$	Ⅰ级(白)
$0 < TI \leqslant 1$①	$0.005 < H \leqslant 0.5$	Ⅱ级(黄)
$1 < TI \leqslant 10$	$0.5 < H \leqslant 2$	Ⅲ级(黄)
$10 \leqslant TI$	$2 < H \leqslant 10$	Ⅲ级(黄)②

注:①若测得的 TI 值不大于 0.05,此数值可取为零。
②除集合包装外,需按独家使用方式运输。

海关作业与检查货包的放射性内容物有关的海关作业,应在具有控制辐射照射适当手段的场所并有资格人员在场的情况下进行。依据海关规程,被启封的任何货包在继续发往收货人之前应恢复其原样。

无法交付的托运货物在托运货物无法交付时,应将托运货物置于安全场所,并按照国家相关规定进行处置。

第十二章

危险货物集装箱港口作业安全管理

第一节 港口危险货物集装箱装卸作业安全要求

《港口作业安全要求　第 3 部分:危险货物集装箱》(GB 16994.3—2021)设置了术语与定义并规定了危险货物集装箱港口作业的总体要求、作业前要求、装卸作业要求、堆存作业要求、拆装箱作业要求、应急要求和作业信息要求。

一、术语与定义

(1)危险货物集装箱港口作业:在港区范围内码头、库、场进行危险货物集装箱装卸、堆存等作业。

(2)直装:危险货物集装箱运进港内直接装船而不在码头或港区堆场存放的作业方式。

(3)直取:危险货物集装箱从船上卸下直接装运出港而不在港区堆场存放的作业方式。

(4)易燃易爆危险货物:包括《危险货物分类和品名编号》(GB 6944—2012)中 1 类爆炸品、2.1 项易燃气体和 2.3 项毒性气体中兼有易燃气体、3 类包装类别Ⅰ和Ⅱ的易燃液体及液态退敏爆炸品、4.1 项包装类Ⅰ的易燃固体和自反应物质及固态退敏爆炸品、4.2 项易自然物质、4.3 项中包装类别Ⅰ的遇水放出易燃气体的物质、5.1 项包装类Ⅰ的氧化物质、5.2 项有机过氧化物。

二、总体要求

(1)从事危险货物集装箱港口作业企业(以下简称"企业")应具有危险货物作业资质,并在资质许可范围内作业。

(2)企业应建立安全生产责任制和安全责任考核机制,并有效实施。

(3)企业应根据本单位装卸、堆存工艺特点和作业危险货物的危险特性,结合安全生产风险辨识、评估的结果,编制操作规程和相关应急预案。

(4)企业应对从业人员开展危险货物集装箱港口作业安全生产教育和培训。从业人员未经安全生产教育和培训合格,未取得国家有关规定的资格证书的,不应上岗。起重机械操作人员应具有至少一年独立操作的从业经历。

(5)危险货物集装箱的港口装卸作业安全技术要求应符合《港口作业安全要求　第 4 部分:普通货物集装箱》(GB 16994.4)的有关规定。危险货物的分类应符合《危险货物分类和品名编号》(GB 6944)的规定。

(6)危险货物集装箱装卸作业应在依法具有从业资格的装卸管理人员的现场指挥或监控下进行。

(7)危险货物集装箱作业过程中,所在码头、堆场不应进行车辆、装卸机械的维修、保养、加油、加气等作业。危险货物集装箱堆存区域不应进行车辆、装卸机械的维修、保养、加油、加气等作业。车辆、装卸机械突发故障无法移动的,故障处理过程中应采取防火花、防静电措施。

(8)易燃易爆危险货物集装箱装卸作业时,装卸作业地点边缘线 50m 内不应有明火。

(9)企业在作业前应按规定将危险货物作业相关信息向主管部门报告。

(10)对有温度控制要求的危险货物集装箱,作业人员应根据作业委托人提供的温度控制相关信息,检查温度变化和连接电源情况,使其在正常的温度范围。

(11)企业应建立出入管理制度,对车辆、人员、危险货物集装箱进出进行登记、资料核对和管理,按照有关规定为车辆装载,超载运输车辆不应出港。

(12)危险货物集装箱堆场等重点区域应设置安全风险公告栏,制作岗位安全风险告知卡,标明主要安全风险、可能引发事故隐患类别、事故后果、管控措施、应急措施及报告方式等内容。非作业人员不应进入危险货物集装箱作业区域。

(13)企业应根据装卸危险货物的危险特性和安全要求,为从业人员配备相应的防护用品,并指导从业人员规范穿戴和使用。

三、作业前要求

(1)企业应告知相关作业人员作业危险货物的性质、危险危害程度、操作规程以及应急措施。

(2)企业应对作业车辆、机械及工属具的安全状况进行检查,发现故障应立即排除。

(3)危险货物集装箱装卸船前,港口作业方应会同船方确认作业的安全状况和应急措施。装船前和卸船后应对危险货物集装箱外观进行检查。检查内容包括但不限于:

①港口作业委托人提供的危险货物信息与所装卸的危险货物集装箱标志、标牌一致;

②集装箱结构无损坏,无洒漏或渗漏现象;

③集装箱箱封无损坏或缺失。

(4)危险货物集装箱堆存作业前,相关作业人员应按照述检查内容,对危险货物集装箱进行检查。

(5)检查发现危险货物集装箱存在异常情况的,应及时采取措施,按规定报有关部门处理。未处理之前,不应装卸或进入危险货物集装箱堆场堆存。

四、装卸作业要求

(一)一般要求

(1)指挥人员在现场指挥装卸作业时,应佩戴明显标志,指挥信号应清晰、准确,不应离开作业现场。

(2)装卸危险货物集装箱时,工属具应按额定负荷降低20%使用。

(3)装卸易燃易爆危险货物集装箱时,不应采用双起吊作业方式。

(4)雷暴发生期间,应停止1类爆炸品危险货物集装箱的装卸作业。

(二)码头前沿作业

(1)舱内作业时,作业舱内环境应符合《防止船舶封闭处所缺氧危险性安全规程》(GB 16993)的要求。

(2)作业人员应根据危险货物的性质、配载要求及船方确认的配载图进行装载。

(3)装卸易燃易爆危险货物集装箱期间,作业船舶不应进行加油、加气、加水(岸上管道加水除外)、接解岸电、污染物接收等作业。

(4)采取直装直取作业方式时,危险货物集装箱运输车辆应被引导。

(三)水平运输作业

(1)危险货物集装箱运输车辆应配备灭火器材,安装专用标志灯和标志牌。易燃易爆危险货物运输车辆应安装导静电橡胶拖地带。《危险货物分类和品名编号》(GB 6944—2012)中1类爆炸品危险货物集装箱运输车辆应安装排气火花熄灭器。

(2)危险货物集装箱运输车辆应遵守企业有关危险货物车辆运行路线、时间及速度等规定,按照交信号通行;遇有现场指挥时,应按照指令通行。非危险货物运输车辆在未设置交通信号的交叉路口遇到危险货物集装箱运输车辆时,应停车让行。

(3)危险货物集装箱运输车辆不应超车、急转弯、急刹车,后车应与前车保持采取紧急制动措施的安全距离。

(4)运输无底梁的梁型罐式危险货物集装箱应采用具有集装箱防滑落、防侧翻措施的专用车辆。

五、危险货物隔离要求

《港口作业安全要求 第 3 部分:危险货物集装箱》(GB 16994.3—2021)的隔离要求见表 12-1。

危险货物隔离要求 表 12-1

危险货物类别和项别		1类			2类			3类	4类			5类		6类		7类	8类	9类
		1.5项	1.3、1.6项	1.4项	2.1项	2.2项	2.3项		4.1项	4.2项	4.3项	5.1项	5.2项	6.1项	6.2项			
1类	1.5项	*	*	*	4	2	2	4	4	4	4	4	4	2	4	2	4	×
	1.3、1.6项	*	*	*	4	2	2	4	3	3	4	4	4	2	4	2	2	×
	1.4项	*	*	*	2	1	1	2	2	2	2	2	2	×	4	2	2	×
2类	2.1项	4	4	2	×	×	×	2	1	2	2	2	2	×	4	2	1	×
	2.2项	2	2	1	×	×	×	1	×	1	×	×	1	×	2	1	×	×
	2.3项	2	2	1	×	×	×	2	×	2	×	×	2	×	2	1	×	×
3类		4	4	2	2	1	2	×	×	2	2	2	2	×	3	2	×	×
4类	4.1项	4	3	2	1	×	×	×	×	1	×	1	2	×	3	2	1	×
	4.2项	4	3	2	2	1	2	2	1	×	1	2	2	1	3	2	1	×
	4.3项	4	4	2	2	×	×	2	×	1	×	2	2	×	2	2	1	×
5类	5.1项	4	4	2	2	×	×	2	1	2	2	×	2	1	3	1	2	×
	5.2项	4	4	2	2	1	2	2	2	2	2	2	×	1	3	2	2	×

续上表

危险货物类别和项别		1类			2类			3类	4类			5类		6类		7类	8类	9类
		1.5项	1.3、1.6项	1.4项	2.1项	2.2项	2.3项		4.1项	4.2项	4.3项	5.1项	5.2项	6.1项	6.2项			
6类	6.1项	2	2	×	×	×	×	×	×	1	×	1	1	×	1	×	×	×
	6.2项	4	4	4	4	2	2	3	3	3	2	3	3	1	×	3	3	×
7类		2	2	2	2	1	1	2	2	2	2	1	2	×	3	×	2	×
8类		4	2	2	1	×	×	×	1	1	1	2	2	×	3	2	×	×
9类		×	×	×	×	×	×	×	×	×	×	×	×	×	×	×	×	×

注：
隔离数码分别表示：

库内：	场地：
1-相距3m	1-相距3m
2-分库房	2-相距10m
3-中间隔一个库房	3-相距20m
4-中间隔一个库房	4-相距30m

×-《国际海运危险货物规则》危险货物一览表的特殊隔离规定；
*-《国际海运危险货物规则》第7.2.7.1条关于1类危险货物的隔离规定。

第二节　港口危险货物集装箱装卸作业技术要求

危险货物集装箱的港口装卸作业首先应遵守《港口作业安全要求　第3部分：危险货物集装箱》(GB 16994.3—2021)的规定，其安全技术要求还应符合《港口作业安全要求　第4部分：普通货物集装箱》(GB 16994.4—2023)的适用性规定。

一、一般要求

(1)从事集装箱装卸作业的人员应接受专业技术培训，特别是安全操作规程和相关技能的培训。

(2)作业委托人应向港口经营人提供集装箱的类型、载重和所载货物特性。

(3)进入港区装卸的集装箱，箱体应完好且无渗漏，可活动的零部件和箱内货物均应固定牢靠，载重不应超过箱体最大允许载荷或存有偏载影响稳性等情况。

(4)装卸所用的集装箱装卸机械及其工属具应保持良好的技术状态；其装卸能力应与所装卸集装箱的状态(箱型、质量)及装卸载的船型相适应。

(5)装卸作业前，应确认集装箱的类型、载重和所载货物特性，并采取以下相关措施：

①区分空箱和重箱，区分普通集装箱和货、箱有特殊要求的集装箱，并选定对应的装卸工艺方案；

②对箱上货物超长、超宽、超高的平台式或台架式集装箱以及其他有特殊装卸要求的集装

箱,制定相应的装卸作业方案。

(6)装卸作业现场应满足下列要求:

①码头和箱区标划明显的装卸机械、人行车路线、车道线、行驶方向、车速和禁停等交通标识,各类交通标识定期刷新;

②道路与堆存区的交界处在条件许可的情况下设置隔离条石、隔离栏等隔离设施并及时维护;

③运输车辆和装卸机械的声光警示装置保持完好;

④照明设施技术状况保持完好;

⑤装卸作业现场视频监控系统保持完好。

(7)无关的人员和车辆不应进入作业区域。

(8)进入作业区域的指挥、操作人员应注意人身安全,并采取下列安全防护措施:

①应穿戴荧光警示服、安全帽和相关的个体防护装备;

②应根据作业环境的变化和机械的动态,选择安全处站位,发现异常情况应及时避让;

③在箱顶和船舶船舷、船艉等危险位置处作业时,应使用安全带和防跌落设备;

④人员和车辆不应在吊起的集装箱下方作业、停留和穿行;

⑤待装卸集装箱周围及吊运路线上有人员时,不应操作机械进行装卸作业;

⑥雨雪天作业时应防滑。

二、船舶装卸作业

(一)栓固装置的拆除与安装

(1)集装箱栓固所采用的装置种类、功能、质量及装拆方法应符合《系列 1 集装箱 装卸和栓固》(GB/T 17382)、《船用集装箱紧固件》(GB/T 11577)和《船用集装箱绑扎件》(GB/T 16956)的有关规定。

(2)同一艘船混有开闭锁方向与规定相异的非标准件转锁,船方应及时处理。

(3)在栓固操作前,作业人员应对栓固装置的特性和使用方法予以了解。

(4)栓固装置拆除与安装应按集装箱卸(装)载顺序或区域进行,并满足下列要求:

①栓固装置拆除时,检查所有对集装箱栓固的装置是否被解除,包括拉杆的拆除、箱间转锁的打开等,转锁应处于全开状态,被拆除的装置应汇集于船方所提供的容器或指定的堆放处,不应从高处摔抛栓固件;

②栓固装置安装时,应按《系列 1 集装箱 装卸和栓固》(GB/T 17382)的要求进行,使转锁和堆码件准确入位、转锁全闭、拉杆系紧、所有集装箱被固定牢靠,特别是甲板上或舱内无格槽堆装的集装箱应予栓固。

(二)装卸作业

(1)在装卸载过程中,船舶的稳性和平衡应由船方监控和调整。船舶纵倾和横倾的角度应不大于船舶的允许倾角。

(2)船舶装载集装箱时,应按经船方确认的积载图进行。

(3)应根据船舶作业方式,按下列顺序进行船舶装卸作业:

①使用码头前沿集装箱装卸机械进行“吊上-吊下”船舶装卸作业时,装船作业由海侧向陆侧逐位逐层(即一箱高度)进行,卸船作业由陆侧向海侧逐位逐层进行;

②使用集装箱拖挂车、叉车等装卸机械进行“滚上-滚下”装卸作业,即经滚装式集装箱船的跳板装卸通道进行装船作业时,逐位逐层进行,船上主拖甲板、近跳板处和通往上甲板坡道处的集装箱后装,卸船作业先卸主拖甲板、近跳板处和通往上甲板坡道处的集装箱。

③遇到驳船等船型较小,或局部位(BAY)需单边装卸,或需考虑装卸作业线分配等实际情况,按①装卸船顺序可能导致船舶横倾,可酌情采用陆、海侧交替装卸船方法。

④滚装式集装箱船的跳板坡度大于机械的爬坡能力时,不应作业。

三、吊运

(一)吊运方式

(1)应根据集装箱类型、作业机械、环境和操作安全等情况,按《系列1集装箱　装卸和栓固》(GB/T 17382)中吊运方式的适用范围选择。

(2)吊具顶吊满足下列要求:

①作用于四个顶角件上的起吊力应保持竖直(图12-1);

②吊具的转锁应与集装箱四角的顶角件紧密连接;

③在箱内货物超出敞顶式、台架式和平台式等集装箱顶面时,可使用支柱式吊具,使用前对其适用性进行确认(图12-2)。

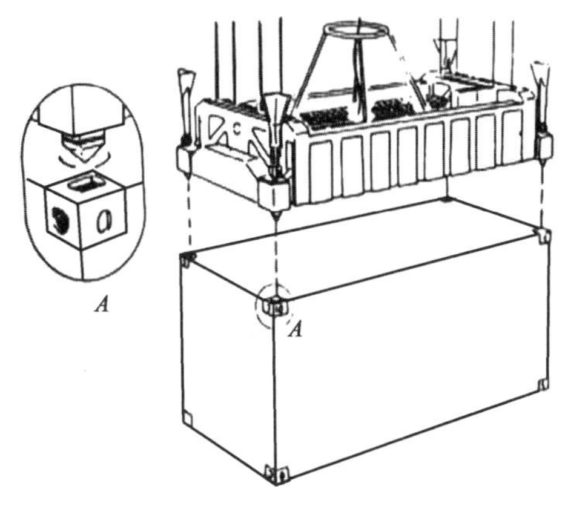

图12-1　吊具顶吊

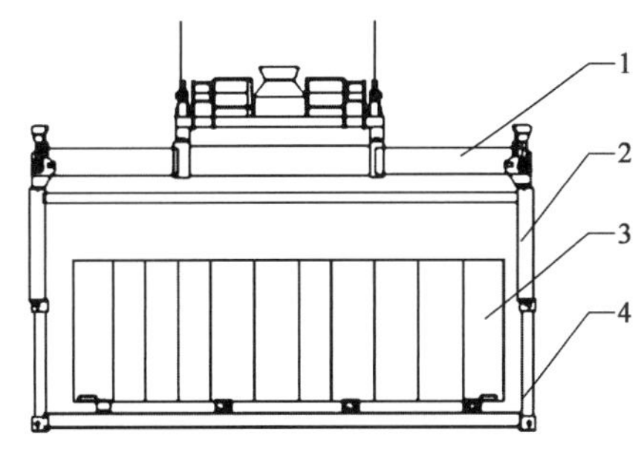

图12-2　立柱式吊具顶吊

1-集装箱吊具;2-支柱式吊具;3-货物;4-台架式集装箱

(3)吊索顶吊满足下列要求:

①作用于重载集装箱(除1D、IDX型集装箱)四个顶角件上的起吊力应保持竖直

(图 12-3),不应采用图 12-4 所示的方法起吊;

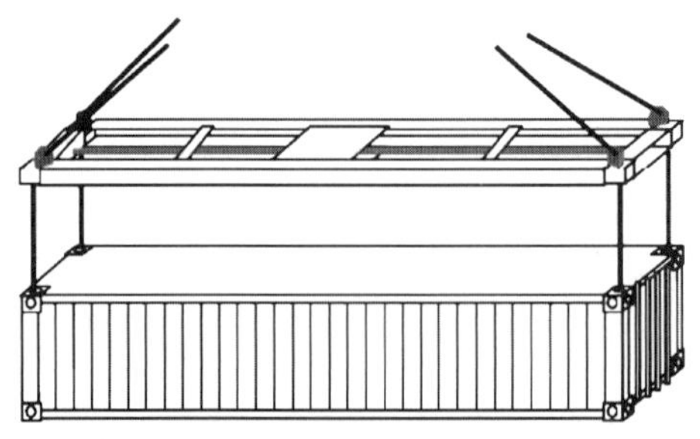

图 12-3　重箱吊索顶吊

图 12-4　重箱非垂直力顶吊

②作用于 1D、1DX 重载型集装箱四个顶角件上的起吊力不必竖直,但所用起吊力的水平夹角应不小于 60°(图 12-5);

③作用于空载集装箱(除端壁或角柱竖起的空载台架式集装箱)四个顶角件上的起吊力不必竖直;

④作用于端壁或角柱竖起的空载台架式集装箱四个顶角件上的起吊力应保持竖直;

⑤吊索顶吊箱内装载液体货、散货或悬挂物的集装箱时,应注意重心移动而造成集装箱吊起后发生倾斜或旋转的可能;

⑥吊索所带的连接件应与顶角件连接牢固,各类连接件的连接满足下列要求:

a. 手动转锁应具有集装箱起吊后使转锁不能转动的装置(图 12-6);

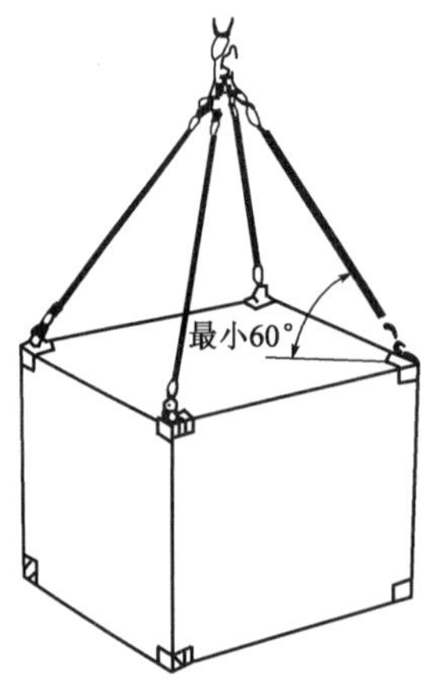

图 12-5　1D、1DX 重箱起吊

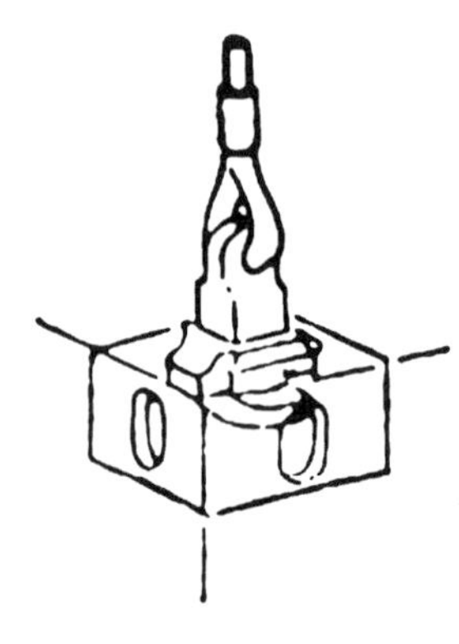

图 12-6　手动转锁

b. 吊钩应由里向外勾挂[图 12-7a)],不应由外向里勾挂[图 12-7b)];

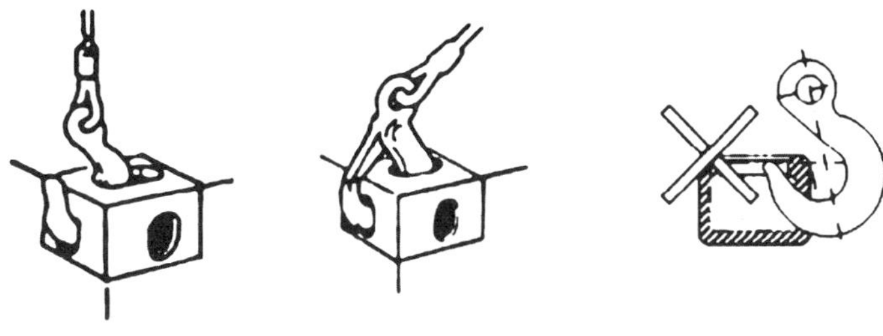

a) 由里向外勾挂　　b) 由外向里勾挂

图 12-7　吊钩连接

c. U 形钩的横销应拧紧(图 12-8);

d. 连接件应与集装箱顶角件连接,不应与台架式集装箱(在立柱、端壁折到时)四角的结构处连接,也不应与其两端供联锁的吊环连接(图 12-9)。

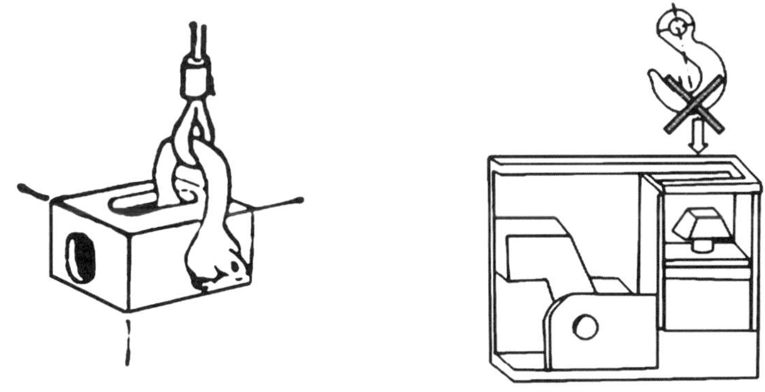

图 12-8　U 形钩连接　　图 12-9　与台架式集装箱(折倒状)四周结构等处连接

(4)吊索底吊满足下列要求:

①应使用专用底吊索装置,装置应连接于集装箱底角件的侧孔,连接应牢固(图 12-10),不应连接在集装箱其他锁孔处;

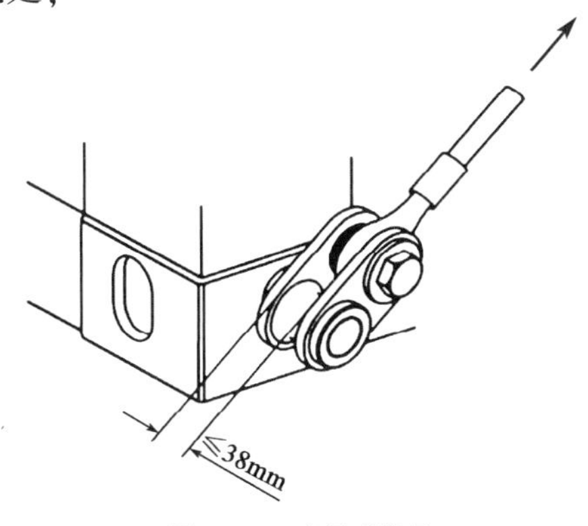

图 12-10　底吊索装置

②底吊索装置应仅作用于四个底角件上,所施加的起吊作用力离底角件外侧面的距离应不大于 38mm(图 12-10);

③底吊索装置的结构、强度和所允许的水平夹角等应与吊索水平夹角匹配,并与左、右侧孔对应;

④重箱起吊的水平夹角 α(图 12-11)除应满足表 12-2 的要求外,同时还应满足吊具对水平夹角的要求;

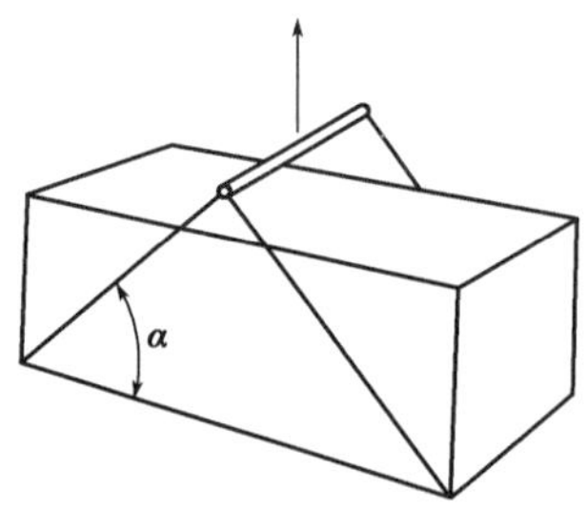

图 12-11　吊索底吊

重箱的起吊水平夹角　　表 12-2

集装箱尺寸代码	水平夹角 α
1AAA;1AA;1A;1AX;1EEE;IEE	≥30°
1BBB;1BB;1B;1BX	≥37°
1CCC;1C,1C;1CX	≥45°
1D;1DX	≥60°

⑤对于端壁或角柱折叠时的台架式重载集装箱,不应用吊索底吊方式起吊;起吊保温集装箱时,应注意重心的偏离;起吊内装液体货、散货或悬挂物的集装箱时,应注意重心移动而造成集装箱吊起后发生倾斜或旋转的可能。

(二)吊运作业

(1)作业前,应检查吊运机具的技术状态及各类安全保护装置,并进行空载和重载的吊运试验,确认无疑后方可作业。

(2)应根据其机械性能和所吊集装箱的类型以及操作环境等情况,确定起重机械各运行机构的工作速度。

(3)应按吊运方式的要求进行吊具与集装箱的连接,经自动化指示装置或目视吊具上的转锁状态指示,确认连接牢靠后方可作业。

(4)应垂直起吊集装箱,起吊初速度应缓慢,不应拖曳,在集装箱吊离支承面 0.3m 时应暂停,确认吊具和集装箱连接正确、可靠、无异常情况后,方可起吊。

(5)吊运机械司机应在视野清晰的情况下进行操作,或按指挥人员的指令进行操作。遇异常情况需有人员贴近箱体处置时,吊运操作应由指挥人员指挥。指挥人员不应参与贴近箱体处置的操作。

(6)应在确认途经区域无障碍后吊运集装箱作水平位移;吊运应稳,不应撞击、碰擦本箱位或邻箱位的集装箱或其他物体。

(7)集装箱装车或堆码,应对准位置,缓速轻放。在所吊集装箱的箱型或双、单箱吊运方式发生变化时,应调整接运车辆的停放位置。

(8)在起吊罐式集装箱、干散货集装箱、装有悬挂物的集装箱或有制冷装置的冷藏集装箱等重心易动和重心偏离的集装箱时,不应加速起升或紧急制停。

(9)船舶舱内吊运集装箱,应了解集装箱在舱内的积载和船舱格槽等情况,操作符合下列要求:

①吊具或集装箱出入船舱时应缓慢;

②船舱格槽变形,不应强行吊运;

③船舶倾斜,应规范使用吊具倾侧功能;

④40ft[1] 船舱格槽内装卸两个 20ft 集装箱时,应缓速。

(10)使用吊运机械里档过驳作业,带箱整机移动时,箱底离地高度应不大于 0.5m(除遇带缆桩等),速度应不超过 5km/h。

(11)使用双箱吊具吊运两个 20ft 集装箱,应按下列要求进行:

①两箱的质量偏差在允许偏载范围内;

②在单、双箱吊运方式转换时,对吊具所处状态及时调整;

③舱内作业时,缓慢进出舱。

(12)双起升双箱吊运集装箱时,待吊运的两集装箱项部高度差不应超过机械规定的高度。

四、叉运

(1)机械顶举、侧举、叉举等叉运方式的适用范围应符合《系列 1 集装箱　装卸和栓固》(GB/T 17382)的规定。

(2)作业前,应根据作业环境,留出接运车辆的停车位置和叉车作业的空间。

(3)叉车从货垛上取箱,应垂直提升集装箱,待所举集装箱与下层集装箱完全脱离方可叉离。

(4)配有顶吊框架吊具的集装箱叉车,顶举作业应满足下列要求:

①吊具对集装箱的作用力和连接符合吊运方式中的相关要求;

②在空载行驶时或作业后,将吊具收拢至 20ft 的位置,停车前将吊具放到最低位置。

(5)配有侧升框架吊具的机械,侧举作业满足下列要求;

①侧升框架与集装箱的连接应牢靠;

②不应导致箱体变形或受损。

(6)采用叉车货叉,叉举作业满足下列要求:

①货叉应插入叉植的全部深度或至少插入叉槽内 1.825m;

②不应使用叉运空箱的叉槽叉运重箱;

③不应从集装箱底部插入货叉;

④在举高集装箱时,不应使用货支侧移装置;

---

[1] 1ft = 12in(准确值) = 0.3048m(准确值)。

⑤双箱叠叉应使用专用叉车。

五、堆场堆存

(1)集装箱堆场的场地应坚固、平坦、排水良好,不应倾斜,不应有可能损伤集装箱的石块等坚硬突出物或其他障碍物。

(2)集装箱应按箱位线堆码,结构类型不同的集装箱应分别堆码。

(3)集装箱堆码的垛型应与机械能力、集装箱类型、箱内货物的特性以及堆场设计要求相适应。

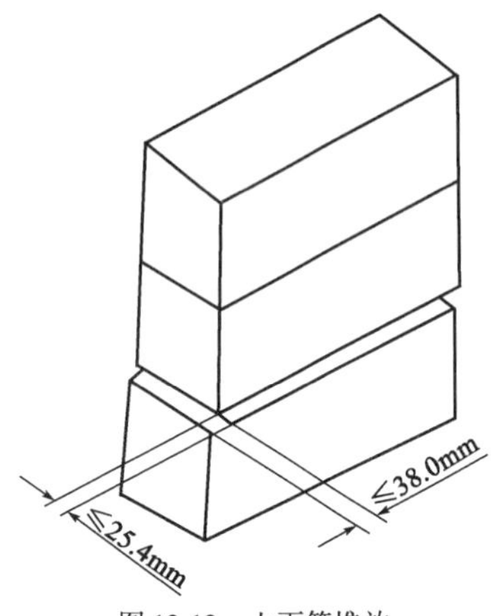

图 12-12　上下箱堆放

(4)集装箱堆码时,应由集装箱的四个底角件支承,上下层集装箱的角件应充分接触且要对齐,上面各层与最底层角件间的最大偏离量纵向应不大于 38.0mm,横向应不大于 25.4mm(图 12-12)。

(5)冷藏集装箱应堆存在专用箱区,并有专人负责。承运人应提前告知堆场冷藏集装箱温度信息,对于温度数据不符合设定温度要求或温度变化发生预警的冷藏集装箱,不准许进入堆场。

(6)上下堆码的集装箱的长度尺寸不同时,堆码按下列要求:

①除下述④外,集装箱上不应堆放小于其长度的任何集装箱,如 40ft 或 45ft 集装箱上堆放两个 20ft 型集装箱(图 12-13);

②除下述④外,单个集装箱上不应堆放大于其长度尺寸的任何集装箱;

③两个集装箱上堆放一个集装箱时,下层两箱高度应一致,高度不同不应堆放(图 12-14);堆放时,上层集装箱 4 个底角件应与下层两箱外端的顶角件对齐;并应采取上下箱堆锥或转锁连接,或采用连接件对下层两箱组合连接等措施(图 12-15);

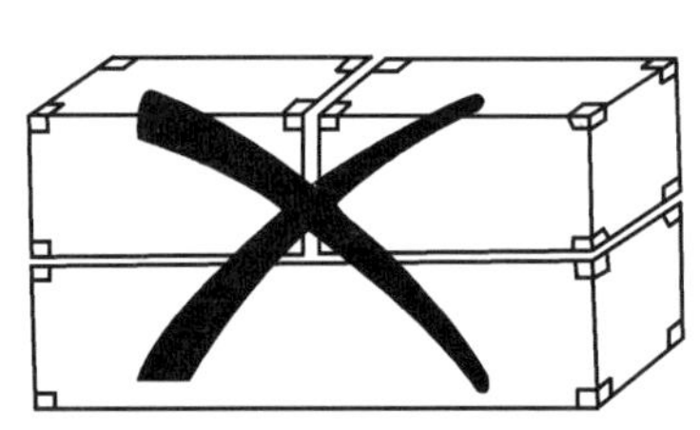
图 12-13　40ft 集装箱上堆放两个 20ft 型集装箱

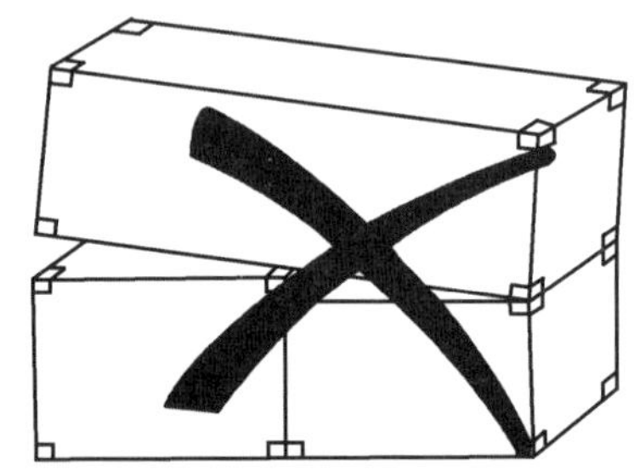
图 12-14　下层箱高度不一致的两个集装箱上堆放一个集装箱

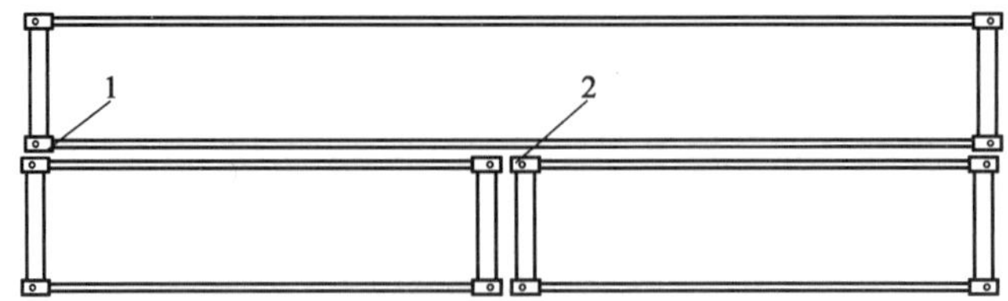

图 12-15　两个集装箱上堆放一个集装箱

1-转锁连接;2-连接件连接

④40ft 集装箱上堆放 45ft 集装箱(或 45ft 集装箱上堆放 40ft 集装箱),适用于顶部和底部各有 8 个角件的 45ft 集装箱,堆放时 40ft 集装箱角件与 45ft 集装箱内侧的 4 个角件应对齐;

⑤无底梁罐式(罐框合一)集装箱不应相互叠放(图 12-16)。

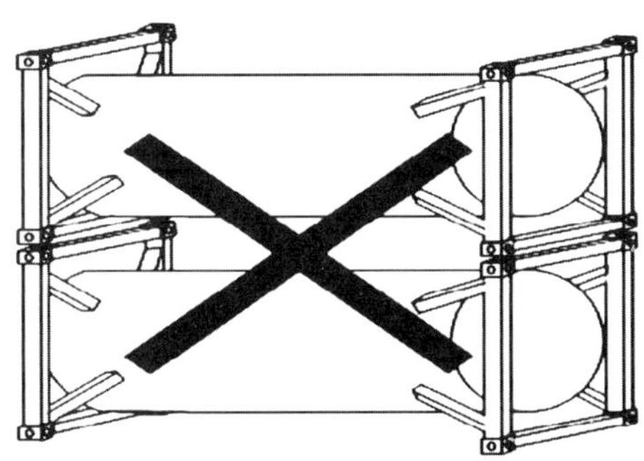

图 12-16　无底梁罐式(罐框合一)集装箱相互叠放

六、装卸车

(1)集装箱载于运输车辆上,应由集装箱 4 个底角件或箱底结构中间的载荷传递区支承。

(2)集装箱装车后,应使用固定装置固定并满足以下要求:

①码头拖挂车港区内运输作业,可以不使用转锁进行栓固,但应由导向装置及其他类同装置固定;

②车辆载箱出港作业应使用转锁进行栓固;

③无任何固定装置的运输车辆不应载箱。

(3)40ft 集装箱拖挂车装一个 20ft 集装箱时,应装在靠车尾的一端或载箱面的中间位置。

(4)卸车作业在起吊集装箱前,应解开栓固装置。

七、水平运输

(1)进入港区内的车辆和装卸机械应遵守港内交通规定,按规定的路线、方向和区域行驶;其行走路线应无障碍。

(2)装卸机械的行驶速度除应符合相关技术说明的规定,避免全力加速或紧急制动外,还应符合下列要求:

①在转弯、箱区、主干道的限速分别为 15km/h、20km/h、35km/h;

②出入大门、过铁路道口的限速为 5km/h。

(3)岸边集装箱起重机整机行驶、集装箱轮胎式门式起重机在半封闭箱区变向和跨箱区行驶时,应由专人监护,其他车辆和机械应避让;在全封闭箱区行驶的集装箱轮胎式门式起重机应及时发出变向和行驶方向的信号。

(4)进入叉车、集装箱正面吊运机等回转型装卸机械作业区域的车辆,应随机械运行变化的动态及时避让。

(5)车辆和装卸机械行驶过程中,应通过目视或电视监视系统,保持良好的视线状态。载箱行驶在视线遇阻时,应采取倒车行驶和由专人指挥等措施。

(6)车辆和装卸机械在相向、同向、交会行驶或停车时,应保持安全距离,不应停泊或滞留在影响其他车辆和作业机械安全和通行的行车通道上。

(7)车辆和装卸机械在行驶时,应保持良好运行状态。在行车道上行走的集装箱轮胎式门式起重机应纠偏;装卸机械在空载或重载行驶时,均应保持整机的稳性和平衡。

(8)叉车叉运或跨运车吊运集装箱水平行驶时,集装箱应处于环境允许的最低高度,并按规定的速度行驶。

八、拆装箱作业

(1)拆装箱作业前,作业人员应了解箱内或待装货物的质量、外形尺寸,对形状不规则的超重超限货物还应确认其重心、起吊及叉运位置。

(2)作业人员在开启箱门和箱内作业时,应选择合适的站立位置,防止货物倒塌致伤,开启箱门时,应先打开一扇,箱门一经开启应使其固定于全开位置。箱内货物用固货件栓固,拆除固货件时应保持货物的稳定性。拆箱完毕,应检查箱内无人或无他物后,关妥箱门。

(3)用于箱内作业的机械对集装箱底板的集中动载荷,应不超过箱底板允许承受的最大负荷;箱内作业的叉车,其自由起升高度、门架高度等应限制在作业环境高度内。叉车进出集装箱时,应在箱门口设置坡道板等过渡跳板。

(4)作业所使用的工属具应满足各类货物拆码垛、水平移位的作业需要,并不应损伤集装箱箱顶、壁、底、门等各种结构和装置。

(5)在集装箱拖挂车上拆装箱时,应采取有效措施防止集装箱拖挂车移动。

(6)以干冰或液态氮等挥发性物质为制冷剂的冷藏集装箱、熏蒸过的集装箱、装有易燃易爆及有毒有害气体货物的集装箱应先开门通风,必要时应强制通风,经测试确认无有害气体聚集并符合要求后,方可作业。

(7)应根据装箱货物的物理和化学特性,选择相应的集装箱。

(8)装箱结束后,应对箱内货物采用有效的固货手段。

九、应急

(1)港口经营人应根据《生产经营单位生产安全事故应急预案编制导则》(GB/T 29639)和有关规定制定应急预案和现场处置方案,并定期组织应急预案培训和演练。

(2)集装箱起重机械在作业过程中的防风应满足下列要求:

①风速达到起重机械抗风能力或经相关设计和安全机构验证的停止作业风速时,停止作业,并按相关标准要求做好大型装卸机械的防风措施;

②配备具有显示瞬间风速和平均风速(可调)功能的风速警报仪,且至少具有两级报警功能:

a. 在风速达到 15m/s 时,能用灯光显示提示司机;

b. 在风速大于 17m/s 或根据起重机械抗风能力所确定的停止作业风速时,能同时用灯光和声响警示司机停止作业。

(3)在根据大风或台风预警停止作业前,应通知所有在箱区内的流动装卸机械和车辆离开箱区,并应根据集装箱堆垛箱重和风速大小采取下列措施:

①降低堆高层数;

②紧密堆装;

③合理安排轻重箱的位置;

④使用栓固装置。

(4)汛期到来前应落实以下防汛措施:

①重箱撤离易积水处或采取能保证平稳堆放的垫高措施;

②集装箱码垛不影防汛闸门关闭和窨井、集水孔等排水通道的排水;

③疏通明沟、窨井、集水孔等排水通道;

④查验轴流泵、潜水泵或手携式潜水泵等排水设施,确保在遇有暴雨、潮位接近或超出警戒线、箱区内出现积水时能及时排涝。

第十三章 港口件装危险货物作业安全要求

《港口作业安全要求　第 5 部分:件杂货物》(GB 16994.5—2024)已经发布,并于 2025 年 1 月 1 日实施。包装危险货物的港口作业须遵守该国家标准的适用性规定。

一、范围

该标准规定了件杂货物港口作业的总体要求、装卸船作业要求、水平运输作业要求、库场作业要求、装卸车作业要求、应急要求和危险货物作业信息要求。

该标准适用于普通件杂货物和危险(件杂)货物港口作业。

二、引用文件

《起重机械安全规程　第 1 部分:总则》(GB/T 6067.1);
《危险货物品名表》(GB 12268);
《危险化学品仓库储存通则》(GB 15603);
《防止船舶封闭处所缺氧危险作业安全规程》(GB 16993);
《危险化学品经营企业安全技术基本要求》(GB 18265);
《建筑设计防火规范》(GB 50016);
《港口装卸机械风载荷计算及防风安全要求》(JT/T 90);
《港口装卸区域照明照度及测量方法》(JT/T 557);
《场(厂)内专用机动车辆安全技术规程》(TSG 81)。

三、术语和定义

(1)件杂货物(general cargo)。港口装卸作业中,以件为作业单元的包装或裸装货物。

注:包装形式包括桶类、袋类、箱类(非集装箱)、筐(篓、笼)类、坛(罐、缸)类、捆扎类、夹板类、托盘类、盘卷类等。

(2)件杂货物港口作业(handling of general cargo in port)。在港区范围内码头、库、场进行件杂货物的装卸、水平运输、堆存等作业。

(3)钩行路线(hook line)。在吊运货物作业中,起重机械吊钩所经过的路线。

四、总体要求

(1)从事港口件杂货物作业企业(以下简称“企业”)应建立健全全员安全生产责任制、安全生产规章制度和操作规程,并有效实施。

(2)企业从事危险(件杂)货物(以下简称“危险货物”)港口作业应具有危险货物作业资质,并在许可的货种范围内作业。作业前企业应按规定将危险货物作业相关信息向主管部门报告。

(3)企业从事危险货物和重大件货物作业的,应制定作业方案及安全措施,并向作业人员告知作业场所和工作岗位存在的危险因素、防范措施以及事故应急措施。涉及危险货物的,企业还应告知危险货物的性质和危害程度。

(4)企业应对从业人员开展港口件杂货物作业安全教育和培训。从业人员未经安全生产教育和培训合格,未取得国家有关规定的资格证书的,不应上岗。从事危险货物、重大件作业的起重机械操作人员应具有至少一年独立操作的从业经历。

(5)企业从事危险货物装卸作业，应在依法具有从业资格的装卸管理人员的现场指挥或监控下进行。

(6)港口大型装卸机械的防风应符合 JT/T 90 的有关要求。雨雪天气时，应停止遇水易发生反应的危险货物港口作业。

(7)作业区域内的照明照度应符合 JT/T 557 的相关要求。

(8)装卸作业前，应对危险货物的包装外观进行检查。检查内容包括但不限于：

①港口作业委托人提供的危险货物信息与所装卸的危险货物标志一致；

②包装无损坏，无洒漏或渗漏现象。

(9)货物吊运作业时，应符合下列要求：

①指挥人员佩戴明显标志，指挥信号清晰、连续、准确；

②确认吊点和吊运部位满足安全吊运要求；

③吊运货物起钩时，吊钩垂直于货物重心，装卸工属具吊索完全抻紧并确认安全后再起钩；吊运货物落钩时，吊运货物底面与承重面之间保持安全距离稳钩后再落钩；

④当吊钩经过舱口、船舷时，防止碰撞。

(10)装卸作业应选用与装卸类别和安全要求相匹配的工属具，并对装卸机械及工属具定期维护保养和检查。起重机械的使用还应符合 GB/T 6067.1 的有关规定，叉车使用还应符合 TSG 81 的有关规定。

(11)装卸易滚动或滑动货物时，应采取防滚动、防滑动措施；装卸超长货物时，应采取稳钩措施。

(12)作业过程发现货物有倒塌危险时，应立即停止作业，人员撤离至安全位置，并采取防止货物倒塌措施。

(13)两台起重机械联合吊运一件重大件货物时，应平衡试吊无误后再起吊，作用力保持垂直，各台起重机械所承受的载荷应符合 GB/T 6067.1 的规定。司机与指挥手应统一指挥信号，指挥时应使两台起重机械的升降、变幅等吊运动作保持协调。

(14)无关机械、车辆和人员不应进入作业区域。机械、车辆在作业区域内行驶时，应避让吊钩。作业人员应避让吊钩，不应在钩行路线下停留，不应站在机械、车辆司机视线盲区、易发生货物倾倒或滚动的位置。

(15)作业人员进行 2m 及以上登高作业时，应使用专用工属具上下，并采取防坠落措施。

(16)危险货物港口作业，装卸机械及工属具应按额定负荷降低 20% 使用。

(17)易燃易爆危险货物装卸作业时，作业区域边缘线 50m 距离内不应有明火。

注：易燃易爆危险货物包括 1 类爆炸品、2.1 项易燃气体和 2.3 项有毒气体中兼有易燃气体、3 类包装类别Ⅰ和Ⅱ的易燃液体及液态退敏爆炸品、4.1 项包装类别Ⅰ的易燃固体和自反应物质及固态退敏爆炸品、4.2 项易自燃物质、4.3 项中包装类别Ⅰ的遇水放出易燃气体的物质、5.1 项中包装类别Ⅰ的氧化物质、5.2 项有机过氧化物。

(18)危险货物港口作业过程中，所在码头、库场不应进行机械、车辆的维修、保养、加油、加气等作业。危险货物堆存区域不应进行机械、车辆的维修、保养、加油、加气等作业。机械、车辆突发故障无法移动的，故障处理过程中应采取防火花、防静电措施。

(19)企业应根据装卸件杂货物的危险特性和安全要求,为从业人员配备相应的防护用品,并指导从业人员规范穿戴和使用。

五、装卸船作业要求

(1)进入船舶货舱作业应符合 GB 16993 的有关规定。作业人员应按照船方指定的通道上下舱。

(2)作业时应采取悬挂安全网等措施防止码头作业人员落水。

(3)作业人员应根据船方确认的配载图及配载要求进行逐层堆码装载,整齐牢固;并应根据船方确认的积载图及积载要求进行均衡卸载,防止坍塌。装卸作业时,作业船舶应保持平衡,横倾角不大于3°。

(4)起重机械操作人员离开操作台时,应将吊具起升到规定位置,关闭电源,采取制动措施。

(5)进出舱吊运作业期间,吊运机械与舱内机械不应交叉作业。

(6)装卸机械进、出舱作业满足下列要求:

①应停止舱内作业;

②舱内应有足够机械运行空间,机械作业面平坦、稳固;

③舱内机械作业面应能承受铺垫物重量、机械自重和负荷;

④装卸机械发动机应熄火、电源关闭,各部位制动;

⑤作业人员不准许随装卸机械吊运。

(7)兜吊、捆吊长度6m以上货物时,应根据货物刚性选择平衡吊运位置。

(8)重大件作业应限一件一吊。风速大于12m/s时,应停止浮式起重机吊运重大件作业,风速大于15m/s时,应停止重大件吊运作业。

(9)重大件、卷钢、钢带、钢结构等存在割伤吊索风险的货物,应在货物棱角处对吊索进行防护。

(10)原木作业时,作业人员应采取防滑措施,吊运时应确认单钩货物抓稳兜牢,防止夹带。

(11)废钢作业使用抓斗或电磁吸盘装卸废钢作业时,应确认货物抓取或吸取的牢固程度,不应吊取深埋或拖带长形的物件,防止拖带及空中坠物。

(12)涉及进口废钢作业的,应取得具有资质部门出具的辐射性检测报告,确认符合辐射安全要求方可作业。

(13)卸船作业时,货物落吊点离码头岸壁边缘应不少于2m。

(14)危险货物作业时,应划定作业区域,明确责任人并实行封闭式管理。作业区域应设置明显标志,无关人员和船舶不准许进入和靠泊。

(15)危险货物装卸船时,港口作业方应会同船方确认作业的安全状况和应急措施。

(16)装卸易燃易爆危险货物期间,作业船舶不应进行加油、加气、加水(岸上管道加水除外)、接解岸电、污染物接收等作业。

六、水平运输作业要求

(1)港内危险货物运输车辆应配备灭火器材,安装专用标志灯、标志牌。易燃易爆危险货物运输车辆应安装导静电橡胶拖地带，爆炸品和剧毒化学品运输车辆应安装排气火花熄灭器。

(2)港内危险货物、重大件运输车辆应遵守车辆运行路线、时间及速度等规定，按照交通信号、现场指挥的指令通行。非危险货物运输车辆在未设置交通信号的交叉路口遇到危险货物运输车辆时，应停车让行。

(3)运输超长、超宽货物时，应注意观察道路周边、转弯半径等情况，并在运输车辆上显著位置设有警示标志，必要时应有专用车辆或人员进行引导。

(4)运输重大件和易滚动、形状不规则等货物时，应选用相适应的运输车辆，并采取加固措施稳固重心。

七、库场作业要求

1)拆、堆垛作业

(1)堆垛作业应根据库场承载能力和条件、货物抗压程度，确定堆码方式。库内货垛之间距离应大于0.5m，场地货垛之间距离应不小于0.7m，危险货物堆垛应根据货物特性和危险货物隔离要求确定实际货垛间距不少于1m，并留出足够的消防通道。

(2)货物堆垛应大不压小、重不压轻、错层压缝、货垛整齐牢固，货物不应悬空。

(3)易滚动货物堆垛作业应采取塞掩楔形物体等防滚动措施，货垛两侧采取两端加固、捆绑等防塌垛措施。

(4)重大件堆垛作业，货物应平铺堆码、支撑点平衡受力，货物之间留有作业人员摘挂钩空间。

(5)拆垛应逐层或呈阶梯型进行作业，过程中随时观察垛体断面，出现陡立面或货物悬空应及时采取有效安全措施。

(6)铁路轨道两侧堆码的货物应离轨道外侧不小于1.5m。铁路两侧作业人员收到取送火车信号应立即停止作业。

2)危险货物作业

(1)危险货物堆存区域应明确责任人并实行封闭式管理。作业区域应当设置明显标志，无关人员和车辆不准许进入。

(2)危险货物的堆存应按危险货物的性质和类别划分不同的堆存区域，堆存区域应具备与货物危险特性相适应的防火、防爆、防外溢等安全条件。

(3)GB 12268 规定的1.1项、1.2项爆炸品和硝酸铵类件杂货物应直装直取，不应在港区堆存、滞留。

(4)除 GB 12268 规定的1.1项、1.2项以外的爆炸品，2类气体和7类放射性件杂货物的堆存，应经有资质的安全评价机构进行安全评价确定存放时限和数量，满足安全要求后，限时限量存放。

(5)灭火方法相互禁忌的危险货物不应堆存在同一堆存区域。

(6)进入存放危险货物库场的内燃机装卸机械和车辆，应在排气筒上安装排气火花熄灭器。

(7)应建立危险货物出入库场管理制度，对车辆、人员、危险货物进出进行登记、资料核对和管理。

(8)仓库堆存危险货物的,应符合 GB 15603、GB 18265、GB 50016 相关要求。

八、装卸车作业要求

1)汽车装卸车作业

(1)汽车作业前,应符合下列要求:

①驾驶室停放位置和车辆行驶路线避开钩行路线;

②装载易滚动货物采取加固和防滑措施;

③确认车厢内无关人员已撤离。

(2)货物装卸汽车时,符合下列要求:

①装车不应超载、超限;

②卸车时应分层均衡作业,防止车辆倾倒;

③涉及危险货物作业应划定装卸车封闭作业区域,设置警示标志。

2)火车装卸车作业

(1)根据车辆额定荷载、货物种类、规格、件重等,按铁路相关规定进行装载。

(2)火车作业前,应符合下列要求:

①作业人员安全站位,打开车门后将车门固定牢靠;

②检查车厢围板、货物苫盖、货物绑扎、车门销的完好性;

③确认车厢内无关人员已撤离;

④涉及危险货物作业的,划定封闭作业区域,设置警示标志。

(3)货物装卸厢式火车,应符合下列要求:

①作业人员上下车厢时,从梯子或车梯上下;

②装卸长度 6m 以上或易滚动货物起落钩时,作业人员全部撤离车厢。

(4)火车作业结束,应将工属具、铺垫物集中归拢,并放置在轨道 1.5m 以外的位置。

九、应急要求

(1)企业应建立应急组织,编制应急预案,开展应急演练。涉及危险货物的,还应编制港口危险货物事故专项应急预案和现场处置方案。

(2)企业应根据不同货种港口作业可能存在的风险特征,配备应急物资,并对应急物资进行日常检查和定期维护保养,保证其处于适用状态。涉及危险货物的,还应根据货物的危险特性配置相应的应急救援器材、设备和物资。

(3)企业应建立危险货物港口作业应急值班制度,配备应急值班人员,按规定值班。涉及港口危险货物重大危险源的,还应成立应急处置技术组,实行 24h 应急值班。

十、危险货物作业信息

(1)涉及危险货物港口作业的企业应建立危险货物作业信息系统,实时记录危险货物作业基础数据,包括但不限于:

①危险货物的分类和品名编号、数量或重量、理化特性;

②危险货物包装形式；

③堆存位置、进出场(库)时间、堆存天数；

④堆存隔离情况；

⑤货主或作业委托人信息；

⑥安全和应急措施。

(2)危险货物作业基础数据应在作业场所外异地备份,应至少保存一年以上。

(3)作业信息系统应具有接入所在地相关监管部门业务信息系统的接口,实现危险货物作业基础数据的交换与共享。

(4)危险货物码头和库场应配备视频监控系统,在危险货物装卸作业期间,应安排人员进行视频监控系统值守。视频监控系统数据保存期限不应少于90天。

第十四章

包装危险货物库场管理要求

第一节 堆场安全管理要求

《港口危险货物集装箱堆场设计规范》(JTS 176—2020)规定了危险货物集装箱堆场的设计要求,《港口作业安全要求　第 3 部分:危险货物集装箱》(GB 16994.3—2021)规定了危险货物集装箱港口作业的总体要求、作业前要求、装卸作业要求、堆存作业要求、拆装箱作业要求、应急要求和作业信息要求

一、总体要求

危险货物堆场设计符合《港口危险货物集装箱堆场设计规范》(JTS 176—2020)要求,同时符合"三同时"以及其他相关法律法规要求。

二、堆存作业要求

(1)危险货物集装箱的堆存应按危险货物的性质和类别将集装箱堆场划分不同的堆存区域。危险货物集装箱堆存区域应具备与货物危险特性相适应的防火、防爆、防液体泄漏外溢等安全条件。

(2)危险货物集装箱应按照隔离要求堆放。

(3)《危险货物分类和品名编号》(GB 6944—2012)中 1.1 项、1.2 项爆炸品和硝酸铵类物质的危险货物集装箱应直装直取,不应在港内堆存、滞留。

(4)除《危险货物分类和品名编号》(GB 6944—2012)中 1.1 项、1.2 项以外的爆炸品,《危险货物分类和品名编号》(GB 6944—2012)中 2 类气体和 7 类放射性物质的危险货物集装箱的堆场存放,应经有资质的安全评价机构进行安全评价确定存放时限和数量,满足安全要求后,限时限量存放。

(5)除《危险货物分类和品名编号》(GB 6944—2012)中 1.1 项、1.2 项以外的爆炸品危险货物集装箱应堆存在危险货物集装箱堆场内划定的单独堆存区域。

(6)装载锂金属电池组、锂离子电池组的危险货物集装箱不应与易燃易爆危险货物集装箱堆存在同一个堆存区域。

(7)装载《危险货物分类和品名编号》(GB 6944—2012)中 8 类、9 类固态危险货物的集装箱,当所载货物无副危险性,包装类非Ⅰ、Ⅱ类且不属于危险化学品时,可与普通货物集装箱混堆。混堆时应满足下列要求:

①堆存场所设置明显的标志标识,列明货物品名和应急处置措施;

②堆存场所配备相应的设施设备,并加强安全巡查;

③在具有从业资格的装卸管理人员指挥或监控下作业;

④堆存在普通货物集装箱的外侧;

⑤叠放时,放置在普通货物集装箱的上层。

(8)灭火方法相互禁忌的危险货物集装箱不应堆存在同一堆存区域。

(9)温控危险货物集装箱应堆存在具备电源插座并有多路供电或应急电源等条件的堆存区域。

(10)夏季高温季节,对装载温度敏感的危险货物的集装箱应采取温控措施。

(11)易燃易爆危险货物集装箱堆码高度不应超过两层,其他危险货物集装箱堆码高度不应超过三层。

(12)装载《危险货物分类和品名编号》(GB 6944—2012)中4.3项遇水放出易燃气体物质的危险货物集装箱和需敞门运输的易产生易燃气体的集装箱,应在最上层堆码。

(13)液化天然气罐式集装箱相互不应叠放,与易燃易爆危险货物集装箱不应叠放,与其他危险货物集装箱叠放时,应放置在最上层。

(14)无底梁罐式集装箱相互不应叠放(除上下箱采用转锁或堆码锥固定)。无底梁罐式集装箱与通用集装箱(箱内应为非易燃易爆危险货物)叠放时,不应堆放在底层。

(15)装有《危险货物分类和品名编号》(GB 6944—2012)中6.1项毒性物质中包装类别Ⅰ的危险货物的集装箱的箱门应紧邻其他集装箱箱体。

(16)危险货物集装箱堆场内不应进行熏蒸作业、罐箱充装和释放作业。堆场堆存区域内不应进行拆装箱作业。

(17)进出危险货物集装箱堆场的运输车辆应安装机动车排气火花熄灭器。

三、拆、装箱作业要求

(一)一般要求

(1)港内拆、装危险货物集装箱作业时,应在安全风险可控的专门区域进行。

(2)作业人员遵守下列要求:

①作业前,作业人员应穿戴好必需的防护用品,拆、装易燃易爆危险货物集装箱时,不应穿带铁掌、铁钉鞋和易产生静电的工作服。

②拆、装毒性物质的,作业期间不应进食、饮水;温度高、时间长、作业量大时,应轮换或间歇作业;作业完毕后应立即进行全身冲洗;穿过的工作服、手套等防护衣物应单独清洗。

(3)进入作业现场的水平运输机械应配备排气火花熄灭器,作业完毕及时撤离作业现场。

(4)拆、装易燃易爆危险货物集装箱,应使用防爆型电气设备、装卸机械和摩擦不产生火花的工属具,并配备专人负责现场监护。

(5)在拆、装装有爆炸品、有机过氧化物、毒害气体、毒性物质中包装类别Ⅰ的集装箱时,工属具应按额定负荷降低25%使用。

(6)拆熏蒸集装箱时,打开箱门后应强制通风,确认无危险后方可作业。

(7)在夏季高温季节,拆、装对温度敏感的危险货物集装箱时,应根据港口所在地气候条件,确定作业时间,并采取有效的降温措施,在有遮蔽、通风良好的环境下进行,货物不应在阳光直射处存放。

(8)拆、装危险货物集装箱,遇有闪电、雷雨或附近发生火灾时,应立即停止作业并关闭箱门,对箱外货物作处理;雨雪天、大雾天不应露天拆、装装有遇水反应货物的集箱。

(9)作业结束,应按规定处置残留物和有关工具及防护用品。

(二)装箱作业

(1)危险货物集装箱的装箱作业要求应符合《海运危险货物集装箱装箱安全技术要求》(GB 40163)的规定。

(2)危险货物集装箱的箱体两侧及两端应粘贴或印刷符合《危险货物包装标志》(GB 190)或《国际海运危险货物规则》的规定,且与箱内所装危险货物性质相一致的危险货物标志。

(三)拆箱作业

(1)拆箱前应先检查箱封是否完好。开启箱门时,应先打开一扇门,不应在门前站立,只准许在通风并确认无危险后进行拆箱作业。

(2)拆箱过程中发现损坏、渗漏应立即采取处置措施,并按规定报告有关部门。

(四)仓库作业

(1)通过仓库堆存危险货物的,应在符合《危险化学品经营企业安全技术基本要求》(GB 18265)、《危险化学品仓库储存通则》(GB 15603)、《建筑设计防火规范》(GB 50016)相关要求的仓库进行。

(2)入库危险货物应执行危险货物的出入库制度,核对、检验出入库货物的规格、数量、包装标记,单证、资料不符的危险货物不应出入库。

(3)危险货物堆码应符合《危险化学品仓库储存通则》(GB 15603)的有关规定。同库存放的危险货物应符合隔离要求。

(4)不应在仓库内进行危险货物分装、改装、开箱、开桶检查。

(5)作业结束后,应对仓库进行检查,确认安全后方可离开。

第二节 库房安全管理要求

危险货物库房储存是一项技术性、科学性强,涉及部门广、多环节的管理工作。要保证储存危险货物安全首先要保障装卸运输安全,包装不能破损撒漏。从根源上采取措施,从严管理,严格按规章制度办事。任何的疏忽、麻痹大意都可能导致危险事故的发生。对易燃、易爆的危险货物应特别注意防火、隔绝作业现场的火种、热源和电源等一切危险隐患。对有毒的物质要严密注意安全操作和个人防护,防止其蒸气扩散、液体泄漏和粉尘洒落而引起对其他货物污染和人身中毒事故。

(1)危险货物库房应由专业设计单位按《建筑设计防火规范》(GB 50016)和《建筑防火通用规范》(GB 55037)的要求设计,其占地面积、防火分区、耐火等级、消防、电气等符合相关要求。甲乙类仓库的耐火等级、层数和面积见表 14-1。

甲乙类仓库的耐火等级、层数和面积　　表 14-1

储存物品的火灾危险性类别		仓库的耐火等级	最多允许层数	每座仓库的最大允许占地面积和每个防火分区的最大允许建筑面积(m^2)			
				单层仓库		多层仓库	
				每座仓库	防火分区	每座仓库	防火分区
甲	3、4 项	一级	1	180	60	—	—
	1、2、5、6 项	一、二级	1	750	250	—	—
乙	1、3、4 项	一、二级	3	2000	500	900	300
		三级	1	500	250	—	—
	2、5、6 项	一、二级	5	2800	700	1500	500
		三级	1	900	300	—	—

(2)危险货物必须根据各自不同的危险特性分类、分项，专库专储。储存方式方法与储存数量必须符合国家标准。《危险化学品仓库储存通则》(GB 15603—2023)、《危险化学品经营企业开业条件和技术要求》(GB 18265—2019)、《仓储场所消防安全管理通则》(XF 1131—2014)基本要求规定，参照“常用化学危险品储存禁忌物配存表”执行。其相关储存要求见表 14-2。

危险货物相关标准储存要求　　表 14-2

序号	标准名称	“五距”要求	码放要求
1	《危险化学品仓库储存通则》(GB 15603—2023)	主通道大于或等于 200cm； 墙距大于或等于 50cm； 柱距大于或等于 30cm； 垛距大于或等于 100cm(每个堆垛的面积不应大于 150m^2)； 灯距大于或等于 50cm	
2	《仓储场所消防安全管理通则》(XF 1131—2014)	垛与垛间距不小于 1m； 垛与墙间距不小于 0.5m； 垛与梁、柱间距不小于 0.3m； 主要通道的宽度不小于 2m	每垛占地面积不宜大于 100m^2

(3)危险货物出入库，必须进行核查登记。库存危险货物应当符合国家标准对安全、消防的要求，库场设置明显标志。储存设备和安全设施应当定期检测。防止不同性质的危险货物相互接触发生反应引起火灾或由于灭火方法不同给火灾扑救工作增加困难，甚至造成更大的火灾损失。

(4)库房应根据经营规模的大小设置、配备足够的消防设施和器材。消防管网和消防栓等消防水源设施符合《建筑设计防火规范》(GB 50016)要求。

(5)库房门应根据危险化学品性质相应采用具有防火、防雷、防静电、防腐、不产生火花等功能的单一或复合材料制成，门应向疏散方向开启。

(6)存在爆炸危险的库房应设置泄压设施。泄压方向宜向上，侧面泄压应避开人员集中场所、主要通道及能引起二次爆炸的仓库。泄压设施应采用轻质屋面板、轻质墙体和易于泄压的门、窗等。

(7)库房内照明设施和电气设备的配电箱及电气开关应设置在仓库外,并应可靠接地,安装过压、过载、触电、漏电保护设施,采取防雨、防潮保护措施。

(8)库房配备应急救援设施和必要的应急救援器材和特种防护抢险用品。库场的消防设施、器材应当有专人管理,负责检查、保养、随时更新和添置,确保完好有效。

(9)对报警、联络的通信设备保证畅通,同时还应当设置感温报警器、感光报警器、感烟报警器、可燃气体报警器等报警装置,并将传感器应用于库房。

第三节 海运危险货物集装箱装箱安全技术要求

《海运危险货物集装箱装箱安全技术要求》(GB 40163—2021)规定了海运危险货物集装箱作业的基本要求、装箱前准备工作、装箱和封箱要求、装箱后要求以及记录与单证要求,适用于船舶载运危险货物集装箱的装箱作业。

一、基本要求

(一)集装箱和包装

1. 集装箱

(1)集装箱、可移动罐柜、多单元气体容器(无特殊说明的,以下统称“集装箱”)的设计、制造、检验、试验、营运均应符合《集装箱法定检验技术规则》、IMO CSC 和 IMO IMDG 的规定,并持有有效的证书或报告。

(2)集装箱应显示安全合格牌照和检验合格标记。

(3)装运非冷冻液化液体的可移动罐柜应符合《船舶载运非冷冻液化气体罐柜技术要求》(JT/T 813)的规定。

(4)可移动罐柜和多单元气体容器应在罐体的连接件(如进口管、排放口等配件及截止阀等)清楚表明其用途。

2. 包装

(1)包装应坚固并处于完好的状态,与货物接触的部位不因货物的特性而降低其性能,并能经受装卸和海运的一般风险。

(2)包装应检验合格,持有相应的合格证书,并显示包装标记。

(3)包装上应有危险性标志和标记应符合《国际危规》的规定。

(二)作业环境

(1)应在光线或照明良好的环境下进行装箱作业。

(2)不应在雷电条件下装箱作业。

(3)不具备良好遮蔽条件的装箱场所,遇雨、雪、大风等恶劣天气应立即停止作业,关闭箱门。

(4)装箱现场应采取适当的措施防止火患,不应在危险货物周围吸烟、动火或进行可能产生火花的作业。

(5)各种安全防护装置、照明、信号、检测仪表、警戒标记、防雷、报警装置等设备应经过认证,并定期检查,不应随意拆除和占用。

(6)如果有必要为集装箱供电以操作制冷或加热设备时,应保证连接插头可用。

(三)装卸工具

(1)应根据包装性质和包装质量选用装卸工具,机械及其附属器械不应影响包装的完整性。

(2)叉车装卸搬运货物时应采取防护措施,采用安全速度,防爆叉车性能应符合《爆炸性环境用工业车辆防爆技术通则》(GB/T 19854)的要求。

二、装箱前准备工作

(一)装箱人

(1)装箱人应备齐货物的申报资料、包装检验合格证书、危险货物安全技术说明书、适用版本的《国际危规》等相关资料。货物资料的内容应包括危险货物的如下信息:联合国编号、正确运输名称、类别、副危险性(如适用)、包装类(如适用)、闭杯闪点(如适用)、标记(如适用)、标识批号(如适用)、总数量、总质量等。

(2)集装箱现场检查员应审核货物的相关资料与实际货况、装箱信息的一致性。

(二)危险货物包装检查

1. 包件检查

(1)包装不得有任何损坏、渗漏和散漏迹象。木板箱包装不应有钉子外露。

(2)包件不应有污染迹象。有污染迹象的包装,应确定其安全性和可接受性。

(3)装箱前,应去除包装外部的水、雪、冰及其他附着物。

2. 托盘货物检查

(1)托盘货物应按规则形状排放,侧面保持垂直,顶部保持水平。

(2)所用的绑扎材料应与货物相容,在潮湿、温度骤变、日晒等情况下保持有效系固。

(3)托盘应处于良好状态,符合装卸作业和危险货物质量的强度要求。无钉子、螺钉、木刺等突出物。

3. 标志、标记检查

(1)标志。

包件应显示正确的危险性标志;标志的位置应符合规定;如货物进行系固、绑扎以致货物包装上的标志无法从外侧明显标识,应在货物外部面向箱门处另行张贴危险货物标志;标志应清晰可见、易识别,且与包件外表的背景形成鲜明的颜色对比。

(2)标记。

装有危险货物的包装应标有正确的运输名称、联合国编号及其他规定标记。

(三)危险货物装箱操作

1. 装箱要求

(1)按积载计划进行装箱。

(2)装箱过程中应轻拿轻放,禁止肩扛、背负、冲撞、摔碰、翻滚,以防包装破损。

(3)包件的桶盖、瓶盖应朝上,不准倒置。包装通气孔向上,不被堵塞。

(4)不应装运损坏、渗漏、破漏的包件。装箱时危险货物包装发生损坏、渗漏,应在装箱检查人员的监督下,立即按货物特性进行有效处置。

(5)渗漏的危险货物会造成爆炸、自燃、毒害或类似重大危险的,应立即将人员撤离到安全地带,并通知有关应急部门。

(6)装载有温控要求的危险货物,货物包件应预先冷却,保证装载温度符合最低控制要求。

(7)所装载货物有其他特殊要求的从其要求。

2. 衬垫要求

(1)箱内装载不同货物或货物采用不同包装形式时,货物之间应用有效衬垫材料作为间壁。

(2)桶装危险货物上下层间应用有效衬垫材料衬垫,以分散上层货物负荷。下层的桶类包装顶部与上层的桶类包装底部设计为严密契合的嵌入式结构,且底层货物的桶类包装具有足够的强度,可以不用衬垫。

(3)装载货物与箱壁之间可用有效衬垫材料塞紧,防止货物发生移动。

(4)衬垫应有足够防护强度,能够有效避免运输过程中货物在集装箱内发生垂直或水平方向上的位移而引起的损坏。

(5)衬垫的类型包括托盘、胶合板、木条和木板等类型的衬垫时,应支撑在集装箱的角柱、角件、端柱和侧柱上,避免支撑在侧壁板、箱门板上造成侧壁板、箱门板损坏。

3. 危险货物在集装箱内的系固

(1)集装箱内的货物应加以系固,防止移动。货物的系固方法不应导致货物或集装箱的损坏。

(2)系固材料(如钢丝绳、纤维索、钢带、尼龙带、气袋、伸缩杆、防护网、胶粘带等)应有足够强度,能承受因运输加速度的变化而产生的各种应力,且不应导致箱内危险货物产生安全隐患。

(3)用于集装箱内系固的紧固件应有锁定装置,系固完毕后,所有紧固件都应处于锁定位置,防止在运输途中因振动和摇摆等因素,使紧固件松动而降低紧固效果。

(4)气袋使用应符合下列要求。

①使用气袋应遵守产品说明书中关于填充压力和最大空隙宽度的要求。考虑到集装箱内

部温度升高或降低的可能性,填充气袋时应视情况留有余量。

②用气袋来填充集装箱门口的空隙时,应采取相应的防护措施,防止开箱作业时气袋导致箱门突然打开。

③如空隙表面不平整,存在擦坏或刺穿气袋的风险,应采取恰当的措施保持空隙表面适度平滑。

(5)使用钉子固定时,钉子或钉帽不应外露。

第十五章
化学品生产单位特殊作业安全规范

第一节 基础知识

一、特殊作业的内容

《化学品生产单位特殊作业安全规范》(GB 30871—2022)规定了危险化学品企业动火作业、受限空间作业、盲板抽堵作业、高处作业、吊装作业、临时用电作业、动土作业、断路作业等特殊作业的安全要求,适用于危险化学品生产、经营(带储存)企业,化工及医药企业(以下简称"危险化学品企业")。

二、定义

(1)特殊作业:危险化学品企业生产经营过程中可能涉及的动火、进入受限空间、盲板抽堵、高处作业、吊装、临时用电、动土、断路等,对作业者本人、他人及周围建(构)筑物、设备设施可能造成危害或损毁的作业。

(2)火灾爆炸危险场所:能够与空气形成爆炸性混合物的气体、蒸气、粉尘等介质环境以及在高温、受热、摩擦、撞击、自燃等情况下可能引发火灾、爆炸的场所。

(3)固定动火区:在非火灾爆炸危险场所划出的专门用于动火的区域。

(4)动火作业:在直接或间接产生明火的工艺设施以外的禁火区内从事可能产生火焰、火花或炽热表面的非常规作业。

注:包括用电焊、气焊(割)、喷灯、电钻、砂轮、喷砂机等进行的作业。

(5)受限空间:进出受限,通风不良,可能存在易燃易爆、有毒有害物质或缺氧,对进入人员的身体健康和生命安全构成威胁的封闭、半封闭设施及场所。

注:包括反应器、塔、釜、槽、罐、炉膛、锅筒、管道以及地下室、窨井、坑(池)、管沟或其他封闭、半封闭场所。

(6)受限空间作业:进入或探入受限空间进行的作业。

(7)盲板抽堵作业:在设备、管道上安装和拆除盲板的作业。

(8)高处作业:在距坠落基准面2m及2m以上有可能坠落的高处进行的作业。

注:坠落基准面是指坠落处最低点的水平面。

(9)吊装作业:利用各种吊装机具将设备、工件、器具、材料等吊起,使其发生位置变化的作业。

(10)临时用电:在正式运行的电源上所接的非永久性用电。

(11)动土作业:挖土、打桩、钻探、坑探、地锚入土深度在0.5m以上;使用推土机、压路机等施工机械进行填土或平整场地等可能对地下隐蔽设施产生影响的作业。

(12)断路作业:生产区域内,交通主、支路与车间引道上进行工程施工、吊装、吊运等各种影响正常交通的作业。

第二节　基本要求

(1)作业前,危险化学品企业应组织作业单位对作业现场和作业过程中可能存在的危险有害因素进行辨识,开展作业危害分析,制定相应的安全风险管控措施。

(2)作业前,危险化学品企业应采取措施对拟作业的设备设施、管线进行处理,确保满足相应作业安全要求:

①对设备、管线内介质有安全要求的特殊作业,应采用倒空、隔绝、清洗、置换等方式进行处理;

②对具有能量的设备设施、环境应采取可靠的能量隔离措施。

注:能横隔离是指将潜在的、可能因失控造成人身伤害、环境损害、设备损坏、财产损失的能量进行有效的控制、隔离和保护。包括机械隔离、工艺隔离、电气隔离、放射源隔离等。

(3)进入作业现场的人员应正确佩戴满足《个体防护装备配备规范　第1部分:总则》(GB 39800.1)要求的个体防护装备。

(4)作业前,危险化学品企业应对参加作业的人员进行安全措施交底,主要包括:

①作业现场和作业过程中可能存在的危险、有害因素及采取的具体安全措施与应急措施;

②会同作业单位组织作业人员到作业现场,了解和熟悉现场环境,进一步核实安全措施的可靠性,熟悉应急救援器材的位置及分布;

③涉及断路、动土作业时,应对作业现场的地下隐蔽工程进行交底。

(5)作业前,危险化学品企业应组织作业单位对作业现场及作业涉及的设备、设施、工器具等进行检查,并使之符合如下要求:

①作业现场消防通道、行车通道应保持畅通;影响作业安全的杂物应清理干净;

②作业现场的梯子、栏杆、平台、篦子板、盖板等设施应完整、牢固,采用临时设施应确保安全;

③作业现场可能危及安全的坑、井、沟、孔洞等应采取有效防护措施,并设警示标志;需要检修的设备上的电器电源应可靠断电,在电源开关处加锁并加挂安全警示牌;

④作业使用的个体防护器具、消防器材、通信设备、照明设备等应完好;

⑤作业时使用的脚手架、起重机械、电气焊(割)用具、手持电动工具等各种工器具符合作业安全要求,超过安全电压的手持式、移动式电动工器具应逐个配置漏电保护器和电源开关;

⑥设置符合《安全标志及其使用导则》(GB 2894)的安全警示标志;

⑦按照《危险化学品单位应急救援物资配备要求》(GB 30077)要求配备应急设施;

⑧腐蚀性介质的作业场所应在现场就近(30m内)配备人员应急用冲洗水源。

(6)作业前,危险化学品企业应组织办理作业审批手续,并由相关责任人签字审批。同一作业涉及两种或两种以上特殊作业时,应同时执行各自作业要求,办理相应的作业审批手续。作业时,审批手续应齐全、安全措施应全部落实、作业环境应符合安全要求。

(7)同一作业区域应减少、控制多工种、多层次交叉作业,最大限度避免交叉作业;交叉作业应由危险化学品企业指定专人统一协调管理,作业前要组织开展交叉作业风险辨识,采取可靠的保护措施,并保持作业之间信息畅通,确保作业安全。当作业现场出现异常,可能危及作业人员安全时,作业人员应停止作业,迅速撤离,作业单位应立即通知生产单位。

(8)当生产装置或作业现场出现异常,可能危及作业人员安全时,作业人员应立即停止作业,迅速撤离,并及时通知相关单位及人员。

(9)特殊作业涉及的特种作业和特种设备作业人员应取得相应资格证书,持证上岗。界定为《职业禁忌证界定导则》(GBZ/T 260)中规定的职业禁忌证者不应参与相应作业。

(10)作业期间应设监护人,监护人应由具有生产(作业)实践经验的人员担任,并经专项培训考试合格,佩戴明显标识,持培训合格证上岗。

监护人的通用职责要求:

①作业前检查安全作业票。安全作业票应与作业内容相符并在有效期内;核查安全作业票中各项安全措施已得到落实。

②确认相关作业人员持有效资格证书上岗。

③核查作业人员配备和使用的个体防护装备满足作业要求。

④对作业人员的行为和现场安全作业条件进行检查与监督,负责作业现场的安全协调与联系。

⑤当作业现场出现异常情况时应中止作业,并采取安全有效措施进行应急处置,当作业人员违章时,应及时制止违章,情节严重时,应收回安全作业票、中止作业。

⑥作业期间,监护人不应擅自离开作业现场且不应从事与监护无关的事。确需离开作业现场时,应收回安全作业票,中止作业。

(11)作业审批人的职责要求:

①应在作业现场完成审批工作;

②应核查安全作业票审批级别与企业管理制度中规定级别一致情况,各项审批环节符合企业管理要求情况;

③应核查安全作业票中各项风险识别及管控措施落实情况。

(12)作业时使用的移动式可燃、有毒气体检测仪,氧气检测仪应符合《可燃气体探测器 第 3 部分:工业及商业用途便携式可燃气体探测器》(GB 15322.3)和《石油化工可燃气体和有毒气体检测报警设计标准》(GB/T 50493—2019)中 5.2 的要求。

(13)作业现场照明系统配置要求:

①作业现场应设置满足作业要求的照明装备;

②受限空间内使用的照明电压不应超过 36V,并满足安全用电要求;在潮湿容器、狭小容器内作业电压不应超过 12V;在盛装过易燃易爆气体、液体等介质的容器内作业应使用防爆灯具;在可燃性粉尘爆炸环境作业时应采用符合相应防爆等级要求的灯具;

③作业现场可能危及安全的坑、井、沟、孔洞等周围,夜间应设警示红灯;

④动力和照明线路应分路设置。

(14)作业完毕,应及时恢复作业时拆移的盖板、篦子板、扶手、栏杆、防护罩等安全设施的使用功能,恢复临时封闭的沟渠或地井,并清理作业现场,恢复原状。

(15)作业完毕,应及时进行验收确认。

(16)作业内容变更、作业范围扩大、作业地点转移或超过安全作业票有效期限时,应重新办理安全作业票。

(17)工艺条件、作业条件、作业方式或作业环境改变时,应重新进行作业危害分析,核对风险管控措施,重新办理安全作业票。

(18)安全作业票应规范填写,不得涂改。

第三节　特殊作业的具体要求

一、动火作业

(一)作业分级

(1)固定动火区外的动火作业分为特级动火、一级动火和二级动火三个级别;遇节假日、公休日、夜间或其他特殊情况,动火作业应升级管理。

(2)特级动火作业:在火灾爆炸危险场所处于运行状态下的生产装置设备、管道、储罐、容器等部位上进行的动火作业(包括带压不置换动火作业);存有易燃易爆介质的重大危险源罐区防火堤内的动火作业。

(3)一级动火作业:在火灾爆炸危险场所进行的除特级动火作业以外的动火作业,管廊上的动火作业按一级动火作业管理。

(4)二级动火作业:除特级动火作业和一级动火作业以外的动火作业。生产装置或系统全部停车,装置经清洗、置换、分析合格并采取安全隔离措施后,根据其火灾、爆炸危险性大小,经危险化学品企业生产负责人或安全管理负责人批准,动火作业可按二级动火作业管理。

(5)特级、一级动火安全作业票有效期不应超过8h;二级动火安全作业票有效期不应超过72h。

(二)作业基本要求

(1)动火作业应有专人监护,作业前应清除动火现场及周围的易燃物品,或采取其他有效安全防火措施,并配备消防器材,满足作业现场应急需求。

(2)凡在盛有或盛装过助燃或易燃易爆危险化学品的设备、管道等生产、储存设施及本文件规定的火灾爆炸危险场所中生产设备上的动火作业,应将上述设备设施与生产系统彻底断开或隔离,不应以水封或仅关闭阀门代替盲板作为隔断措施。

(3)拆除管线进行动火作业时,应先查明其内部介质危险特性、工艺条件及其走向,并根据所要拆除管线的情况制定安全防护措施。

(4)动火点周围或其下方如有可燃物、电缆桥架、孔洞、窨井、地沟、水封设施、污水井等,应检查分析并采取清理或封盖等措施;对于动火点周围15m范围内有可能泄漏易燃、可燃物料的设备设施,应采取隔离措施;对于受热分解可产生易燃易爆、有毒有害物质的场所,应进行风险分析并采取清理或封盖等防护措施。

(5)在有可燃物构件和使用可燃物做防腐内衬的设备内部进行动火作业时,应采取防火隔绝措施。

(6)在作业过程中可能释放出易燃易爆、有毒有害物质的设备上或设备内部动火时,动火前应进行风险分析,并采取有效的防范措施,必要时应连续检测气体浓度,发现气体浓度超限报警时,应立即停止作业;在较长的物料管线上动火,动火前应在彻底隔绝区域内分段采样分析。

(7)在生产、使用、储存氧气的设备上进行动火作业时,设备内氧含量不应超过 23.5%(体积分数)。

(8)在油气罐区防火堤内进行动火作业时,不应同时进行切水、取样作业。

(9)动火期间,距动火点 30m 内不应排放可燃气体;距动火点 15m 内不应排放可燃液体;在动火点 10m 范围内、动火点上方及下方不应同时进行可燃溶剂清洗或喷漆作业;在动火点 10m 范围内不应进行可燃性粉尘清扫作业。

(10)在厂内铁路沿线 25m 以内动火作业时,如遇装有危险化学品的火车通过或停留时,应立即停止作业。

(11)特级动火作业应采集全过程作业影像,且作业现场使用的摄录设备应为防爆型。

(12)使用电焊机作业时,电焊机与动火点的间距不应超过 10m,不能满足要求时应将电焊机作为动火点进行管理。

(13)使用气焊、气割动火作业时,乙炔瓶应直立放置,不应卧放使用;氧气瓶与乙炔瓶的间距不应小于 5m,二者与动火点间距不应小于 10m,并应采取防晒和防倾倒措施;乙炔瓶应安装防回火装置。

(14)作业完毕后应清理现场,确认无残留火种后方可离开。

(15)遇五级风以上(含五级风)天气,禁止露天动火作业;因生产确需动火,动火作业应升级管理。

(16)涉及可燃性粉尘环境的动火作业应满足《粉尘防爆安全规程》(GB 15577)要求。

(三)动火分析及合格标准

(1)动火作业前应进行气体分析,要求如下:

①气体分析的检测点要有代表性,在较大的设备内动火,应对上、中、下(左、中、右)各部位进行检测分析;

②在管道、储罐、塔器等设备外壁上动火,应在动火点 10m 范围内进行气体分析,同时还应检测设备内气体含量;在设备及管道外环境动火,应在动火点 10m 范围内进行气体分析;

③气体分析取样时间与动火作业开始时间间隔不应超过 30min;

④特级、一级动火作业中断时间超过 30min,二级动火作业中断时间超过 60min,应重新进行气体分析;每日动火前均应进行气体分析;特级动火作业期间应连续进行监测。

(2)动火分析合格判定标准为:

①当被测气体或蒸气的爆炸下限大于或等于 4% 时,其被测浓度应不大于 0.5%(体积分数);

②当被测气体或蒸气的爆炸下限小于4%时，其被测浓度应不大于0.2%（体积分数）。

（四）特级动火作业要求

（1）特级动火作业应符合动火作业基本要求、分析及合格标准的规定。

（2）特级动火作业还应符合以下规定：

①应预先制定作业方案，落实安全防火防爆及应急措施；

②在设备或管道上进行特级动火作业时，设备或管道内应保持微正压；

③存在受热分解爆炸、自爆物料的管道和设备设施上不应进行动火作业；

④生产装置运行不稳定时，不应进行带压不置换动火作业。

（五）固定动火区管理

（1）固定动火区的设定应由危险化学品企业审批后确定，设置明显标志；应每年至少对固定动火区进行一次风险辨识。周围环境发生变化时，危险化学品企业应及时辨识、重新划定。

（2）固定动火区的设置应满足以下安全条件要求：

①不应设置在火灾爆炸危险场所；

②应设置在火灾爆炸危险场所全年最小频率风向的下风或侧风方向，并与相邻企业火灾爆炸危险场所满足防火间距要求；

③距火灾爆炸危险场所的厂房、库房、罐区、设备、装置、窨井、排水沟、水封设施等不应小于30m；

④室内固定动火区应以实体防火墙与其他部分隔开，门窗外开，室外道路畅通；

⑤位于生产装置区的固定动火区应设置带有声光报警功能的固定式可燃气体检测报警器；

⑥固定动火区内不应存放可燃物及其他杂物，应制定并落实完善的防火安全措施，明确防火责任人。

二、受限空间作业

（1）作业前，应对受限空间进行安全隔绝，要求如下：

①与受限空间连通的可能危及安全作业的管道，应采用加盲板或拆除一段管道的方式进行隔离；不应采用水封或关闭阀门代替盲板作为隔断措施；

②与受限空间连通的可能危及安全作业的孔、洞应进行严密封堵；

③对作业设备上的电器电源，应采取可靠的断电措施，电源开关处应上锁并加挂警示牌。

（2）作业前，应保持受限空间内空气流通良好，可采取如下措施：

①打开人孔、手孔、料孔、风门、烟门等与大气相通的设施进行自然通风；

②必要时，可采用强制通风或管道送风，管道送风前应对管道内介质和风源进行分析确认；

③在忌氧环境中作业，通风前应对作业环境中与氧性质相抵的物料采取卸放、置换或清洗合格的措施，达到可以通风的安全条件要求。

（3）作业前，应确保受限空间内的气体环境满足作业要求，内容如下：

①作业前 30min 内,对受限空间进行气体检测,检测分析合格后方可进入;

②检测点应有代表性,容积较大的受限空间,应对上、中、下(左、中、右)各部位进行检测分析;

③检测人员进入或探入受限空间检测时,应佩戴下述(6)中规定的个体防护装备;

④涂刷具有挥发性溶剂的涂料时,应采取强制通风措施;

⑤不应向受限空间充纯氧气或富氧空气;

⑥作业中断时间超过 60min 时,应重新进行气体检测分析。

(4)受限空间内气体检测内容及要求如下:

①氧气含量为 19.5% ~21%(体积分数),在富氧环境下不应大于 23.5%(体积分数);

②有毒物质允许浓度应符合《工作场所有害因素职业接触限值　第 1 部分:化学有害因素》(GBZ 2.1)的规定;

③可燃气体、蒸气浓度要求应符合动火作业时的规定。

(5)作业时,作业现场应配置移动式气体检测报警仪,连续检测受限空间内可燃气体、有毒气体及氧气浓度,并 2h 记录 1 次;气体浓度超限报警时,应立即停止作业、撤离人员、对现场进行处理,重新检测合格后方可恢复作业。

(6)进入受限空间作业人员应正确穿戴相应的个体防护装备。进入下列受限空间作业应采取如下防护措施:

①缺氧或有毒的受限空间经清洗或置换仍达不到该上述(4)要求的,应佩戴满足《呼吸防护用品的选择、使用与维护》(GB/T 18664)要求的隔绝式呼吸防护装备,并正确拴带救生绳;

②易燃易爆的受限空间经清洗或置换仍达不到该上述(4)要求的,应穿防静电工作服及工作鞋,使用防爆工器具;

③存在酸碱等腐蚀性介质的受限空间,应穿戴防酸碱防护服、防护鞋、防护手套等防腐蚀装备;

④在受限空间内从事电焊作业时,应穿绝缘鞋;

⑤有噪声产生的受限空间,应佩戴耳塞或耳罩等防噪声护具;

⑥有粉尘产生的受限空间,应在满足《粉尘防爆安全规程》(GB 15577)要求的条件下,按《个体防护装备配备规范　第 1 部分:总则》(GB 39800.1)要求佩戴防尘口罩等防尘护具;

⑦高温的受限空间,应穿戴高温防护用品,必要时采取通风、隔热等防护措施;

⑧低温的受限空间,应穿戴低温防护用品,必要时采取供暖措施;

⑨在受限空间内从事清污作业,应佩戴隔绝式呼吸防护装备,并正确拴带救生绳;

⑩在受限空间内作业时,应配备相应的通信工具。

(7)当一处受限空间存在动火作业时,该处受限空间内不应安排涂刷油漆、涂料等其他可能产生有毒有害、可燃物质的作业活动。

(8)对监护人的特殊要求:

①监护人应在受限空间外进行全程监护,不应在无任何防护措施的情况下探入或进入受限空间;

②在风险较大的受限空间作业时,应增设监护人员,并随时与受限空间内作业人员保持联络;

③监护人应对进入受限空间的人员及其携带的工器具种类、数量进行登记,作业完毕后再次进行清点,防止遗漏在受限空间内。

(9)受限空间作业应满足的其他要求:

①受限空间出入口应保持畅通;

②作业人员不应携带与作业无关的物品进入受限空间;作业中不应抛掷材料、工器具等物品;在有毒、缺氧环境下不应摘下防护面具;

③难度大、劳动强度大、时间长、高温的受限空间作业应采取轮换作业方式;

④接入受限空间的电线、电缆、通气管应在进口处进行保护或加强绝缘,应避免与人员出入使用同一出入口;

⑤作业期间发生异常情况时,未穿戴上述(6)规定个体防护装备的人员严禁入内救援;

⑥停止作业期间,应在受限空间入口处增设警示标志,并采取防止人员误入的措施;

⑦作业结束后,应将工器具带出受限空间。

(10)受限空间安全作业票有效期不应超过24h。

三、盲板抽堵作业

(1)作业前,危险化学品企业应预先绘制盲板位置图,对盲板进行统一编号,并设专人统一指挥作业。

(2)在不同危险化学品企业共用的管道上进行盲板抽堵作业,作业前应告知上下游相关单位。

(3)作业单位应根据管道内介质的性质、温度、压力和管道法兰密封面的口径等选择相应材料、强度、口径和符合设计、制造要求的盲板及垫片,高压盲板使用前应经超声波探伤;盲板选用应符合《管道用钢制插板、垫环、8字盲板系列》(HG/T 21547)或《阀门零部件　高压盲板》(JB/T 2772)的要求。

(4)作业单位应按位置图进行盲板抽堵作业,并对每个盲板进行标识,标牌编号应与盲板位置图上的盲板编号一致,危险化学品企业应逐一确认并做好记录。

(5)作业前,应降低系统管道压力至常压,保持作业现场通风良好,并设专人监护。

(6)在火灾爆炸危险场所进行盲板抽堵作业时,作业人员应穿防静电工作服、工作鞋,并使用防爆工具;距盲板抽堵作业地点30m内不应有动火作业。

(7)在强腐蚀性介质的管道、设备上进行盲板抽堵作业时,作业人员应采取防止酸碱化学灼伤的措施。

(8)在介质温度较高或较低、可能造成人员烫伤或冻伤的管道、设备上进行盲板抽堵作业时,作业人员应采取防烫、防冻措施。

(9)在有毒介质的管道、设备上进行盲板抽堵作业时,作业人员应按《个体防护装备配备规范　第1部分:总则》(GB 39800.1)的要求选用防护用具。在涉及硫化氢、氯气、氨气、一氧化碳及氰化物等毒性气体的管道和设备上进行作业时,除满足上述要求外,还应配备移动式气体检测仪。

(10)不应在同一管道上同时进行两处或两处以上的盲板抽堵作业。

(11)同一盲板的抽、堵作业,应分别办理盲板抽、堵安全作业票,一张安全作业票只能进行一块盲板的一项作业。

(12)盲板抽堵作业结束,由作业单位和危险化学品企业专人共同确认。

四、高处作业

(一)作业分类

(1)作业高度 h 按照《高处作业分级》(GB/T 3608)分为四个区段:$2m \leqslant h \leqslant 5m$;$5m < h \leqslant 15m$;$15m < h \leqslant 30m$;$h > 30m$。

(2)直接引起坠落的客观危险因素分为 9 种:

①阵风风力五级(风速 8.0m/s)以上;

②平均气温等于或低于 5℃的作业环境;

③接触冷水温度等于或低于 12℃的作业;

④作业场地有冰、雪、霜、油、水等易滑物;

⑤作业场所光线不足或能见度差;

⑥作业活动范围与危险电压带电体距离小于表 15-1 的规定;

作业活动范围与危险电压带电体的距离 表 15-1

危险电压带电体的电压等级(kV)	≤10	35	63 ~ 110	220	330	500
距离(m)	1.7	2.0	2.5	4.0	5.0	6.0

⑦摆动,立足处不是平面或只有很小的平面,即任一边小于 500mm 的矩形平面、直径小于 500mm 的圆形平面或具有类似尺寸的其他形状的平面,致使作业者无法维持正常姿势;

⑧存在有毒气体或空气中含氧量低于 19.5%(体积分数)的作业环境;

⑨可能会引起各种灾害事故的作业环境和抢救突然发生的各种灾害事故。

(3)不存在表 15-1 列出的任一种客观危险因素的高处作业按表 15-2 规定的 A 类法分级,存在表 15-1 列出的一种或一种以上客观危险因素的高处作业按表 15-2 规定的 B 类法分级。

高处作业分级 表 15-2

分类法	高处作业高度(m)			
	$2 \leqslant h \leqslant 5$	$5 < h \leqslant 15$	$15 < h \leqslant 30$	$h > 30$
A	Ⅰ	Ⅱ	Ⅲ	Ⅳ
B	Ⅱ	Ⅲ	Ⅳ	Ⅳ

(二)作业要求

(1)高处作业人员应正确佩戴符合《坠落防护 安全带》(GB 6095)要求的安全带及符合《坠落防护 安全绳》(GB 24543)要求的安全绳,30m 以上高处作业应配备通信联络工具。

(2)高处作业应设专人监护,作业人员不应在作业处休息。

(3)应根据实际需要配备符合安全要求的作业平台、吊笼、梯子、挡脚板、跳板等;脚手架的搭设、拆除和使用应符合《建筑施工脚手架安全统一标准》(GB 51210)等有关标准要求。

(4)高处作业人员不应站在不牢固的结构物上进行作业;在彩钢板屋顶、石棉瓦、瓦棱板等轻型材料上作业,应铺设牢固的脚手板并加以固定,脚手板上要有防滑措施;不应在未固定、无防护设施的构件及管道上进行作业或通行。

(5)在邻近排放有毒、有害气体、粉尘的放空管线或烟囱等场所进行作业时,应预先与作业属地生产人员取得联系,并采取有效的安全防护措施,作业人员应配备必要的符合国家相关标准的防护装备(如隔绝式呼吸防护装备、过滤式防毒面具或口罩等)。

(6)雨天和雪天作业时,应采取可靠的防滑、防寒措施;遇有五级风以上(含五级风)、浓雾等恶劣天气,不应进行高处作业、露天攀登与悬空高处作业;暴风雪、台风、暴雨后,应对作业安全设施进行检查,发现问题立即处理。

(7)作业使用的工具、材料、零件等应装入工具袋,上下时手中不应持物,不应投掷工具、材料及其他物品;易滑动、易滚动的工具、材料堆放在脚手架上时,应采取防坠落措施。

(8)在同一坠落方向上,一般不应进行上下交叉作业,如需进行交叉作业,中间应设置安全防护层,坠落高度超过24m的交叉作业,应设双层防护。

(9)因作业需要,须临时拆除或变动作业对象的安全防护设施时,应经作业审批人员同意,并采取相应的防护措施,作业后应及时恢复。

(10)拆除脚手架、防护棚时,应设警戒区并派专人监护,不应上下同时施工。

(11)安全作业票的有效期最长为7天。当作业中断,再次作业前,应重新对环境条件和安全措施进行确认。

五、吊装作业

(一)作业分级

吊装作业按照吊装重物质量 m 不同分为:

(1)一级吊装作业:$m > 100t$;

(2)二级吊装作业:$40t \leqslant m \leqslant 100t$;

(3)三级吊装作业:$m < 40t$。

(二)作业要求

(1)一、二级吊装作业,应编制吊装作业方案。吊装物体质量虽不足40t,但形状复杂、刚度小、长径比大、精密贵重,以及在作业条件特殊的情况下,三级吊装作业也应编制吊装作业方案;吊装作业方案应经审批。

(2)吊装场所如有含危险物料的设备、管道时,应制定详细吊装方案,并对设备、管道采取有效防护措施,必要时停车,放空物料,置换后再进行吊装作业。

(3)不应靠近高架电力线路进行吊装作业;确需在电力线路附近作业时,起重机械的安全距离应大于起重机械的倒塌半径并符合《电力安全工作规程　电力线路部分》(DL/T 409)的要求;不能满足时,应停电后再进行作业。

(4)大雪、暴雨、大雾及六级以上风时,不应露天作业。

(5)作业前,作业单位应对起重机械、吊具、索具、安全装置等进行检查,确保其处于完好、安全状态,并签字确认。

(6)指挥人员应佩戴明显的标志,并按《起重机　手势信号》(GB/T 5082)规定的联络信号进行指挥。

(7)应按规定负荷进行吊装,吊具、索具应经计算选择使用,不应超负荷吊装。

(8)不应利用管道、管架、电杆、机电设备等作吊装锚点;未经土建专业人员审查核算,不应将建筑物、构筑物作为锚点。

(9)起吊前应进行试吊,试吊中检查全部机具、锚点受力情况,发现问题应立即将吊物放回地面,排除故障后重新试吊,确认正常后方可正式吊装。

(10)吊装作业人员应遵守如下规定:

①按指挥人员发出的指挥信号进行操作;任何人发出的紧急停车信号均应立即执行;吊装过程中出现故障,应立即向指挥人员报告;

②吊物接近或达到额定起重吊装能力时,应检查制动器,用低高度、短行程试吊后,再吊起;

③利用两台或多台起重机械吊运同一重物时应保持同步,各台起重机械所承受的载荷不应超过各自额定起重能力的80%;

④下放吊物时,不应自由下落(溜);不应利用极限位置限制器停车;

⑤不应在起重机械工作时对其进行检修;不应有载荷的情况下调整起升变幅机构的制动器;

⑥停工和休息时,不应将吊物、吊笼、吊具和吊索悬在空中;

⑦以下情况不应起吊:

a. 无法看清场地、吊物,指挥信号不明;

b. 起重臂吊钩或吊物下面有人、吊物上有人或浮置物;

c. 重物捆绑、紧固、吊挂不牢,吊挂不平衡,索具打结,索具不齐,斜拉重物,棱角吊物与钢丝绳之间无衬垫;

d. 吊物质量不明,与其他重物相连,埋在地下,与其他物体冻结在一起。

(11)司索人员应遵守如下规定:

①听从指挥人员的指挥,并及时报告险情;

②不应用吊钩直接缠绕重物及将不同种类或不同规格的索具混在一起使用;

③吊物捆绑应牢靠,吊点设置应根据吊物重心位置确定,保证吊装过程中吊物平衡;起升吊物时应检查其连接点是否牢固、可靠;吊运零散件时,应使用专门的吊篮、吊斗等器具,吊篮、吊斗等不应装满;

④吊物就位时,应与吊物保持一定的安全距离,用拉绳或撑杆、钩子辅助其就位;

⑤吊物就位前,不应解开吊装索具。

⑥吊装人员作业时与司索工有关的不应起吊的情况,司索工应做相应处理。

(12)监护人员应确保吊装过程中警戒范围区内没有非作业人员或车辆经过;吊装过程中吊物及起重臂移动区域下方不应有任何人员经过或停留。

（13）用定型起重机械（例如履带式起重机、轮胎式起重机、桥式起重机等）进行吊装作业时，除遵守本文件外，还应遵守该定型起重机械的操作规程。

（14）作业完毕应做如下工作：

①将起重臂和吊钩收放到规定位置，所有控制手柄均应放到零位，电气控制的起重机械的电源开关应断开。

②对在轨道上作业的起重机，应将起重机停放在指定位置有效锚定。

③吊索、吊具应收回，放置到规定位置，并对其进行例行检查。

六、临时用电作业

（1）在运行的火灾爆炸危险性生产装置、罐区和具有火灾爆炸危险场所内不应接临时电源，确需时应对周围环境进行可燃气体检测分析，分析结果应符合动火分析的要求。

（2）各类移动电源及外部自备电源，不应接入电网。

（3）在开关上接引、拆除临时用电线路时，其上级开关应断电、加锁并加挂安全警示标牌，接、拆线路作业时，应有监护人在场。

（4）临时用电应设置保护开关，使用前应检查电气装置和保护设施的可靠性。所有的临时用电均应设置接地保护。

（5）临时用电设备和线路应按供电电压等级和容量正确配置，所用的电器元件应符合国家相关产品标准及作业现场环境要求，临时用电电源施工、安装应符合《施工现场临时用电安全技术规范》（JGJ 46）的有关要求，并有良好的接地。

（6）临时用电还应满足如下要求：

①火灾爆炸危险场所应使用相应防爆等级的电气元件，并采取相应的防爆安全措施；

②临时用电线路及设备应有良好的绝缘，所有的临时用电线路应采用耐压等级不低于500V 的绝缘导线；

③临时用电线路经过火灾爆炸危险场所以及有高温、振动、腐蚀、积水及产生机械损伤等区域，不应有接头，并应采取相应的保护措施；

④临时用电架空线应采用绝缘铜芯线，并应架设在专用电杆或支架上；其最大弧垂与地面距离，在作业现场不低于 2.5m，穿越机动车道不低于 5m；

⑤沿墙面或地面敷设电缆线路应符合下列规定：

a. 电缆线路敷设应有醒目的警告标志；

b. 沿地面明敷的电缆线路应沿建筑物墙体根部敷设，穿越道路或其他易受机械损伤的区域，应采取防机械损伤的措施，周围环境应保持干燥；

c. 在电缆敷设路径附近，当有产生明火的作业时，应采取防止火花损伤电缆的措施。

⑥对需埋地敷设的电缆线路应设有走向标志和安全标志。电缆埋地深度不应小于 0.7m，穿越道路时应加设防护套管；

⑦现场临时用电配电盘、箱应有电压标识和危险标识，应有防雨措施，盘、箱、门应能牢靠关闭并能上锁；

⑧临时用电设施应安装符合规范要求的漏电保护器，移动工具、手持式电动工具应逐个配置漏电保护器和电源开关。

(7)未经批准,临时用电单位不应擅自向其他单位转供电或增加用电负荷,以及变更用电地点和用途。

(8)临时用电一般不超过 15 天,特殊情况不应超过 30 天;用于动火、受限空间作业的临时用电时间应和相应作业时间一致;用电结束后,用电单位应及时通知供电单位拆除临时用电线路。

七、动土作业

(1)作业前,应检查工器具、现场支撑是否牢固、完好,发现问题应及时处理。

(2)作业现场应根据需要设置护栏、盖板和警告标志,夜间应悬挂警示灯。

(3)在动土开挖前,应先做好地面和地下排水,防止地面水渗入作业层面造成塌方。

(4)作业前,作业单位应了解地下隐蔽设施的分布情况,作业邻近地下隐蔽设施时,应使用适当工具人工挖掘,避免损坏地下隐蔽设施;如暴露出电缆、管线以及不能辨认的物品时,应立即停止作业,妥善加以保护,报告动土审批单位,经采取保护措施后方可继续作业。

(5)动土作业应设专人监护。挖掘坑、槽、井、沟等作业,应遵守下列规定:

①挖掘土方应自上而下逐层挖掘,不应采用挖底脚的办法挖掘;使用的材料、挖出的泥土应堆在距坑、槽、井、沟边沿至少 1m 处,堆土高度不应大于 1.5m;挖出的泥土不应堵塞下水道和窨井;

②不应在土壁上挖洞攀登;

③不应在坑、槽、井、沟上端边沿站立、行走;

④应视土壤性质、湿度和挖掘深度设置安全边坡或固壁支撑;作业过程中应对坑、槽、井、沟边坡或固壁支撑架随时检查,特别是雨雪后和解冻时期,如发现边坡有裂缝、松疏或支撑有折断、走位等异常情况时,应立即停止作业,并采取相应措施;

⑤在坑、槽、井、沟的边缘安放机械、铺设轨道及通行车辆时,应保持适当距离,采取有效的固壁措施,确保安全;

⑥在拆除固壁支撑时,应从下而上进行;更换支撑时,应先装新的,后拆旧的;

⑦不应在坑、槽、井、沟内休息。

(6)机械开挖时,应避开构筑物、管线,在距管道边 1m 范围内应采用人工开挖;在距直埋管线 2m 范围内宜采用人工开挖,避免对管线或电缆造成影响。

(7)动土作业人员在沟(槽、坑)下作业应按规定坡度顺序进行,使用机械挖掘时,人员不应进入机械旋转半径内;深度大于 2m 时,应设置人员上下的梯子等能够保证人员快速进出的设施;两人以上同时挖土时应相距 2m 以上,防止工具伤人。

(8)动土作业区域周围发现异常时,作业人员应立即撤离作业现场。

(9)在生产装置区、罐区等危险场所动土时,监护人员应与所在区域的生产人员建立联系,当生产装置区、罐区等场所发生突然排放有害物质时,监护人员应立即通知作业人员停止作业,迅速撤离现场。

(10)在生产装置区、罐区等危险场所动土时,遇有埋设的易燃易爆、有毒有害介质管线、窨井等可能引起燃烧、爆炸、中毒、窒息危险,且挖掘深度超过 1.2m 时,应执行受限空间作业相关规定。

(11)动土作业结束后,应及时回填土石,恢复地面设施。

八、断路作业

(1)作业前,作业单位应会同危险化学品企业相关部门制定交通组织方案,应能保证消防车和其他重要车辆的通行,并满足应急救援要求。

(2)作业单位应根据需要在断路的路口和相关道路上设置交通警示标志,在作业区域附近设置路栏、道路作业警示灯、导向标等交通警示设施。

(3)在道路上进行定点作业,白天不超过2h、夜间不超过1h即可完工的,在有现场交通指挥人员指挥交通的情况下,只要作业区设置了相应的交通警示设施,即白天设置了锥形交通路标或路栏,夜间设置了锥形交通路标或路栏及道路作业警示灯,可不设标志牌。

(4)在夜间或雨、雪、雾天进行作业应设置道路作业警示灯,警示灯设置要求如下:

①采用安全电压;

②设置高度应离地面1.5m,不低于1.0m;

③其设置应能反映作业区的轮廓;

④应能发出至少在150m以外清晰可见的连续、闪烁或旋转的红光。

(5)断路作业结束后,作业单位应清理现场,撤除作业区、路口设置的路栏、道路作业警示灯、导向标等交通警示设施。申请断路单位应检查核实,并报告有关部门恢复交通。

第二篇

港口包装危险货物事故应急处置

第十六章

燃烧、火灾、爆炸的定义、分类及特性

第一节 燃烧的定义、条件、分类及特性

根据《消防词汇 第 1 部分:通用术语》(GB/T 5907.1—2014),燃烧的定义为:"可燃物与氧化剂作用发生的放热反应,通常伴有火焰、发光和(或)烟气的现象。"为了有效控制或扑灭火灾,需要全面了解燃烧的基本原理和规律,并通过破坏燃烧的基本条件,达到控制或扑灭火灾的目的。

一、燃烧的必要条件

为了更好地掌握灭火原理,首先应该了解物质燃烧的条件。任何物质发生燃烧,都有一个由未燃烧状态转向燃烧状态的过程。燃烧过程的发生和发展,必须具备以下三个必要条件,即:可燃物、氧化剂和温度(引火源)。一般习惯用"燃烧三角形"来表示燃烧的三个必要条件(图 16-1)。只有在上述三个条件同时具备的情况下可燃物质才能发生燃烧,无论缺少哪一个条件,燃烧都不能发生。

用"燃烧三角形"来表示无焰燃烧的基本条件是非常确切的,但是,进一步的研究表明,对有焰燃烧,因燃烧过程中存在未受抑制的自由基(游离基)作中间体,故燃烧三角形需增加一个坐标,形成燃烧四面体(图 16-2)。自由基是一种高度活泼的化学基团,能与其他的自由基和分子起反应,从而使燃烧按链式反应扩展。因此,有焰燃烧的发生需要四个必要条件,即:可燃物、氧化剂、温度(引火源)和未受抑制的链式反应。

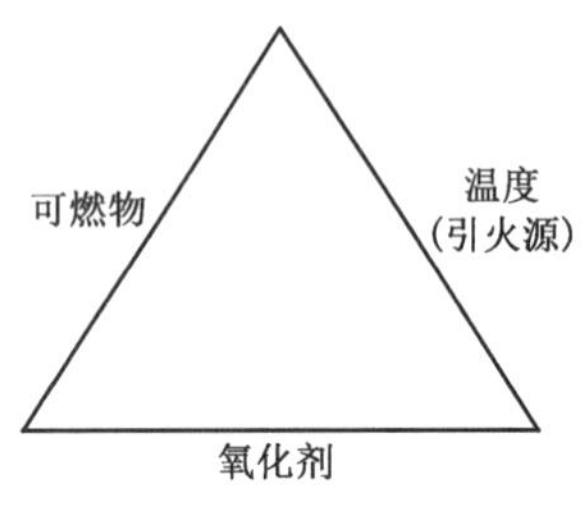

图 16-1 燃烧三角形

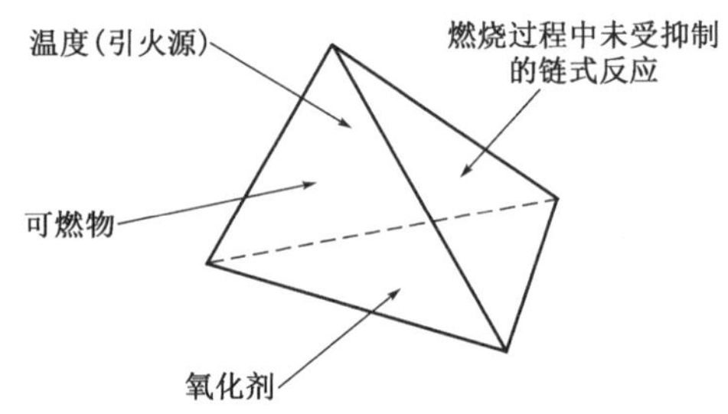

图 16-2 燃烧四面体

(一)可燃物

可燃物是指可以燃烧的物品。自然界中的可燃物种类繁多,按其物理状态,分为气体可燃物、液体可燃物和固体可燃物三种类别。但从化学的角度上讲,可燃物都是未达到其最高氧化状态的材料。一种特定的材料能否被进一步氧化,取决于它的化学性质。任何主要由碳和氢组成的材料都可以被氧化,绝大多数的可燃固体、可燃液体和可燃气体都含有一定比例的碳和氢。除了含有碳和氢的化合物以外,含有其他元素的许多化合物也是可燃的。如某些物质可以在空气中或氧气中燃烧;某些金属如镁、铝、钙等在某些条件下可以在纯氮气的环境中"燃烧"。有许多物质在相当高的温度下可以通过自己的分解而放出光和热,例如:肼(N_2H_4)、二硼烷(B_2H_6)与臭氧(O_3)等。

（二）氧化剂

能帮助和支持可燃物燃烧的物质，即能与可燃物发生氧化反应的物质称为氧化剂。燃烧过程中的氧化剂主要是氧，它包括游离的氧或化合物中的氧。空气中含有大约21%的氧，因此可燃物在大气中的燃烧以游离的氧作为氧化剂，是最普遍的燃烧。除了氧元素以外，某些物质也可以作为燃烧反应的氧化剂，如氟、氯等。

（三）温度（引火源）

引火源是指供给可燃物与氧或助燃剂发生燃烧反应的能量来源。常见的是热能，其他还有化学能、电能、机械能等转变的热能。燃烧反应可以通过用明火点燃处于空气（或氧气）中的可燃物或通过加热处于空气（或氧气）中的可燃物来实现。在无外界引火源时，只有将可燃物加热到其着火点以上才能使燃烧反应进行。因此，物质的燃烧除了其可燃性和氧之外，还需要温度和热量。由于各种可燃物的化学组成和化学性质各不相同，因此其能够发生燃烧的温度也不相同。

（四）链式反应

有焰燃烧都存在着链式反应。当某种可燃物受热时，它不仅会汽化，而且该可燃物的分子会发生热裂解作用，即它们在燃烧前会裂解成为更简单的分子。此时，这些分子中的一些原子间的共价键会发生断裂，从而生成自由基。自由基是一种高度活泼的化学形态，能与其他的自由基和分子反应，并使燃烧持续下去，这就是燃烧的链式反应。

二、燃烧的充分条件

具备了燃烧的必要条件，并不意味着燃烧必然发生。在各种必要条件中，还有一个“量”的概念，这就是发生燃烧或持续燃烧的充分条件。燃烧的充分条件是：

（一）一定的可燃物浓度

可燃气体或蒸气只有达到一定浓度时，才会发生燃烧或爆炸。如：甲烷只有在其浓度达到5%时才有可能发生燃烧。而车用汽油在－38℃以下、灯用煤油在40℃以下、甲醇在7℃以下均不能达到燃烧所需的浓度，因此虽有充足的氧气和明火，仍不能发生燃烧。

（二）一定的氧气含量

各种不同的可燃物发生燃烧，均有本身固定的最低含氧量要求。低于这一浓度，虽然燃烧的其他必要条件全部具备，燃烧仍然不会发生。如：汽油的最低含氧量要求为14.4%，煤油为15%，乙醚为12%。

（三）一定的点火能量

各种不同可燃物发生燃烧，均有本身固定的最小点火能量要求。如：在化学计量浓度下，汽油的最小点火能量为0.2mJ，乙醚为0.49mJ，甲醇为0.215mJ。

(四)未受抑制的链式反应

对于无焰燃烧,以上三个条件同时存在,相互作用,燃烧即会发生。而对于有焰燃烧,除以上三个条件外,燃烧过程中存在未受抑制的游离基(自由基),形成链式反应,使燃烧能够持续下去,亦是燃烧的充分条件之一。

以上论述的是燃烧所需要的必要条件和充分条件,所谓防火和灭火的基本措施就是去掉其中的一个或几个条件,使燃烧不能发生或不能持续。

三、闪燃、阴燃、爆燃、自燃的概念

(一)闪燃

闪燃是指可燃性液体挥发的蒸气与空气混合达到一定浓度或者可燃性固体加热到一定温度后,遇明火发生一闪即灭的燃烧。液态可燃物表面会产生可燃蒸气,固态可燃物也因蒸发、升华或分解产生可燃气体或蒸气,这些可燃气体或蒸气与空气混合而形成可燃性气体,当遇明火时会产生一闪即灭的火苗或闪光的现象称为闪燃。

(二)阴燃

阴燃是指物质无可见光的缓慢燃烧,通常产生烟气和温度升高的现象。一些固体可燃物在空气不流通、加热温度较低或含水分较高时会发生阴燃,如:成捆堆放的棉、麻、纸张及大堆垛的煤、草、湿木材等易发生阴燃。

(三)爆燃

爆燃是指以亚音速传播的燃烧波。爆燃反应中,穿过未燃烧介质的反应前端速度小于或等于声速(空气中约为 340m/s)。

(四)自燃

自燃是指可燃物在没有外部火源的作用时,因受热或自身发热并蓄热所产生的燃烧。亦即物质在无外界引火源条件下,由于其本身内部所进行的生物、物理、化学过程而产生热量,使温度上升,最后自行燃烧起来的现象。

四、闪点、燃点、自燃点的定义

(一)闪点

1. 定义

闪点是指在规定的试验条件下,可燃性液体或固体表面产生的蒸气在试验火焰作用下发生闪燃的最低温度。

在低于某液体的闪点温度下,就不可能点燃它上面的空气和蒸气的混合物。闪点是衡量物质火灾危险性的重要参数。表16-1给出了部分易燃、可燃液体的闪点。

部分易燃和可燃液体的闪点 表16-1

物品名称	闪点(℃)	物品名称	闪点(℃)	物品名称	闪点(℃)	物品名称	闪点(℃)
乙醚	-45	丁苯	52	丙一醇	98.9	乙烯醚	-30
汽油	-58	甲乙醚	-37	乙胺	-18	三乙胺	4
甲酸乙酯	-20	乙醛	-17	三甘醇	166	甲乙酮	-14
乙硫醇	<0	已胺	26.3	甲酸丙酯	-3	乙苯	15
已酸	102	甲苯	4	乙二醇	85	丙烯醛	-17.8
甲酸丁酯	17	甲酸	69	丙酮	-10	甲酸戊酯	22
丙烯腈	-5	二甲胺	-6.2	二乙胺	-26	丙醛	15
戊烯	-17.8	丙苯	30	丙烯醇	21	戊酮	15.5
丁二烯	41	氯乙烷	55	异戊二烯	-42	异丙苯	34
环乙酮	40	间二甲苯	25	异戊醛	39	松节油	32
氢氰酸	-17.5	苯乙烯	38	松香水	6.2	溴乙烯	-25
间甲酚	36	醋酸乙酯	25	溴苯	65	环氧丙烷	-37
苯甲醛	62	环氧氯丙烷	32	环乙烷	6.3	苯胺	71
醋酸甲酯	-13	硝基苯	90	醋酸丁酯	22.2	二乙烯醚	-30

2.液体的闪点

(1)同系物的闪点随其分子量的增加而升高,随其沸点升高而升高。如甲醇闪点为7℃,丁醇闪点为36℃;苯的闪点为-14℃,二甲苯为25.5℃。

(2)同系物中异构体比正构体的闪点低。如异戊烷闪点为-52℃,正戊烷为-10℃。

(3)各组分混合液,如汽油、煤油等,其闪点随沸程的增加而升高。如沸程为50~60℃的汽油的闪点为-58℃,沸程为80~110℃的汽油闪点为-24℃。

(4)低闪点液体和高闪点液体形成的混合液,其闪点低于这两种液体闪点的平均值。如闪点为-38℃的车用汽油与闪点为40℃的煤油以1:1混合时其闪点低于1℃。

3.固体的闪点

聚苯乙烯的闪点在370℃左右,从这一温度起塑料材料热分解加快,放出的分解产物增多。表16-2给出了部分塑料材料的闪点。

部分塑料材料的闪点 表16-2

材料名称	闪点(℃)	材料名称	闪点(℃)
聚苯乙烯	370	聚氯乙烯	530
聚乙烯	340	苯乙烯、异丁烯酸甲酯共聚物	338
聚乙烯纤维	290	聚基甲酸乙酯泡沫	310
聚酰胺	420	聚酯、玻璃钢纤维	298
苯乙烯丙烯腈共聚树脂	366	密胺树脂	475

4. 闪点在防火检查工作中的重要意义

(1)闪点是装卸生产火灾危险性分类的重要依据。

(2)闪点是储存物品仓库的火灾危险性分类的重要依据。

(3)《建筑设计防火规范》(GB 50016—2014)规定,生产的火灾危险性应根据生产中使用或产生的物质性质及数量等因素划分,可分为甲、乙、丙、丁、戊类。其中,闪点小于 28℃ 的液体为甲类;闪点不小于 28℃,但小于 60℃ 的液体为乙类;闪点不小于 60℃ 的液体为丙类。甲类液体如汽油、苯、甲醇、丙酮、乙醚、石脑油等;乙类液体如煤油、松节油、丁醚、溶剂油、樟脑油、蚁酸等;丙类液体如柴油、润滑油、机油、菜籽油等。

(4)以甲、乙、丙类液体的分类为依据规定了库房的耐火等级、层数、占地面积、安全疏散、防火间距、防爆设置等。

(5)以甲、乙、丙类液体的分类为依据规定了液体储罐、堆场的布置、防火间距,可燃和助燃气体储罐的防火间距,液化石油气储罐的布置、防火间距等。

(二)燃点

1. 定义

燃点是指在规定的试验条件下,物质在外部引火源作用下表面起火并持续燃烧一定时间所需的最低温度。表 16-3 给出了部分物质的燃点。

部分物质的燃点 表 16-3

物质名称	燃点(℃)	物质名称	燃点(℃)
汽油	16	木材	250 ~ 300
灯用煤油	86	松木片	238
润滑油(闪点 285℃)	344	松木粉	196
航空润滑油	230 ~ 260	稻壳	200
乙醇(闪点 12℃)	69 ~ 76	醋酸纤维素	305
豆油	220	粘胶纤维素	235
松节油	53	乙基纤维素	291
石蜡	158 ~ 195	尼龙 6	395
蜡烛	190	尼龙 66	415
樟脑	70	涤纶	390
萘	86	腈纶	355
麦草	200	有机玻璃	260
烟叶	222	聚乙烯	341
麻	150 ~ 200	聚丙烯	270
麻绒	150	聚氯乙烯	391
纸张	130 ~ 230	聚偏二氯乙烯	532
棉花	210 ~ 255	聚苯乙烯	345 ~ 360

续上表

物质名称	燃点(℃)	物质名称	燃点(℃)
蚕丝	250~300	聚苯乙烯粒料	296
天然橡胶	129	聚苯乙烯颗粒泡沫板	346
胶布	325	氯乙烯-醋酸乙烯共聚物	320~340
硝化棉(含氧<12.5%)	180	苯乙烯-丙烯腈共聚物	366
赛璐珞板	150~180	苯乙烯-甲基丙烯酸甲酯共聚物	329
赛璐珞粉	130~140	粉醛塑料(玻璃纤维层压板)	520~540
漆布	165	三聚氰胺塑料(玻璃纤维层压板)	475~500
金属钾	70	聚酯塑料(玻璃纤维层压板)	346~399
金属钠	100	硬质聚氨酯泡沫塑料	310
硫	207	赤砾	441
炭黑	180	杨木	447
红磷	160	栗木	460
黄磷	34	美国松	445
三硫化四磷	92	红松	430
松香	216	枞木	437
无烟煤	280~500	白蜡	416
榉木	426		

2. 与闪点的关系

一切可燃液体的燃点都高于闪点,易燃液体的燃点一般比闪点高1~5℃,而且液体的闪点越低,这一差值就越小。例如,对于汽油、丙酮等闪点低于0℃的液体,这一差值仅为1℃。闪点在100℃以上的可燃液体,这一差值则可达30℃以上。燃点对可燃固体及闪点较高的液体具有实际的意义。在控制物质燃烧时,需将温度降至其燃点以下。

(三)自燃点

1. 定义

自燃点是指在规定的条件下,可燃物质产生自燃的最低温度。

2. 某些物质的自燃点

表16-4~表16-6给出了部分典型固体、气体及液体蒸气和粉尘的自燃点。

部分固体的自燃点　　表16-4

名称	自燃点(℃)	名称	自燃点(℃)	名称	自燃点(℃)
樟脑	70	布匹	200	赛璐珞	100
麦草	200	纸张	130	硫磺	207
棉花	150	无烟煤	280~500	漆布	165
涤纶纤维	390	蜡烛	190		

部分气体及液体在空气中的自燃点 表16-5

名称	自燃点(℃)	名称	自燃点(℃)	名称	自燃点(℃)
氢	572	辛烷	218	环丙烷	498
一氧化碳	609	壬烷	285	甲醇	470
二硫化碳	120	正葵烷	250	乙醇	392
硫化氢	292	丁烯	443	乙醛	275
氢氟酸	538	戊烯	273	乙醚	193
乙烷	248	乙炔	305	丙酮	661
庚烷	230	苯	580	醋酸	650

部分粉尘的自燃点 表16-6

名称	自燃点(℃)	名称	自燃点(℃)	名称	自燃点(℃)
铝	645	有机玻璃	440	合成硬橡胶	320
铁	315	六次甲基四胺	410	棉纤维	530
镁	520	碳酸树脂	460	烟煤	610
锌	680	邻苯二甲酸酐	650	硫	190
醋酸纤维	320	聚苯乙烯	490	木粉	430

3. 可燃物发生自燃的主要方式

(1)氧化发热:如褐煤、浸油脂物质、黄磷、烷基铝、金属及橡胶粉尘、金属硫化物等。

(2)分解放热:如硝化棉、赛璐珞、硝化甘油等。

(3)聚合放热:指低分子单体聚合成高分子聚合物的反应,释放出热量。

(4)吸附放热:因吸附空气中的氧而发生自燃,如活性炭、还原镍和还原铁。

(5)发酵放热:如稻草、籽棉、树叶、锯末、甘蔗渣、玉米芯等。

(6)活性物质遇水:金属粉末、金属氢化物、硼氢化物及金属磷化物、碱金属及碱土金属等。

(7)可燃物与强氧化剂的混合:如丙三醇与高锰酸钾混合接触发生自燃。

4. 影响自燃点的主要因素

(1)液体、气体可燃物。

压力:压力越大,自燃点越低。

氧浓度:混合气体中氧浓度越高,自燃点越低。

催化:活性催化剂能降低自燃点,钝性催化剂能提高自燃点。

容器的材质和内径:器壁的不同材质有不同的催化作用;容器直径越小,自燃点越高。

(2)固体可燃物。

受热熔融:熔融后可视液体、气体的情况。

挥发物的数量:挥发出的可燃物越多,其自燃点越低。

固体的颗粒度:固体颗粒越细,其比表面积就越大,自燃点越低。

受热时间:可燃固体长时间受热,其自燃点会有所降低。

5. 自燃点的测量

可燃气体、液体的自燃点采用《可燃液体和气体引燃温度试验方法》(GB/T 5332—2007)规定的试验装置和试验方法测定。

五、可燃液体、固体的燃烧特点

(一)可燃液体的燃烧特点

1. 燃烧特点

可燃液体的燃烧实际上是可燃液体蒸气的燃烧,因此,液体能否发生燃烧、燃烧速率的高低与液体的蒸气压、闪点、沸点和蒸发速率等性质有关。某些液体在贮存温度下,液面上的蒸气压在易燃范围内遇火源时,其火焰传播速度快。易燃液体和可燃液体的闪点高于贮存温度时,其火焰传播速率较低。因为火灾的热量必须足以加热液体表面,并在火焰扩散通过蒸气之前形成易燃蒸气-空气混合物。影响这一过程的有环境因素、风速、温度、燃烧热、蒸发潜热、大气压等。

2. 燃烧现象

液态烃类燃烧时,通常具有橘色火焰并散发浓密的黑色烟云。醇类燃烧时,通常具有透明的蓝色火焰,几乎不产生烟雾。某些醚类燃烧时,液体表面伴有明显的沸腾状,这类物质的火灾难以扑灭。在不同类型油类的敞口贮罐中容易出现三种特殊现象:沸溢、喷溅和冒泡。

3. 突沸现象和沸溢油品

液体在燃烧过程中,由于向液层内不断传热,会使含有水分、黏度大、沸点在100℃以上的重油、原油产生沸溢和喷溅现象,造成大面积火灾。这种现象称为突沸,往往会造成很大的危害,这类油品称为沸溢性油品。

(二)固体的燃烧特点

1. 燃烧特点

固体可燃物必须经过受热、蒸发、热分解,固体上方可燃气体浓度达到燃烧极限,才能持续不断地发生燃烧。

2. 燃烧方式

固体可燃物由于其分子结构的复杂性、物理性质的不同,其燃烧方式也不同:有蒸发燃烧、分解燃烧、表面燃烧和阴燃四种。

(1)蒸发燃烧:熔点较低的可燃固体,受热后熔融,然后与可燃液体一样蒸发成蒸气而燃烧。如硫、磷、沥青、热塑性高分子材料等。

(2)分解燃烧:分子结构复杂的固体可燃物,在受热后分解出其组成成分与加热温度相应的热分解产物,这些分解产物再氧化燃烧,称为分解燃烧。如木材、纸张、棉、麻、毛丝、热固塑料、合成橡胶等的燃烧。

(3)表面燃烧:蒸气压非常小或者难于热分解的可燃固体,不能发生蒸发燃烧或分解燃烧。当氧气包围物质的表层时,呈炽热状态并发生无焰燃烧,属于非均相燃烧,即表面燃烧。表面发红,而无火焰,如木炭、焦炭等的燃烧。

(4)阴燃:一些固体可燃物在空气不流通、加热温度较低或含水分较高时会阴燃,如成捆堆放的棉、麻、纸张及大堆垛的煤、草、湿木材等。随着阴燃的进行,热量聚集、温度升高,此时空气的导入可能会由阴燃转变为有焰燃烧。

第二节 火灾、爆炸的定义、分类及特性

一、火灾的定义及分类

根据《消防词汇　第 1 部分:通用术语》(GB/T 5907.1—2014),火灾的定义为:“在时间或空间上失去控制的燃烧”。

根据《火灾分类》(GB/T 4968—2008),火灾依据可燃物的类型和燃烧特性分为 A、B、C、D、E、F 六类。

(一)A 类火灾

A 类火灾指普通固体可燃物燃烧引起的火灾。这种物质通常具有有机物性质,一般在燃烧时能产生灼热的余烬。

固体物质是火灾中最常见的燃烧对象,包括:木材及木制品、纤维板、胶合板、纸张、纸板、家具;棉花、棉布、服装、被褥、粮食;合成橡胶、合成纤维、合成塑料、电工产品、化工原料、建筑材料、装饰材料等,种类极其繁杂。

固体物质火灾危险性差别很大,评定时要从多方面进行综合考虑。其主要理化参数有熔点、自燃点、比表面积、氧化特性、密度、导热性、热惯性等。

(二)B 类火灾

B 类火灾指油脂及一切可燃液体或可熔化的固体物质燃烧引起的火灾。

油脂包括原油、汽油、煤油、柴油、重油、动植物油;可燃液体主要有酒精、苯、乙醚、丙酮等各种有机溶剂。原油罐、汽油罐是 B 类火灾的重点防护对象。

液体燃烧是液体蒸气与空气进行的燃烧。液体在火灾中受热首先变成蒸气,蒸气与空气混合后燃烧。原油罐火灾的喷溅和可燃液体的蒸气云爆炸,是 B 类火灾中的两种特殊燃烧现象,破坏性极大。

(三)C 类火灾

C 类火灾指可燃气体燃烧引起的火灾。

按可燃气体与空气混合的时间，可燃气体燃烧分为预混燃烧和扩散燃烧。可燃气体与空气预先混合好以后燃烧称为预混燃烧。可燃气体与空气边混合边燃烧称为扩散燃烧。预混燃烧由于混合均匀，燃烧充分、完全，不产生碳粒子，燃烧速度快。失去控制的预混燃烧会发生爆炸，这是C类火灾最危险的燃烧方式。扩散燃烧由于是边混合边燃烧，混合不均匀，燃烧不充分、不完全，会产生碳粒子，火焰呈黄色，燃烧速度受混合快慢及混合比控制。

（四）D类火灾

D类火灾指可燃金属燃烧引起的火灾，如锂、钠、钾、钙、锶、镁、铝、钛、锆、锌等。

之所以将可燃金属燃烧引起的火灾从A类火灾中分离出来，单独作为D类火灾，是因为这些金属燃烧时，燃烧热很大，为普通燃料的5～20倍，火焰温度很高，有的甚至达到3000℃以上，并且在高温下金属性质特别活泼，能与水、二氧化碳、氮、卤素及含卤化合物发生化学反应，使常用灭火剂失去作用，因此，必须采用特殊的灭火剂灭火。

（五）E类火灾

E类火灾指带电的电气设备及其他物体燃烧的火灾。不同类型火灾具有不同特点。

（六）F类火灾

F类火灾指烹饪器具内的烹饪物（如动植物油脂）火灾。

二、火灾的发展过程

火灾通常都有一个从小到大、逐步发展，直至熄灭的过程。这个过程一般可分为初起、发展、猛烈、下降和熄灭五个阶段。

初起阶段：燃烧面积不大、火焰不高、辐射热不强，烟和气体流动缓慢，燃烧速度不快，是扑救火灾的最佳阶段。

发展阶段：随着燃烧时间的延长，环境温度的升高，周围可燃物质或建筑构件被迅速加热，气体对流增强，燃烧速度加快，燃烧面积逐渐扩大，进入燃烧发展阶段。

猛烈阶段：由于燃烧时间继续延长，燃烧速度不断加快，燃烧面积迅速扩大，燃烧温度急剧上升，气体对流达到最快速度，辐射热很强，建筑构件的承重能力急剧下降。

建筑火灾的发展：初起阶段是火灾开始发生的阶段，这一阶段可燃物的热解过程至关重要，主要特征是冒烟、阴燃；发展阶段是火势由小到大发展的阶段，这一阶段通常满足时间平方规律，即火灾热释放速率随时间的平方非线性发展，轰燃就发生在这一阶段；猛烈阶段的火灾燃烧方式是通风控制火灾，火势的大小由建筑物的通风情况决定；熄灭期是火灾由猛烈阶段开始消减直至熄灭的阶段，熄灭的原因可以是燃料不足、灭火系统的作用等。由于建筑物内可燃物、通风等条件的不同，建筑火灾有可能达不到最盛期，而是缓慢发展后就熄灭了。典型的火灾发展过程如图16-3所示。

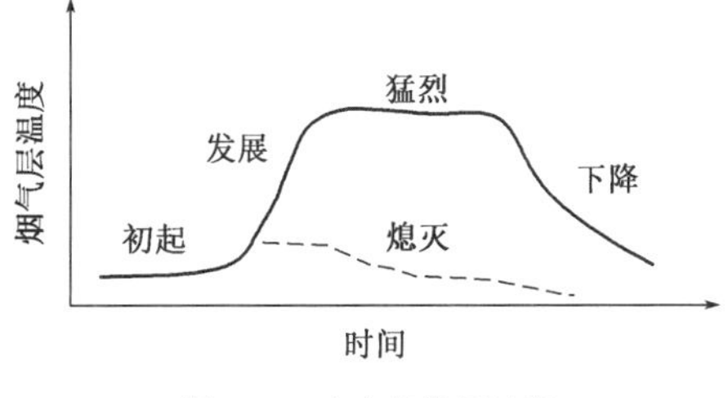

图16-3　火灾的发展过程

三、热传播的几种途径

火灾发生、发展的整个过程始终伴随着热传播过程,热传播是影响火灾发展的决定性因素。热传播有三种途径,即:热传导、热对流和热辐射。

(一)热传导

热传导是指热量通过直接接触的物体,从温度较高部位传递到温度较低部位的过程。

影响热传导的主要因素是:温差、导热系数和导热物体的厚度和截面积。温差是热量传导的动力,温差越大,传导的热量越多;导热系数是材料导热能力大小的标志,不同物质的导热系数各不相同。一般说来,固体物质是强的热导体,液体物质次之,气体物质较差。金属材料为优良热导体,非金属固体多为不良热导体。导热系数越大、厚度越小,传导的热量越多。

(二)热对流

热对流是指热通过流动介质,由空间的一处传播到另一处的现象。

影响热对流的主要因素是:温差、通风孔洞面积、高度和通风孔洞所处的高度。燃烧区的温度越高,与环境温度的温差越大,热对流速度越快;火场中,通风孔洞面积越大、越高,热对流速度越快;通风孔洞所处位置越高,热对流速度越快。

热对流是热传播的重要方式,是影响初期火灾发展的最主要因素。

(三)热辐射

热辐射是指以电磁波形式传递热量的现象。

热辐射的主要特点是:任何物体(气体、液体、固体)都能把热以电磁波的形式辐射出去,也能吸收别的物体辐射出来的热能。而且,热辐射不需通过任何介质,通过真空也能进行辐射。通过热辐射传播的热量和火焰温度的四次方成正比。因此,当火灾处于发展阶段时,热辐射成为热传播的主要形式。

四、爆炸的定义、分类及特性

爆炸是物质从一种状态迅速转变成另一状态,并在瞬间放出大量能量,同时产生声响的现象。火灾过程有时会发生爆炸,从而对火势的发展及人员安全产生重大影响,爆炸发生后往往又易引发大面积火灾。

(一)爆炸的定义

《消防词汇　第 1 部分:通用术语》(GB/T 5907.1—2014)规定,爆炸是指在周围介质中瞬间形成高压的化学反应或状态变化,通常伴有强烈放热、发光和声响。爆炸是由物理变化和化学变化引起的。在发生爆炸时,势能(化学能或机械能)突然转变为动能,有高压气体生成或者释放出高压气体,这些高压气体随之做机械功,如移动、改变或抛射周围的物体。一旦发生爆炸,将会对邻近的物体产生极大的破坏作用,这是由于构成爆炸体系的高压气体作用到周围物体上,使物体受力不平衡,从而遭到破坏。

(二)爆炸的分类

按物质产生爆炸的原因和性质不同,通常将爆炸分为物理爆炸、化学爆炸、核爆炸等几种。其中,物理爆炸和化学爆炸最为常见。

1. 物理爆炸

物质因状态或压力发生突变而形成的爆炸叫物理爆炸。物理爆炸的特点是前后物质的化学成分均不改变。如蒸汽锅炉因水快速汽化,容器压力急剧增加,压力超过设备所能承受的强度而发生的爆炸;压缩气体或液化气钢瓶、油桶受热爆炸等。物理爆炸本身虽没有进行燃烧反应,但它产生的冲击力可直接或间接地造成火灾。

2. 化学爆炸

化学爆炸是指由于物质急剧氧化或分解产生温度、压力增加或两者同时增加而形成的爆炸现象。化学爆炸前后,物质的化学成分和性质均发生了根本的变化。这种爆炸速度快,爆炸时产生大量热能和很大的气体压力,并发出巨大的声响。化学爆炸能直接造成火灾,具有很大的火灾危险性。各种炸药的爆炸和气体、液体蒸气及粉尘与空气混合后形成的爆炸都属于化学爆炸,特别是后一种爆炸几乎存在于工业、交通、生活等各个领域,危害性很大,应特别注意。

3. 核爆炸

核爆炸是指物质的原子核发生裂变或聚变,在瞬时释放出巨大能量,形成高温高压并辐射多种射线的爆炸。核爆炸对周围物体具有巨大的破坏作用。一般将具有核爆炸危险的物质或物品列为放射性物质。

4. 可燃气体爆炸

可燃气体爆炸是指物质以气体、蒸气状态所发生的爆炸。气体爆炸由于受体积能量密度的制约,造成大多数气态物质在爆炸时产生的爆炸压力分散在 5 ~ 10 倍于爆炸前的压力范围内,爆炸威力相对较小。按爆炸原理,气体爆炸包括混合气体爆炸、气体单分解爆炸两种。

(1)混合气体爆炸。指可燃气(或液体蒸气)和助燃性气体的混合物在点火源作用下发生的爆炸,较为常见。可燃气与空气组成的混合气体遇火源能否发生爆炸,与混合气体中的可燃气浓度有关。可燃气与空气组成的混合气体遇火源能发生爆炸的浓度范围称为爆炸极限。

(2)气体单分解爆炸。指单一气体在一定压力作用下发生分解反应并产生大量反应热,使气态物膨胀而引起的爆炸。气体单分解爆炸的发生需要满足一定的压力和分解热的要求。能使单一气体发生爆炸的最低压力值称为临界压力。单分解爆炸气体物质压力高于临界压力且分解热足够大时,才能维持热与火焰的迅速传播而造成爆炸。

5. 可燃粉尘爆炸

粉尘是指分散的固体物质,能燃烧和爆炸的粉尘叫作可燃粉尘。可燃粉尘爆炸是指悬浮于空气中的可燃粉尘触及明火或电火花等火源时发生的爆炸。目前已知的可能引起爆炸的粉尘有 7 类:金属,如铝粉、镁粉;煤炭;粮食,如小麦、淀粉;饲料,如鱼粉;农副产品,如棉花、烟草;林产品,如纸粉、木粉;合成材料,如塑料、染料。可燃粉尘爆炸应具备三个条件:一是可燃性粉尘以适当浓度在空气中悬浮,形成粉尘云;二是有足够的空气和氧化剂;三是有明火源或者强烈的振动,摩擦也会产生热能。

(1)粉尘爆炸的过程。粉尘爆炸可视为由以下三步发展形成的:第一步是悬浮的粉尘在热源作用下迅速地干馏或汽化而产生出可燃气体;第二步是可燃气体与空气混合而燃烧;第三步是粉尘燃烧放出的热量,以热传导和火焰辐射的方式传给附近悬浮的或被吹扬起来的粉尘,这些粉尘受热汽化后使燃烧循环地进行下去。随着每个循环逐次进行,其反应速度逐渐加快,通过剧烈的燃烧,最后形成爆炸。这种爆炸反应以及爆炸火焰速度、爆炸波速度、爆炸压力等将持续加快和升高,并呈跳跃式的发展。

(2)粉尘爆炸主要有以下几种特点:

①连续性爆炸是粉尘爆炸的最大特点,因初始爆炸将沉积粉尘扬起,在新的空间中形成更多的爆炸性混合物而再次爆炸。

②粉尘爆炸所需的最小点火能量较高,一般在几十毫焦耳以上,而且热表面点燃较为困难。

③与可燃气体爆炸相比,粉尘爆炸压力上升较缓慢,较高压力持续时间长,释放的能量大,破坏力强。

(3)各类可燃性粉尘因其燃烧热的高低、氧化速度的快慢、带电的难易、含挥发物的多少而具有不同的燃烧爆炸特性。但从总体看,影响粉尘爆炸的因素主要如下:

①颗粒的尺寸。颗粒越细小其比表面积越大,氧吸附也越多,在空中悬浮时间越长,爆炸危险性越大。

②粉尘浓度。粉尘爆炸与可燃气体、蒸气一样,也有一定的浓度极限,即也存在粉尘爆炸的上、下限,单位用 g/m^3 表示。粉尘的爆炸上限值很大,例如糖粉的爆炸上限为 $13500g/m^3$,如此高的悬浮粉尘浓度只有沉积粉尘受冲击波作用才能形成。

③空气的含水量。空气中含水量越高,粉尘的最小引爆能量越高。

④含氧量。随着含氧量的增加,爆炸浓度极限范围扩大。

⑤可燃气体含量。有粉尘的环境中存在可燃气体时,会大大增加粉尘爆炸的危险性。

第十七章

灭火的原理、方法及灭火剂、灭火器种类与选用

第一节 灭火基础知识

一、灭火的基本原理

根据燃烧的基本条件要求,任何可燃物产生燃烧或持续燃烧都必须具备燃烧的必要条件和充分条件。因此,火灾发生后,所谓灭火就是破坏燃烧条件使燃烧反应终止的过程。灭火的基本原理可以归纳为四个方面(即冷却、窒息、隔离和化学抑制),前三种灭火作用主要是物理过程,化学抑制是一个化学过程。不论是使用灭火剂灭火,还是通过其他机械作用灭火,都是通过上述四种作用的一种或几种来实现的。

二、灭火方法

(一)冷却灭火

对一般可燃物而言,它们之所以能够持续燃烧,其条件之一就是它们在火焰或热的作用下,达到了各自的着火温度。因此,对于一般可燃固体,将其冷却到其燃点以下;对于可燃液体,将其冷却到闪点以下,燃烧反应就会中止。用水扑灭一般固体物质的火灾,主要是通过冷却作用来实现的,水能够大量吸收热量,使燃烧物的温度迅速降低,最后导致燃烧终止。

(二)窒息灭火

各种可燃物的燃烧都需要在其最低氧浓度以上进行,低于此浓度时,燃烧不能持续。一般碳氢化合物的气体或蒸气通常在氧浓度低于 15% 时不能维持燃烧。用于降低氧浓度的气体有二氧化碳、氮气、水蒸气等。通过稀释氧浓度来灭火的方法,多用于密闭或半密闭空间。

运用窒息原理灭火时,可以采用石棉被、湿帆布等不燃或难燃材料覆盖燃烧物或封闭孔洞,用水蒸气、惰性气体充入燃烧区域内,利用建筑物上原有的门、窗以及设备上的部件,封闭燃烧区,阻止新鲜空气流入。

采取窒息的方法扑灭火灾,必须注意以下几个问题:

(1)燃烧部位的空间较小,容易堵塞封闭,同时燃烧区域内又没有氧化剂时,才能采取这种灭火方法。

(2)在采用水淹没或灌注的方法灭火时,必须考虑到水对可燃物质(或容器)的作用,不致产生不良后果(如船舶倾翻)。

(3)采取窒息方法灭火以后,必须在确认火已熄灭时,方可拆开孔洞进行检查,严防因过早打开封闭的场所,使新鲜空气进入燃烧区域内,引起烟雾气体中的不完全燃烧产物的爆炸,导致火势的猛烈发展。

(4)采用惰性气体灭火时,一定要保证充入燃烧区内的惰性气体的数量,以降低空气中的含氧量,达到窒息灭火的目的。

（三）隔离灭火

可燃物是燃烧条件中的主要因素，如果把可燃物与引火源以及氧隔离开来，那么燃烧反应就会自动中止。用喷洒灭火剂的方法，把可燃物同氧和热隔离开来，也是通常采用的一种灭火方法。泡沫灭火剂灭火，就是用产生的泡沫覆盖于燃烧液体或固体的表面，在冷却作用的同时，把可燃物与火焰和空气隔开，达到灭火的目的。

（四）化学抑制灭火

化学抑制灭火也称化学中断法，就是使灭火剂参与到燃烧反应历程中，使燃烧过程中产生的游离基消失，而形成稳定分子或低活性游离基，使燃烧反应停止。常用的干粉灭火剂的主要灭火机理就是化学抑制作用，形成稳定分子或低活性游离基，使燃烧反应停止。

灭火时，一定要将足够数量的灭火剂准确地喷射在燃烧区内，中断燃烧反应，同时要采取必要的冷却降温措施，以防复燃。

在实际的灭火中，应根据火场上的具体情况，燃烧物质的性质和燃烧特点，以及消防技术装备的性能等情况，选择不同的灭火方法。在同时使用几种灭火方法、采用多种灭火剂扑救火灾时，要做好协同配合，充分发挥各种灭火剂的应有效能作用，达到扑灭火灾的目的。

第二节　灭火剂和消防设施

一、几类灭火介质的灭火机理

（一）水

水在常温下具有较低的黏度、较高的热稳定性、较大的密度和较高的表面张力，是一种古老而使用范围广泛的天然灭火剂，易于获取和储存。水主要依靠冷却和窒息作用进行灭火。

水的比热为4.186J/(g·℃)、潜化热为2260J/(g·℃)，每千克水自常温加热至沸点并完全蒸发汽化，可以吸收2593.4kJ的热量。因此，它利用自身吸收显热和潜热的能力发挥冷却灭火的作用，是其他灭火剂无法比拟的。

此外，水被汽化后形成的水蒸气为惰性气体，且体积将膨胀1700倍左右。在灭火时，由水汽化产生的水蒸气将占据燃烧区域的空间、稀释燃烧物周围的氧含量，阻碍新鲜空气进入燃烧区，使燃烧区内的氧浓度大大降低，从而达到窒息灭火的目的。

当水呈喷淋或喷雾状时，形成的水滴和雾滴的比表面积将大大增加，增强了水与火之间的热交换作用，从而强化了其冷却和窒息灭火作用。另外，对一些易溶于水的可燃、易燃液体还可起稀释作用；采用强射流产生的水雾可使可燃、易燃液体产生乳化作用，使液体表面迅速冷却、可燃蒸气产生速度下降而达到灭火的目的。

(二)泡沫灭火剂

泡沫灭火剂是扑救可燃易燃液体的有效灭火剂,它主要是在液体表面生成凝聚的泡沫漂浮层,起窒息和冷却作用。泡沫灭火剂分为化学泡沫、空气泡沫、氟蛋白泡沫、水成膜泡沫和抗溶性泡沫等,适用范围广泛。

泡沫喷在着火液体上后,能浮在液面起覆盖作用。泡沫是热的不良导体,有隔热作用,又具有吸热性能,可以吸收液体的热量,使液体表面温度降低,蒸发速度减慢;另一方面,泡沫之间有一定黏性,阻止液体蒸气穿过,使液体和燃烧区隔绝。当液体完全被泡沫封盖之后,得不到可燃蒸气的补充,火焰被迫熄灭。

1. 化学泡沫

由酸性物质(硫酸铝)和碱性物质(碳酸氢钠)的水溶液混合后发生化学反应而生成的。反应生成的二氧化碳,一方面造成压力将泡沫液喷出,另一方面在发泡剂作用下形成以二氧化碳为核心,外包氢氧化铝的泡沫。它具有抗烧性强、持久性好、黏性好的特点,附着在着火物的表面上,具有很好的覆盖作用和冷却作用,能将易燃物和氧气隔绝,起到灭火作用。

化学泡沫能扑灭多种液体和固体物料的火灾,它是石油及其产品以及其他许多油类(如汽油、煤油等)的良好灭火剂,还可以用于一般可燃物质(如竹、木、棉、草等)的初起火灾。但醇类、醚类、酮类等水溶性液体,不宜使用化学泡沫扑救。

2. 普通蛋白泡沫

由蛋白型空气泡沫液、水和空气经机械作用而生成的灭火剂。空气泡沫液与水的比例为6:94 或 3:97。

普通蛋白泡沫具有良好的覆盖和冷却灭火作用,可以有效地扑救易燃液体火灾。例如,可以扑救原油、汽油、煤油和木材等火灾,但不宜用于扑救醇类、醚类、酮类等可溶性液体火灾。

3. 抗溶性空气泡沫

扑救水溶性液体的灭火剂,由抗溶性空气泡沫液与水按比例混合,经机械作用而形成。这种灭火剂加入了一种不溶解于水的脂肪酸锌皂,它能均匀地分布在泡沫壁上,有效地防止水溶性溶剂溶于泡沫中的水,保护了泡沫,使泡沫能够牢固地覆盖在溶剂液面上,起到灭火作用。抗溶性空气泡沫灭火剂,不仅能扑救醇类(甲醇、乙醇、异丙醇)、酮类(丙酮)、酯类(醋酸乙酯)等水溶性有机溶剂的火灾,而且可以扑救油类、木材及非水溶性有机物质的火灾。

4. 高倍数泡沫

以少量高倍数泡沫液和水,按一定比例混合后,再通过高倍数泡沫发生装置,吸入大量空气,把混合液吹成许许多多的灭火气泡。

(三)干粉灭火剂

干粉灭火剂是用于灭火的干燥且易于流动的微细粉末,由具有灭火效能的无机盐和少量的添加剂经干燥、粉碎、混合而成微细固体粉末组成。它是一种在消防中得到广泛应用的灭火剂,主要用于灭火器中。除扑救金属火灾的专用干粉化学灭火剂外,干粉灭火剂一般分 BC 干粉和 ABC 干粉两大类,如碳酸氢钠干粉、改性钠盐干粉、钾盐干粉、磷酸二氢铵干粉、磷酸氢二铵干粉、磷酸干粉和氨基干粉灭火剂等。

干粉灭火剂主要通过在加压气体作用下喷出的粉雾与火焰接触、混合时发生的物理、化学作用灭火。一是靠干粉中的无机盐的挥发性分解物,与燃烧过程中燃料所产生的自由基或活性基团发生化学抑制和负催化作用,使燃烧的链反应中断而灭火;二是靠干粉的粉末落到可燃物表面上,发生化学反应,并在高温作用下形成一层玻璃状覆盖层,从而隔绝氧、进而窒息灭火。另外,还有部分稀释氧和冷却作用。

(四)二氧化碳

二氧化碳灭火剂也是一种具有一百多年历史的灭火剂,且价格低廉,获取、制备容易,但灭火浓度较高,在灭火浓度下会使人员受到窒息毒害。早期主要用于灭火器中,其后逐步发展到固定灭火系统中。现在,国内二氧化碳灭火剂是在灭火器和灭火系统中使用量都较大的气体灭火剂。

二氧化碳灭火主要依靠窒息作用和部分冷却作用。二氧化碳具有较高的密度,约为空气的 1.5 倍。在常压下,液态的二氧化碳会立即汽化。一般 1kg 的液态二氧化碳可产生约0.5m^3的气体。因而,灭火时,二氧化碳气体可以排除空气而包围在燃烧物体的表面或分布于较密闭的空间中,降低可燃物周围或防护空间内的氧浓度,产生窒息作用而灭火。另外,二氧化碳从储存容器中喷出时,会由液体迅速汽化成气体,而从周围吸收部分热量,起到冷却的作用。

二、消防设施

(一)火灾自动报警系统

火灾自动报警系统是人们为了早期发现并通报火灾,及时采取有效措施,控制和扑灭火灾,而设置在建筑物中或其他场所的一种自动消防设施,是现代消防不可缺少的安全技术措施。

火灾自动报警系统是由触发元件、火灾报警装置以及具有其他辅助功能的装置组成。它能够在火灾的初期,将燃烧产生的烟雾、热量和光辐射等物理量,通过感温、感烟和感光等火灾探测器变成电信号,传输到火灾报警控制器,并同时显示出火灾发生的部位、记录火灾发生的时间。一般火灾自动报警系统和自动喷淋水灭火系统、室内消火栓系统、防排烟系统、通风系统、空调系统、防火门、防火卷帘、挡烟垂壁等相关设施联动,自动或手动发出指令、启动相应的灭火装置。

(二)灭火系统

灭火系统分为水灭火系统、气体灭火系统、泡沫灭火系统、干粉灭火系统等。本章重点介绍水灭火系统。

1. 水灭火系统

水灭火系统包括室内外消火栓系统、自动喷水灭火系统。水灭火系统的使用范围十分广泛,除不适宜用水扑救的各种过氧化物等遇水产生可燃气体的物质、轻金属、高黏稠的可燃液体火灾外,可使用于各类民用建筑与工业建筑。

(1)室外消火栓给水系统是最基本的消防设施。室外消火栓给水系统按消防水压要求分高压消防给水系统,临时高压消防给水系统和低压消防给水系统。

(2)室外消火栓是室外消防给水管网上取水的灭火设施,有地下式和地上式两种。

①室外消火栓的保护半径。

室外消火栓的保护半径取决灭火需要、供水压力、消防车最大供水距离和水带的耐压强度等因素。低压消火栓的保护半径一般不超过 150m;高压消火栓的保护半径为 100m。

②室外消火栓的布置。

安装室外消火栓管网的管径不小于 100mm,消防用水量大于 15L/s,管网应连接成环状。

③室内消火栓给水系统,由水源、水泵、高位水箱、管道系统、消火栓箱等组成。室内消火栓通常设在有玻璃门的专用消火栓内。它的三个主要部件是消火栓、水带和水枪。较完备的消火栓箱除上述三种部件外,还有消防水喉、应急启动消防泵按钮和火灾报警按钮等。

④室外消火栓应设在平时不被埋压、水淹的地方,并应有明显标志。

(3)室内消火栓给水系统的管道设置应符合下列要求:

①室内消火栓超过 10 个且室内消防用水量大于 15L/s 时,室内消防给水管道至少应有两条进水管与室外环状管网连接,并应将室内管道连成环状或将进水管与室外管道连接成环状。

②室内消防竖管为 2 条或 2 条以上时,应至少每 2 根竖管相连组成环状管网,每根竖管直径应按最不利点的消火栓出水流量确定。

③室内消防给水管道应用阀门分成若干独立段,如某段损坏时,停止使用的消火栓在一层中不应超过 5 个。

④消防用水与其他用水合用的管道,当其他用水量达到最大流量时,应仍能供应全部消防用水量。

(4)自动喷水灭火系统是各类场所普遍使用的一种固定灭火设备,具有工作性能稳定、造价较低、维护方便、灭火效率高、能早期控制火势和灭火、使用期长、不污染环境等优点。

2. 泡沫灭火系统

泡沫灭火系统是指普通空气机械泡沫灭火系统,是扑救甲、乙、丙类液体火灾和一般固体物质火灾普遍使用灭火系统。

泡沫灭火系统由水源(水罐)、水泵、泡沫液储罐、泡沫比例混合器、泡沫产生器、阀门、管道及附件组成。

3. 气体灭火系统

以气体作为灭火介质的灭火系统称为气体灭火系统。二氧化碳适用于扑救 A 类火灾中一般固体物质的表面火灾。二氧化碳灭火系统还适用于扑救棉、毛、织物、纸张等部分固体的深位火灾。

三、灭火器种类与选用

灭火器是扑救初起火灾的重要消防器材,轻便灵活、可移动。稍经训练即可掌握其操作使用方法，是消防实战中理想的灭火工具。合理地配置灭火器，不但能够为扑灭初起火灾提供条件，而且可以避免造成的配置基准中交叉重复、彼此矛盾、技术上不合理现象，同时也能减少不必要的经济支出。

由于不同类型灭火器的性能各不相同，所以在配置灭火器时，应考虑到配置场所扑救火灾种类的要求进行选择。按火灾种类分为以下几类：

(1)扑救 A 类火灾应选用水型、泡沫、磷酸铵盐干粉型灭火器。

(2)扑救 B 类火灾应选用干粉、泡沫、二氧化碳型灭火器，扑救极性溶剂 B 类(如甲醇、乙醇等能溶于水的液体)火灾不得选用化学泡沫灭火器。

(3)扑救 C 类火灾应选用干粉、二氧化碳型灭火器。

(4)扑救带电火灾应选用二氧化碳、干粉型灭火器。

(5)扑救 A、B、C 类火灾和带电火灾应选用磷酸铵盐干粉灭火器。

(6)扑救 D 类火灾的灭火器材属于专业类型的灭火器材，其药剂的化学成分与普通灭火器的成分不同，应由设计单位和当地公安消防机构协商解决。万一没有储备该类灭火器设备，可以采用沙土将其隔离、覆盖，让其自行燃烧殆尽，防止灾害进一步扩大。

(7)扑救 E 类火灾应选用干粉型灭火器。

(8)扑救 F 类火灾应选用干粉型灭火器、泡沫灭火器。

第十八章

包装危险货物事故应急预案、措施与医疗急救

《港口危险货物安全管理规定》第五十八条规定:危险货物港口经营人应当制定本单位危险货物事故专项应急预案和现场处置方案,依法配备应急救援人员和必要的应急救援器材、设备,每半年至少组织一次应急救援培训和演练并如实记录,根据演练结果对应急预案进行修订。应急预案应当具有针对性和可操作性,并与所在地港口行政管理部门公布的港口危险货物事故应急预案相衔接。

第五十九条规定:危险货物港口作业发生险情或者事故时,港口经营人应当立即启动应急预案,采取应急行动,排除事故危害,控制事故进一步扩散,并按照有关规定向港口行政管理部门和有关部门报告。

第一节 生产经营单位生产安全事故应急预案编制导则

一、概述

(一)范围

《生产经营单位生产安全事故应急预案编制导则》(GB/T 29639—2020)规定了生产经营单位生产安全事故应急预案的编制程序、体系构成和综合应急预案、专项应急预案、现场处置方案的主要内容以及附件信息。

(二)术语和定义

(1)应急预案:针对可能发生的事故,为最大程度减少事故损害而预先制定的应急准备工作方案。

(2)应急响应:针对事故险情或事故,依据应急预案采取的应急行动。

(3)应急演练:针对可能发生的事故情景,依据应急预案模拟开展的应急活动。

(4)应急预案评审:对新编制或修订的应急预案内容的适用性所开展的分析评估及审定过程。

(5)综合应急预案:是生产经营单位为应对各种生产安全事故而制定的综合性工作方案,是本单位应对生产安全事故的总体工作程序、措施和应急预案体系的总纲。

(6)专项应急预案:是生产经营单位为应对某一种或者多种类型生产安全事故,或者针对重要生产设施、重大危险源、重大活动防止生产安全事故而制定的专项工作方案。

(7)现场处置方案:是生产经营单位根据不同生产安全事故类型,针对具体场所、装置或者设施所制定的应急处置措施。现场处置方案重点规范事故风险描述、应急工作职责、应急处置措施和注意事项,应体现自救互救、信息报告和先期处置的特点。

(三)应急预案编制程序

生产经营单位应急预案编制程序包括成立应急预案编制工作组、资料收集、风险评估、应急资源调查、应急预案编制、桌面推演、应急预案评审和批准实施 8 个步骤。

1. 成立应急预案编制工作组

结合本单位职能和分工,成立以单位有关负责人为组长,单位相关部门人员(如生产、技术、设备、安全、行政、人事、财务人员)参加的应急预案编制工作组,明确工作职责和任务分工,制订工作计划,组织开展应急预案编制工作。预案编制工作组中应邀请相关救援队伍以及周边相关企业、单位或社区代表参加。

2. 资料收集

应急预案编制工作组应收集下列相关资料:

(1)适用的法律法规、部门规章、地方性法规和政府规章、技术标准及规范性文件;

(2)企业周边地质、地形、环境情况及气象、水文、交通资料;

(3)企业现场功能区划分、建(构)筑物平面布置及安全距离资料;

(4)企业工艺流程、工艺参数、作业条件、设备装置及风险评估资料;

(5)本企业历史事故与隐患、国内外同行业事故资料;

(6)属地政府及周边企业、单位应急预案。

3. 风险评估

开展生产安全事故风险评估,撰写评估报告,其内容包括但不限于:

(1)辨识生产经营单位存在的危险有害因素.确定可能发生的生产安全事故类别;

(2)分析各种事故类别发生的可能性、危害后果和影响范围;

(3)评估确定相应事故类别的风险等级。

4. 应急资源调查

全面调查和客观分析本单位以及周边单位和政府部门可请求援助的应急资源状况,撰写应急资源调查报告,其内容包括但不限于:

(1)本单位可调用的应急队伍、装备、物资、场所;

(2)针对生产过程及存在的风险可采取的监测、监控、报警手段;

(3)上级单位、当地政府及周边企业可提供的应急资源;

(4)可协调使用的医疗、消防、专业抢险救援机构及其他社会化应急救援力量。

5. 应急预案编制

(1)应急预案编制应当遵循以人为本、依法依规、符合实际、注重实效的原则,以应急处置为核心,体现自救互救和先期处置的特点,做到职责明确、程序规范、措施科学,尽可能简明化、图表化、流程化。

(2)应急预案编制工作包括但不限下列:

①依据事故风险评估及应急资源调查结果,结合本单位组织管理体系、生产规模及处置特点,合理确立本单位应急预案体系;

②结合组织管理体系及部门业务职能划分,科学设定本单位应急组织机构及职责分工;

③依据事故可能的危害程度和区域范围,结合应急处置权限及能力,清晰界定本单位的响应分级标准,制定相应层级的应急处置措施;

④按照有关规定和要求,确定事故信息报告、响应分级与启动、指挥权移交、警戒疏散方面的内容,落实与相关部门和单位应急预案的衔接。

⑤应急预案评审。

a. 评审形式。

应急预案编制完成后,生产经营单位应按法律法规有关规定组织评审或论证。参加应急预案评审的人员可包括有关安全生产及应急管理方面的、有现场处置经验的专家。应急预案论证可通过推演的方式开展。

b. 评审内容。

应急预案评审内容主要包括:风险评估和应急资源调查的全面性、应急预案体系设计的针对性、应急组织体系的合理性、应急响应程序和措施的科学性、应急保障措施的可行性、应急预案的衔接性。

c. 评审程序。

应急预案评审程序包括下列步骤:

Ⅰ评审准备。成立应急预案评审工作组,落实参加评审的专家,将应急预案、编制说明、风险评估、应急资源调查报告及其他有关资料在评审前送达参加评审的单位或人员。

Ⅱ组织评审。评审采取会议审查形式,企业主要负责人参加会议,会议由参加评审的专家共同推选出的组长主持,按照议程组织评审;表决时,应有不少于出席会议专家人数的三分之二同意方为通过;评审会议应形成评审意见(经评审组组长签字),附参加评审会议的专家签字表。表决的投票情况应以书面材料记录在案,并作为评审意见的附件。

Ⅲ修改完善。生产经营单位应认真分析研究,按照评审意见对应急预案进行修订和完善。评审表决不通过的,生产经营单位应修改完善后按评审程序重新组织专家评审,生产经营单位应写出根据专家评审意见的修改情况说明,并经专家组组长签字确认。

6. 批准实施

通过评审的应急预案,由生产经营单位主要负责人签发实施。

二、综合应急预案

(一)总则

1. 适用范围

说明应急预案适用的范围。

2. 响应分级

依据事故危害程度、影响范围和生产经营单位控制事态的能力,对事故应急响应进行分级,明确分级响应的基本原则。响应分级不必照搬事故分级。

(二)应急组织机构及职责

明确应急组织形式(可用图示)及构成单位(部门)的应急处置职责。应急组织机构可设置相应的工作小组,各小组具体构成、职责分工及行动任务应以工作方案的形式作为附件。

(三)应急响应

1. 信息报告

(1)信息接报。

明确应急值守电话、事故信息接收、内部通报程序、方式和责任人,向上级主管部门、上级单位报告事故信息的流程、内容、时限和责任人,以及向本单位以外的有关部门或单位通报事故信息的方法、程序和责任人。

(2)信息处置与研判。

明确响应启动的程序和方式。根据事故性质、严重程度、影响范围和可控性,结合响应分级明确的条件,可由应急领导小组作出响应启动的决策并宣布,或者依据事故信息是否达到响应启动的条件自动启动。

若未达到响应启动条件,应急领导小组可作出预警启动的决策,做好响应准备,实时跟踪事态发展。

响应启动后,应注意跟踪事态发展,科学分析处置需求,及时调整响应级别,避免响应不足或过度响应。

2. 预警

(1)预警启动。

明确预警信息发布渠道、方式和内容。

(2)响应准备。

明确作出预警启动后应开展的响应准备工作,包括队伍、物资、装备、后勤及通信。

(3)预警解除。

明确预警解除的基本条件、要求及责任人。

3. 响应启动

确定响应级别,明确响应启动后的程序性工作,包括应急会议召开、信息上报、资源协调、信息公开、后勤及财力保障工作。

4. 应急处置

明确事故现场的警戒疏散、人员搜救、医疗救治、现场监测、技术支持、工程抢险及环境保护方面的应急处置措施,并明确人员防护的要求。

5. 应急支援

明确当事态无法控制情况下,向外部(救援)力量请求支援的程序及要求、联动程序及要求,以及外部(救援)力量到达后的指挥关系。

6. 响应终止

明确响应终止的基本条件、要求和责任人。

(四)后期处置

明确污染物处理、生产秩序恢复、人员安置方面的内容。

(五)应急保障编辑

1. 通信与信息保障

明确应急保障的相关单位及人员通信联系方式和方法,以及备用方案和保障责任人。

2. 应急队伍保障

明确相关的应急人力资源,包括专家、专兼职应急救援队伍及协议应急救援队伍。

3. 物资装备保障

明确本单位的应急物资和装备的类型、数量、性能、存放位置、运输及使用条件、更新及补充时限、管理责任人及其联系方式,并建立台账。

4. 其他保障

根据应急工作需求而确定的其他相关保障措施(如:能源保障、经费保障、交通运输保障、治安保障、技术保障、医疗保障及后勤保障)。

三、专项应急预案

(一)适用范围

说明专项应急预案适用的范围,以及与综合应急预案的关系。

(二)应急组织机构及职责

明确应急组织形式(可用图示)及构成单位(部门)的应急处置职责。应急组织机构以及各成员单位或人员的具体职责。应急组织机构可以设置相应的应急工作小组,各小组具体构成、职责分工及行动任务建议以工作方案的形式作为附件。

(三)响应启动

明确响应启动后的程序性工作,包括应急会议召开、信息上报、资源协调、信息公开、后勤及财力保障工作。

(四)处置措施

针对可能发生的事故风险、危害程度和影响范围,明确应急处置指导原则,制定相应的应急处置措施。

(五)应急保障

根据应急工作需求明确保障的内容。

四、现场处置方案

（一）事故风险描述

简述事故风险评估的结果(可用列表的形式列在附件中)。

（二）应急工作职责

明确应急组织分工和职责。

（三）应急处置

应急处置包括但不限于下列内容：

(1)应急处置程序。根据可能发生的事故及现场情况，明确事故报警、各项应急措施启动、应急救护人员的引导、事故扩大及同生产经营单位应急预案的衔接程序。

(2)现场应急处置措施。针对可能发生的事故从人员救护、工艺操作、事故控制、消防、现场恢复等方面制定明确的应急处置措施。

(3)明确报警负责人以及报警电话及上级管理部门、相关应急救援单位联络方式和联系人员，事故报告基本要求和内容。

（四）注意事项

包括人员防护和自救互救、装备使用、现场安全等方面的内容。

五、应急预案附件

（一）生产经营单位概况

简要描述本单位地址、从业人数、隶属关系、主要原材料、主要产品、产量，以及重点岗位、重点区域、周边重大危险源、重要设施、目标、场所和周边布局情况。

（二）风险评估的结果

简述本单位风险评估的结果。

（三）预案体系与衔接

简述本单位应急预案体系构成和分级情况，明确与地方政府及其有关部门、其他相关单位应急预案的衔接关系(可用图示)。

（四）应急物资装备的名录或清单

列出应急预案涉及的主要物资和装备名称、型号、性能、数量、存放地点、运输和使用条件、管理责任人和联系电话等。

(五)有关应急部门、机构或人员的联系方式

列出应急工作中需要联系的部门、机构或人员及其多种联系方式。

(六)格式化文本

列出信息接报、预案启动、信息发布等格式化文本。

(七)关键的路线、标识和图纸

关键的路线、标识和图纸包括但不限于:

(1)警报系统分布及覆盖范围;
(2)重要防护目标、风险清单及分布图;
(3)应急指挥部(现场指挥部)位置及救援队伍行动路线;
(4)疏散路线、集结点、警戒范围、重要地点的标识;
(5)相关平面布置、应急资源分布的图纸;
(6)生产经营单位的地理位置图、周边关系图、附近交通图;
(7)事故风险可能导致的影响范围图;
(8)附近医院地理位置图及路线图。

(八)有关协议或者备忘录

列出与相关应急救援部门签订的应急救援协议或备忘录。

第二节 包装危险货物事故处置措施

一、危险货物火灾(爆炸)事故处置措施

(1)事故单位应按本单位应急预案进行先期处置,首先疏散现场遇险人员至安全地点等待救护。

(2)立即停止装卸、储运作业。

(3)迅速报告指挥部,并通知港口行政主管、公安、应急和医疗卫生等部门到场处置。

(4)现场处置组准确划定警戒范围,设置警戒区和安全区,疏散群众,消除一切火种、火源和电源。

(5)扑救危险货物火灾时应注意:

①先控制、后消灭;
②扑救人员应占领上风或侧风阵地;
③采取自我防护措施。

(6)应迅速查明燃烧范围、燃烧物品及周围物品情况,弄清其主要危险特性、火势蔓延途径是否有毒。

(7)正确选择灭火剂和灭火方法。

(8)对有可能发生爆炸、爆裂、喷溅等特别危险需紧急撤退的情况,应按统一信号和方法及时撤退。

(9)火灾扑灭后,起火单位应保护现场,接受事故调查,查明火因及火灾责任。

二、危险货物泄漏事故处置措施

(1)事故单位应按应急预案的要求进行抢险自救,及时切断泄漏物料来源,防止扩散。

(2)迅速报告指挥部,并通知港口行政主管、公安、应急和医疗卫生等有关部门到场处置。

(3)救援人员进入现场应注意安全防护:

①进入现场的抢险人员必须配备个人防护器具;

②如果泄漏物易燃易爆,事故中心区应严禁火种,切断电源,禁止车辆进入,在边界设置警戒线;

③如果泄漏物有毒,应使用专用防护服和隔绝式空气面具,并立即在事故中心区边界设置警戒线;

④抢险救援时严禁单独行动;

⑤根据事故情况和发展趋势,确定事故波及区域人员的撤离。

(4)控制泄漏源:

①包装容器破损,停止作业或改变工艺流程;

②堵漏,采用合适的材料和技术手段堵住泄漏点。

(5)处理泄漏物。

①罐体或容器发生液体泄漏时,要及时堵塞排污管道,堵截泄漏液体或者引流到库场泄漏池,防止泄漏物外流造成污染。

②稀释与覆盖。向有害物蒸气云喷射雾状水,加速气体向高空扩散。对于可燃物,也可以在现场释放大量水蒸气或氮气,破坏燃烧条件。对于液体泄漏,为降低物料向大气中的蒸发速度,可用泡沫或其他物品覆盖外泄的物料,在其表面形成覆盖层,抑制其蒸发。

③收容。对于大量泄漏,可选择用隔膜泵将泄漏出的物料抽入容器内或槽车内。当泄漏量较小时,可用沙子、吸附材料、中和材料等吸收中和。

④废弃。将收集的泄漏物运至废物处理场所处置。用消防水冲洗剩下的少量物料,冲洗水排入污水系统处理。

三、危险货物中毒事故处置措施

立即脱离毒物、脱离现场,把中毒者转移到空气新鲜的地方,排出食入的毒物。

(1)催吐法:用一根筷子或匙柄刺激中毒者的咽部(嗓子眼),或用手指触及中毒者咽部,使他发生反射性呕吐动物,将胃里的东西吐出。

(2)洗胃:让中毒者喝下清水、温水或温盐水,然后再次用上述方法催吐,反复进行多次,直到吐出的水在颜色上和清洁程度同喝进去的水差不多为止。

(3)去除毒物,毒物可能粘在皮肤和衣服上,应给中毒者换衣服,用肥皂水清洗皮肤。

(4)如误服强酸、强碱,可吃牛奶、蛋清保护胃黏膜,勿催吐。

(5)中毒物质不明的中毒者,可用活性炭(亦可用烤焦的馒头)2 份、氧化镁 1 份、鞣酸(可用浓茶代替)1 份,混合成 1 ~2 茶匙加温水一杯,口服。面糊、米汤也可防止毒物吸收。

第三节 包装危险货物事故应急救援管理要求

依据《生产安全事故应急条例》及《生产安全事故应急预案管理办法》,对应急管理提出如下要求:

(1)生产经营单位应当针对本单位可能发生的生产安全事故的特点和危害,进行风险辨识和评估,制定相应的生产安全事故应急救援预案,并向本单位从业人员公布。

(2)生产安全事故应急救援预案应当符合有关法律、法规、规章和标准的规定,具有科学性、针对性和可操作性,明确规定应急组织体系、职责分工以及应急救援程序和措施。

有下列情形之一的,生产安全事故应急救援预案制定单位应当及时修订相关预案:

①制定预案所依据的法律、法规、规章、标准发生重大变化;

②应急指挥机构及其职责发生调整;

③安全生产面临的风险发生重大变化;

④重要应急资源发生重大变化;

⑤在预案演练或者应急救援中发现需要修订预案的重大问题;

⑥其他应当修订的情形。

(3)易燃易爆物品、危险化学品等危险物品的生产、经营、储存、运输单位,矿山、金属冶炼、城市轨道交通运营、建筑施工单位,以及宾馆、商场、娱乐场所、旅游景区等人员密集场所经营单位,应当至少每半年组织 1 次生产安全事故应急救援预案演练,并将演练情况报送所在地县级以上地方人民政府负有安全生产监督管理职责的部门。

(4)应急救援队伍的应急救援人员应当具备必要的专业知识、技能、身体素质和心理素质。

(5)生产经营单位应当及时将本单位应急救援队伍建立情况按照国家有关规定报送县级以上人民政府负有安全生产监督管理职责的部门,并依法向社会公布。

(6)易燃易爆物品、危险化学品等危险物品的生产、经营、储存、运输单位,矿山、金属冶炼、城市轨道交通运营、建筑施工单位,以及宾馆、商场、娱乐场所、旅游景区等人员密集场所经营单位,应当根据本单位可能发生的生产安全事故的特点和危害,配备必要的灭火、排水、通风以及危险物品稀释、掩埋、收集等应急救援器材、设备和物资,并进行经常性维护、保养,保证正常运转。

(7)规模较大、危险性较高的易燃易爆物品、危险化学品等危险物品的生产、经营、储存、运输单位应当成立应急处置技术组,实行 24h 应急值班。

(8)生产经营单位应当对从业人员进行应急教育和培训,保证从业人员具备必要的应急知识,掌握风险防范技能和事故应急措施。

(9)发生生产安全事故后,生产经营单位应当立即启动生产安全事故应急救援预案,采取下列一项或者多项应急救援措施,并按照国家有关规定报告事故情况:

①迅速控制危险源,组织抢救遇险人员;

②根据事故危害程度,组织现场人员撤离或者采取可能的应急措施后撤离;

③及时通知可能受到事故影响的单位和人员;

④采取必要措施,防止事故危害扩大和次生、衍生灾害发生;

⑤根据需要请求邻近的应急救援队伍参加救援,并向参加救援的应急救援队伍提供相关技术资料、信息和处置方法;

⑥维护事故现场秩序,保护事故现场和相关证据;

⑦法律、法规规定的其他应急救援措施。

(10)现场指挥部实行总指挥负责制,按照本级人民政府的授权组织制定并实施生产安全事故现场应急救援方案,协调、指挥有关单位和个人参加现场应急救援。参加生产安全事故现场应急救援的单位和个人应当服从现场指挥部的统一指挥。

(11)在生产安全事故应急救援过程中,发现可能直接危及应急救援人员生命安全的紧急情况时,现场指挥部或者统一指挥应急救援的人民政府应当立即采取相应措施消除隐患,降低或者化解风险,必要时可以暂时撤离应急救援人员。

(12)生产经营单位主要负责人负责组织编制和实施本单位的应急预案,并对应急预案的真实性和实用性负责;各分管负责人应当按照职责分工落实应急预案规定的职责。

(13)生产经营单位的应急预案经评审或者论证后,由本单位主要负责人签署,向本单位从业人员公布,并及时发放到本单位有关部门、岗位和相关应急救援队伍。

第四节　现场医疗急救知识

一、心肺复苏

(一)心肺复苏的定义

对于任何原因引起的呼吸停止、心脏骤停,及时有效地采取措施对患者进行抢救治疗,使循环和呼吸恢复,这些措施称心肺复苏。

(二)心肺复苏操作步骤

评估意识状态,双手拍打病人肩部、呼叫病人无意识反应。启动急症医疗服务系统,立即呼叫 120 电话。心肺复苏依照 C:Circulation 人工循环(按压)—A:Airway 开放气道(仰头抬颏法)—B:Breathing 人工呼吸(吹气)—D:AED(自动体外除颤仪)的顺序进行。

(三)操作要点

(1)开放气道(仰头抬颏法)将一只手置于患者的前额,然后用手掌推动,使其头部后仰;将另一只手的手指置于颏骨附近的下颌下方;提起下颌,使颏骨上抬(图 18-1)。注意在开放气道同时应该用手指挖出病人口中异物或呕吐物,有假牙者应取出。

(2)人工呼吸(吹气)给予人工呼吸前,正常吸气即可,无需深吸气;人工呼吸应该持续均匀吹气 1s 以上,保证有足够量的气体进入并使胸廓起伏;施救者以左手拇指和食指捏紧病人的鼻孔,用自己的双唇把病人的口完全包绕,然后吹气 1s 以上,使胸廓扩张;吹气毕,施救者松开捏鼻孔的手,让病人的胸廓及肺依靠其弹性自主回缩呼气,同时均匀吸气(图 18-2)。

以上步骤再重复一次。

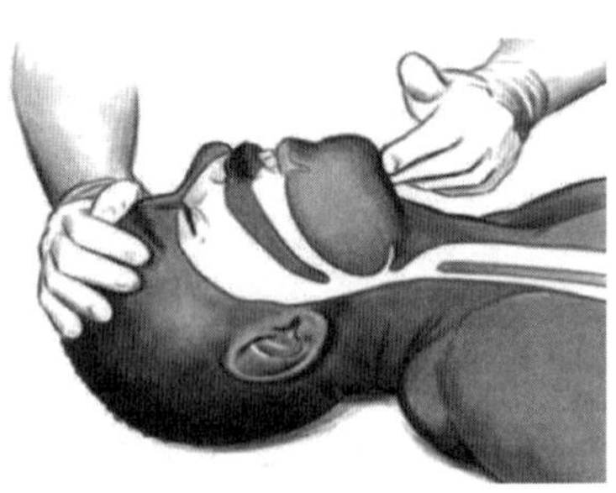

图 18-1　开放气道

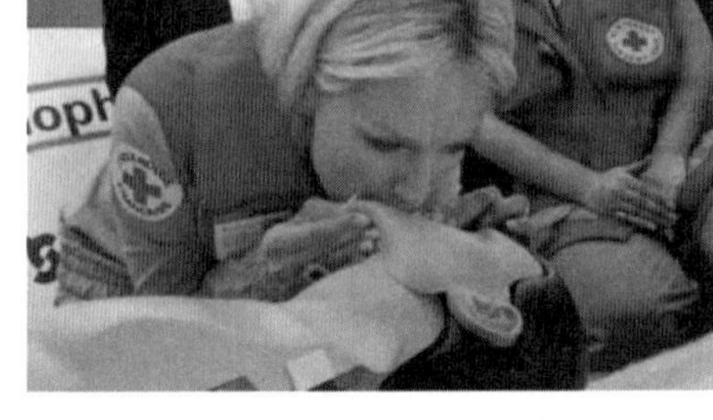

图 18-2　人工呼吸

(3)胸外按压,去除患者枕部衬垫,仰卧在硬板床上。施救者身体前倾,左手掌放置于胸骨中下段 1/3 交界处,右手压在左手背部,两手交叉重叠,双手的重心必须在一条垂直线上;两手借助身体的重量向下按压,按压过程中始终保持肘关节伸直,不要弯曲;双肩、上臂、前臂与双手应保持为一条向下垂直的直线,这样就可使双肩的力量直接作用到胸骨上,垂直下压,深度 5 ~ 6cm,下压后迅速完全放松,以利血液回流至胸腔,放松期手不要离开胸壁,减少对胸骨的冲击力,下压与放松各占 50% 时间,产生有效灌注压,频率为 100 ~ 120 次/分(图 18-3)。不论单人还是双人抢救,按压与呼吸比均为 30:2。连续做 5 个循环后判断急救效果。

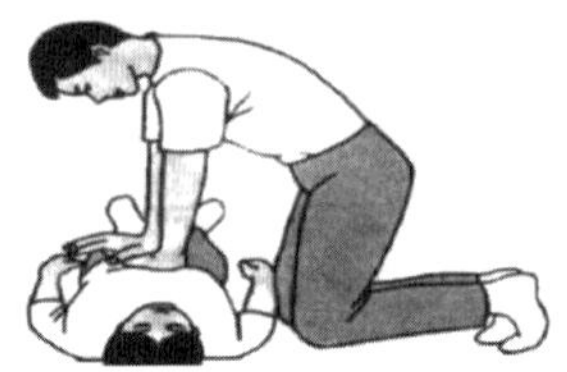

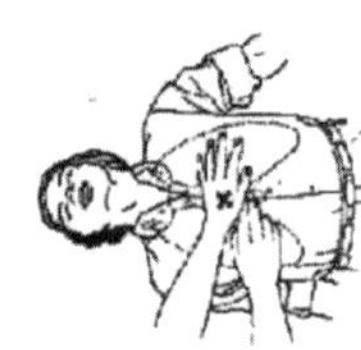

图 18-3　胸外按压

(4)AED,有条件的,可根据病人的心电分析,有室颤出现时给予除颤。

(四)心肺复苏有效的标志

(1)意识丧失:神志恢复,有知觉;
(2)大动脉搏动消失:触及大动脉搏动;
(3)呼吸停止:呼吸恢复,出现自主呼吸;
(4)瞳孔散大:瞳孔由大变小,对光反射出现;
(5)皮肤紫绀:皮肤颜色恢复到红润。

(五)心肺复苏终止指标

如果有效指标出现并稳定可以终止抢救;如果没有有效指标出现则继续抢救直到 120 急

救医护人员到场为止,决定是否终止抢救。一般常规心肺复苏抢救应达到30min以上。

二、外伤急救与处理

在外伤基本急救技能中,止血、包扎、固定、搬运,这是四大原则。如果人昏迷了,心脏不跳了,无论有多少骨折有多少外伤,尽量先进行心肺复苏,然后再进行止血包扎,护送时必须固定。

首先,各种突发创伤中,常有外伤大出血的紧张场面,止血是创伤现场救护的基本任务。可以用毛巾、手绢、衣服等折成三指宽的宽带当作止血带,禁止用电线、铁丝、绳子等。根据伤口出血的部位,采用不同的止血法,如包扎止血、指压止血(用拇指压住出血的血管上方近心端,使血管被压闭住,中断血液),不要去除血液浸透的敷料,而应在其上另加敷料并保持压力,肢体出血应将受伤区域抬高到超过心脏的高度。

出于保护伤口,减少感染机会的目的,在现场要进行一些创伤包扎。这时,尽可能戴上医用手套,如没有,用干净布、塑料袋、餐巾纸为隔离层;伤口封闭要严密,防止污染伤口;不用水冲洗伤口(化学伤除外);不要对嵌有异物或骨折端外露的伤口直接包扎;不要在伤口上用消毒粉或消炎粉;不要将绷带缠绕过紧,有绷带过紧的体征,立即松开绷带,重新缠绕。

对于骨折固定,建议用绷带、三角巾、夹板固定受伤部位,夹板的长度应能将骨折处的上下关节一同加以固定;骨折端暴露,不要拉动,不要送回伤口内;在骨折和关节突出处要加衬垫,以加强固定和防止皮肤压伤;前臂、小腿部位的骨折,尽可能在两侧放置夹板固定,以防肢体旋转及避免骨折断端相互接触;应露出指(趾)端,便于检查末梢血运。

现场救护后,要根据伤情特点进行搬运等措施。对此,要保持脊柱及肢体在一条轴线上,防止损伤加重。对于脊柱骨折病人的搬运,特别要避免一人抬肩、一人抱腿的错误方法。比较提倡的是四人搬运方法,即一人双手掌抱伤者头部两侧并牵引颈部,另外三人在伤者的同一侧,分别在肩背部、腰臀部、膝踝部,双手掌平伸到伤者对侧,四人均单膝跪地,同时用力,保持脊柱为一轴线,平稳将伤者抬起,放到脊柱板上。止血、包扎、骨折固定、搬运是外伤救护的四项基本技术。

(一)包扎

常用的包扎材料有绷带、三角巾、四头带及其他临时代用品(如干净的毛帕、毛巾、衣物、腰带、领带等)。绷带包扎一般用于支持受伤的肢体和关节,固定敷料或夹板和加压止血等。三角巾包扎主要用于包扎、悬吊受伤肢体,固定敷料,固定骨折等。

常用的包扎法如下:

1.环形绷带包扎法

此法是绷带包扎法中最基本的方法,多用于手腕、肢体、胸、腹等部位的包扎。

方法:将绷带作环形重叠缠绕,最后用扣针将带尾固定,或将带尾剪成两头打结固定。

注意事项:

(1)缠绕绷带的方向应是从内向外,由下至上,从远端至近端。开始和结束时均要重复缠绕一圈以固定。打结、扣针固定应在伤口的上部,肢体的外侧。

(2)包扎时应注意松紧度。不可过紧或过松,以不妨碍血液循环为宜。

(3)包扎肢体时不得遮盖手指或脚趾尖,以便观察血液循环情况。

(4)检查远端脉搏跳动,触摸手脚是否发凉等。

2. 三角巾包扎法

顶角折向底边,然后再对折一次,可用于下肢骨折固定或加固上肢悬吊等。三角巾窄带:将三角巾宽带再对折一次,可用于足、踝部的“8”字固定等。

(二)骨折固定包扎

1. 骨折的种类

(1)闭合性骨折:骨折处皮肤完整,骨折断端与外界不相通。

(2)开放性骨折:外伤伤口深及骨折处或骨折断端刺破皮肤露出体表外。

(3)复合性骨折:骨折断端损伤血管、神经或其他脏器,或伴有关节脱节等。

(4)不完全性骨折:骨的完整性和连续性未完全中断。

(5)完全性骨折:骨的完整性和连续性完全中断。

2. 骨折的症状

疼痛、肿胀、畸形、骨擦音、功能障碍、大出血。

3. 骨折的固定材料

夹板。

4. 急救原则和注意事项

(1)要注意伤口和全身状况,如伤口出血,应先止血,包扎固定。如有休克或呼吸、心脏骤停者应立即进行抢救。

(2)在处理开放性骨折时,局部要做清洁消毒处理,用纱布将伤口包好,严禁把暴露在伤口外的骨折端断送回伤口内,以免造成伤口污染和再度刺伤血管和神经。

(3)对于大腿、小腿、脊椎骨折的伤者,一般应就地固定,不要随便移动伤者,不要盲目复位,以免加重损伤程度。

(4)固定骨折所用的夹板的长度与宽度要与骨折肢体相称,其长度一般应超过骨折上下两个关节为宜。

(5)固定用的夹板不应直接接触皮肤。在固定时可用纱布、三角巾垫、毛巾、衣物等软材料垫在夹板和肢体之间,特别是夹板两端、关节骨头突起部位和间隙部位,可适当加厚垫,以免引起皮肤磨损或局部组织压迫坏死。

(6)固定、捆绑的松紧度要适宜,过松达不到固定的目的,过紧影响血液循环,导致肢体坏死。固定四肢时,要将指(趾)端露出,以便随时观察肢体血液循环情况。

(7)如发现苍白、发冷、麻木、疼痛、肿胀、甲床青紫时,说明固定、捆绑过紧,血液循环不畅,应立即松开,重新包扎固定。

(8)对四肢骨折固定时,应先捆绑骨折断处的上端,后捆绑骨折断处的下端。如捆绑。

(9)次序颠倒,则会导致再度错位。上肢固定时,肢体要屈着绑(屈肘状);下肢固定时,肢体要伸直绑。

(三)搬运

1. 搬运的方法

常用的搬运有徒手搬运和担架搬运两种。可根据伤者的伤势轻重和运送的距离远近而选择合适的搬运方法。徒手搬运法适用于伤势较轻且运送距离较近的伤者,担架搬运适用于伤势较重,不宜徒手搬运,且需转运距离较远的伤者。

2. 注意事项

(1)移动伤者时,首先应检查伤者的头、颈、胸、腹和四肢是否有损伤,如果有损伤,应先做急救处理,再根据不同的伤势选择不同的搬运方法。

(2)病(伤)情严重、路途遥远的伤病者,要做好途中护理,密切注意伤者的神志、呼吸、脉搏以及病(伤)势的变化。

(3)上止血带的伤者,要记录上止血带和放松止血带的时间。

(4)搬运脊椎骨折的伤者,要保持伤者身体的固定。颈椎骨折的伤者除了身体固定外,还要有专人牵引固定头部,避免移动。

(5)用担架搬运伤者时,一般头略高于脚,休克的伤者则脚略高于头。行进时伤者的脚在前,头在后,以便观察伤者情况。

(6)用汽车、大车运送时,床位要固定,防止起动、制动时晃动使伤者再度受伤。

三、烧伤与烫伤

(一)化学品灼伤

化学性皮肤烧伤的现场处理方法是,立即移离现场,迅速脱去被化学物沾污的衣裤、鞋袜等。无论酸、碱或其他化学物烧伤,立即用大量流动自来水或清水冲洗创面15～30min。新鲜创面上不要任意涂上油膏或红药水,不用脏布包裹。黄磷烧伤时应用大量水冲洗、浸泡或用多层湿布覆盖创面。烧伤的同时,往往合并骨折、出血等外伤,在现场也应及时处理。烧伤病人应及时送医院。

(二)烧伤

伤员身上燃烧着的衣服如果一时难以脱下来,可让伤员卧倒在地滚压灭火,或用水浇灭火焰。切勿带火奔跑或用手拍打,否则可能使得火借风势越烧越旺,使手被烧伤。也不可在火场大声呼喊,要用湿毛巾捂住口鼻,以防烟雾吸入导致窒息或中毒。

如头面部烧伤后,常极度肿胀,且容易引起继发性感染,容易被漏诊因而延误抢救。因此要密切观察伤员有无进展性呼吸困难,并及时护送到医院治疗。

(三)被油烫伤

刚被烫到时,应立即用柔软的棉布轻轻擦去溅到的油,再用干净毛巾沾冷水湿敷烫伤处,当然,前提是患处没有破损。去除高温的油立即用冷水冲洗 20min 以上,这样做的目的是降温,尽量减轻烫伤的深度。烫伤程度浅,一般不会留有疤痕。但在创面愈合干燥后会有色素沉着,只是这些色素沉着完全消退得需要一定的时间,短则数天,长则一个月左右。在伤口愈合前最好忌辛辣刺激性食物,忌烟酒。

(四)开水接触皮肤烫伤

被开水烫伤后,最为简单有效的急救就是用大量的流水持续冲洗降温,持续大约 20min。在冲洗的过程中应该注意流水冲洗的力量不应过大,要尽量保存烫伤后水疱皮的完整性。如有衣物,应予以剪除,以免在脱衣服的过程中破坏疱皮的完整。

创面不要自行涂用各种"消毒药水",特别是有颜色的"红药水"或者"紫药水",甚至是用酱油等涂抹,以免影响医生对烧伤严重程度和深度的判断。经过上述简单处理后,使用冰袋冷敷创面止痛,然后立刻到专科医院或烧伤整形科就诊。

(五)电击烧伤

电击烧伤最大的危险是体内烧伤,当发现有人触电时,请立即按以下步骤进行处理:先将电源切断,或用绝缘体将电源移开,如干木棒、树枝、扫帚柄等。电源不明时,切记不要直接用手接触触电者。

在浴室或潮湿的地方,救护人要穿绝缘胶鞋戴胶皮手套或站在干燥木板上以保护自身安全。如无心跳、呼吸,应立即施行心肺复苏术,不要轻易放弃,一般应在半小时以上,有条件者尽早在现场使用 AED。尽快拨打 120 呼叫救护车,将病人送院救治。持续在现场进行心肺复苏救护,直到专业医务人员到来。局部烧伤病人应就地取材进行创面的简易包扎,再送医院救治。

(六)干冰烧伤

干冰是二氧化碳的固态形式。二氧化碳在常温下为气态,如果干冰与人接触,则会迅速升华。而升华的过程要吸收大量的热,所以会"烧"伤人(其实是冻伤)。被干冰烧伤后,应在 22 ~ 25℃左右的温暖室内,或者浸入 38 ~ 42℃的温水中,迅速提高体温,别用火烤、冷水浸泡或用雪搓,尽量将伤肢抬高、保暖。如果起了水疱,不要戳破水疱,以免伤口暴露,细胞受感染。如果伤口粘着衣服布料,那是由于低温下局部结冰而致。这时不可以鲁莽撕掉布料,应用 37 ~ 38℃温水冲洗。

现场处理要力求简单、安全有效。开水、热汤、化学物烫伤后,应立即解脱衣服,脱离热源。夏季遇到四肢烫伤,可用清洁的冷开水或自来水浸泡或冲洗伤处 20 ~ 30min,再用消毒纱布或干净床单、毛巾等轻轻地松盖在伤面上,并轻轻包扎,避免外界细菌对伤面的污染。不要随意弄破水泡或撕去浮皮,更不要在伤面上涂抹酱油、紫药水、红药水及其他有颜色的稠厚油膏。火焰烧伤或热液烫伤后,可以涂抹鸡蛋清或薄而无色的中药烧伤油膏。如为生石灰灼伤,应先将伤面上的石灰粉清除，然后用足量的冷开水或自来水冲洗，并用消毒纱布轻轻包扎再去医院进一步治疗。

四、中暑与冻伤

（一）中暑

夏日里如果长时间在高温环境下工作或活动，容易使身体体温调节功能出现障碍，水、电解质代谢紊乱和神经系统功能受到损害，这就是所谓的“中暑”。中暑患者一般会出现体温上升、心跳加速、虚脱、肌肉松软、恶心等症状，严重者会呕吐、瞳孔放大，甚至丧失意。

中暑的急救方法：

1. 将患者转移到清凉处

应当迅速地把患者搬离高温场所，最好选择附近通风阴凉处，然后让患者平躺并解开衣服扣子，同时让其双脚提高，这样有利于增加患者脑部的血液供应，同时起到散热的作用。

2. 给患者降温

用冷毛巾捂住患者额头，有条件的情况下，还可以用酒精、白酒、冰水或冷水擦拭全身，然后用扇子或者电风扇吹风，以加速散热。但要注意适度，以免造成患者感冒。

注意：不要快速地给患者降温，当患者体温降至38℃以下的时候，就要停止吹风洒冷水等强制性降温方法。

3. 等患者清醒后补充水分

若患者清醒，应为其补充含盐分或小苏打的清凉饮料。

注意：不宜大量补充水分，不然会引起腹痛、呕吐和恶心等不适症状。不宜饮用咖啡或酒精类饮料。

4. 若患者已经失去知觉

可以按压其人中穴和合谷穴，使其恢复意识。如果患者出现呼吸停止的情况，应及时做人工呼吸。

5. 重症中暑病人

即出现高烧、昏迷抽搐等症状的患者，必须立即拨打120，送院治疗。在等待救援期间，应使患者平卧，头向后仰，以保持呼吸畅通。

6. 担架搬运重症中暑病人

应该使用担架搬运重症中暑病人，并在运送过程中用冰袋冰敷在患者额头、后脑勺、胸前、手肘窝以及大腿的根部，以在搬运过程中达到降温的效果。

轻度的中暑可采取急救措施为患者补水，降温等，若出现重症中暑应立即将患者送院治疗，千万不可拖延病情。

当人们在夏季长时间受到强烈阳光的照射，或停留在闷热潮湿的环境中，以及在炎热的天气里长途行走过度疲劳等情况下,均容易导致中暑的发生。

(二)冻伤

冻伤又称冷伤,外周环境寒冷性冷伤,几乎仅见于人类,是寒冷引起的局部组织或全身的损伤。冻伤属物理因素伤害,是寒冷地区或从事低温下作业人员的常见急症。

1. 冻伤的分类

(1)冻伤分为冻结性损伤和非冻结性损伤两类。

(2)冻伤可发生在任何皮肤表层上,但多出现在暴露部位。如面部、手指及脚趾等处,全身冻伤时,当直肠温度降至 30℃时陷入麻痹期,出现反应迟钝,血压下降,循环呼吸抑制等。冻伤局部先有寒冷感和针刺样疼痛,皮肤苍白,继之出现麻木或知觉丧失,其突出的临床表现要在复温之后才显露出来。

2. 冻僵分度

根据中心温度(直肠温度)划分轻、中、重 3 种:

(1)轻度冻僵:直肠温度为 34 ~36℃。

(2)中度冻僵:直肠温度为 30.1 ~33.9℃。

(3)重度冻僵:直肠温度低于 30℃。通常,中心温度在 25 ~27℃之间为低温致死限,往往难于复苏。

3. 严重冻伤的急救与处理

(1)现场处理:迅速脱离受冻现场,搬动时要小心、轻放,以免引起骨折。立即用棉被、毛毯或皮大衣等保护受冻部位,迅速将患者搬入温暖的室内(室温 20 ~25℃),脱掉潮湿的衣服,抬高受损的肢体,若冻僵者呼吸心跳停止应进行心肺复苏并及早送医院。

(2)复温治疗:

①将冻伤部位置于 40 ~42℃温水中。如果手套鞋袜和手脚冻在一起难于分离时,不可强行脱离,以防皮肤撕裂。应连同鞋袜手套一起浸入水中,复温至冻伤区恢复感觉,皮肤颜色恢复至深红或紫红色。组织变软关节变软为止。一般要求在 15 ~30min 内完成复温。在 5 ~7min 内复温最好。面部可用 38 ~42℃湿毛巾湿敷。复温要快,温度不能过高。缓慢复温可加重损害,延迟复温可影响疗效。

②继续保温处置:复温后的冻伤部位应继续进行保暖保温,以保持良好的血液循环。

③保护受冻部位:复温后的冻伤部位应以柔软的棉花软布包裹,严防意外的外伤发生,切忌挤压冻伤局部。

④对症治疗:复温中或复温后局部剧烈疼痛,应给与杜冷丁 50 ~75mg 或吗啡 10mg 肌肉注射,复温中应抗休克治疗,静脉滴注 37℃的 5% 葡萄糖液。

⑤热饮料治疗:度过休克期后,可口服热饮料,如茶水牛奶豆浆等。

⑥预防感染或抗感染:选用有效抗生素。

⑦局部处理:水泡、坏死组织、局部病灶、截肢等须外科治疗。

第三篇

港口危险货物案例分析

案例一

天津港“8·12”特别重大火灾爆炸事故

2015 年 8 月 12 日,位于天津市滨海新区天津港的瑞海国际物流有限公司(以下简称瑞海公司)危险品仓库发生特别重大火灾爆炸事故。

天津港“8·12”瑞海公司危险品仓库火灾爆炸事故是一起特别重大生产安全责任事故。

一、事故基本情况

(一)事故发生的时间和地点

2015 年 8 月 12 日 22 时 51 分 46 秒,瑞海公司运抵区最先起火(位于天津市滨海新区吉运二道 95 号的瑞海公司危险品仓库,属于海关监管场所,用金属栅栏与外界隔离)。23 时 34 分 06 秒发生第一次爆炸,23 时 34 分 37 秒发生第二次更剧烈的爆炸。事故现场形成 6 处大火点及数十个小火点,8 月 14 日 16 时 40 分,现场明火被扑灭。

(二)事故现场情况

(1)事故现场按受损程度,两次爆炸分别形成一个直径 15m、深 1.1m 的月牙形小爆坑和一个直径 97m、深 2.7m 的圆形大爆坑。以大爆坑为爆炸中心,150m 范围内的建筑被摧毁,东侧的瑞海公司综合楼和南侧的中联建通公司办公楼只剩下钢筋混凝土框架;堆场内大量普通集装箱和罐式集装箱被掀翻、解体、炸飞,形成由南至北的 3 座巨大堆垛,一个罐式集装箱被抛进中联建通公司办公楼 4 层房间内,多个集装箱被抛到该建筑楼顶;参与救援的消防车、警车和位于爆炸中心南侧的吉运一道和北侧吉运三道附近的顺安仓储有限公司、安邦国际贸易有限公司储存的 7641 辆商品汽车和现场灭火的 30 辆消防车在事故中全部损毁,邻近中心区的贵龙实业、新东物流、港湾物流等公司的 4787 辆汽车受损。

(2)爆炸冲击波波及区分为严重受损区、中度受损区。严重受损区是指建筑结构、外墙、吊顶受损的区域,受损建筑部分主体承重构件(柱、梁、楼板)的钢筋外露,失去承重能力,不再满足安全使用条件。中度受损区是指建筑幕墙及门、窗受损的区域,受损建筑局部幕墙及部分门、窗变形、破裂。

(3)严重受损区在不同方向距爆炸中心最远距离为:东 3km(亚实履带天津有限公司)西 3.6km(联通公司办公楼)南 2.5km(天津振华国际货运有限公司)北 2.8km(天津丰田通商钢业公司)中度受损区在不同方向距爆炸中心最远距离为:东 3.42km(国际物流验放中心二场)西 5.4km(中国检验检疫集团办公楼)南 5km(天津港物流大厦)北 5.4km(天津海运职业学院)受地形地貌、建筑位置和结构等因素影响,同等距离范围内的建筑受损程度并不一致。

(4)爆炸冲击波波及区以外的部分建筑,虽没有受到爆炸冲击波直接作用,但由于爆炸产生地面震动,造成建筑物接近地面部位的门、窗破裂受损,东侧最远达 8.5km(东疆港宾馆)西侧最远达 8.3km(正德里居民楼),南侧最远达 8km(和丽苑居民小区),北侧最远达 13.3km(海滨大道永定新河收费站)

(三)人员伤亡和财产损失情况

事故造成 165 人遇难(参与救援处置的公安现役消防人员 24 人、天津港消防人员 75 人、公安民警11人,事故企业、周边企业员工和周边居民55人),8人失踪(天津港消防人员5人,周边企业员工、天津港消防人员家属3人),798人受伤住院治疗(伤情重及较重的伤员58人、轻伤员740人)304幢建筑物(其中办公楼宇、厂房及仓库等单位建筑73幢,居民1类住宅91幢、2类住宅129幢、居民公寓11幢)12428辆商品汽车、7533个集装箱受损。

(四)环境污染情况

通过分析事发时瑞海公司储存的111种危险货物的化学组分,确定至少有129种化学物质发生爆炸燃烧或泄漏扩散,其中,氢氧化钠、硝酸钾、硝酸铵、氰化钠、金属镁和硫化钠这6种物质的重量占到总重量的50%。同时,爆炸还引燃了周边建筑物以及大量汽车、焦炭等普通货物。本次事故残留的化学品与产生的二次污染物逾百种,对局部区域的大气环境、水环境和土壤环境造成了不同程度的污染。

二、事故直接原因

(一)最初起火部位认定

通过调查询问事发当晚现场作业员工、调取分析位于瑞海公司北侧的环发讯通公司的监控视频、提取对比现场痕迹物证、分析集装箱毁坏和位移特征,认定事故最初起火部位为瑞海公司危险品仓库运抵区南侧集装箱区的中部。

(二)起火原因分析认定

1. 排除人为破坏因素、雷击因素和来自集装箱外部引火源

公安部派员指导天津市公安机关对全市重点人员和各种矛盾的情况以及瑞海公司员工、外协单位人员情况进行了全面排查,对事发时在现场的所有人员逐人定时定位,结合事故现场勘查和相关视频资料分析等工作,可以排除恐怖犯罪、刑事犯罪等人为破坏因素。

现场勘验表明,起火部位无电气设备,电缆为直埋敷设且完好,附近的灯塔、视频监控设施在起火时还正常工作,可以排除电气线路及设备因素引发火灾的可能。

同时,运抵区为物理隔离的封闭区域,起火当天气象资料显示无雷电天气,监控视频及证人证言证实起火时运抵区内无车辆作业,可以排除遗留火种、雷击、车辆起火等外部因素。

2. 筛查最初着火物质

事故调查组通过调取天津海关H2010通关管理系统数据等,查明事发当日瑞海公司危险品仓库运抵区储存的危险货物包括第2、3、4、5、6、8类及无危险性分类数据的物质,共72种。对上述物质采用理化性质分析、实验验证、视频比对、现场物证分析等方法,逐类逐种进行了筛查:第2类气体2种,均为不燃气体;第3类易燃液体10种,均无自燃或自热特性,且其中着火可能性最高的一甲基三氯硅烷燃烧时火焰较小,与监控视频中猛烈燃烧的特征不符;第5类氧化性物质5种,均无自燃或自热特性;第6类毒性物质12种、第8类腐蚀性物质8种、无危险性分类数据物质27种,均无自燃或自热特性;第4类易燃固体、易于自燃的物质、遇水放出易

燃气体的物质8种,除硝化棉外,均不自燃或自热。实验表明,在硝化棉燃烧过程中伴有固体颗粒燃烧物飘落,同时产生大量气体,形成向上的热浮力。经与事故现场监控视频比对,事故最初的燃烧火焰特征与硝化棉的燃烧火焰特征相吻合。同时查明,事发当天运抵区内共有硝化棉及硝基漆片32.97吨。因此,认定最初着火物质为硝化棉。

3.认定起火原因

硝化棉为白色或微黄色棉絮状物,易燃且具有爆炸性,化学稳定性较差,常温下能缓慢分解并放热,超过40℃时会加速分解,放出的热量如不能及时散失,会造成硝化棉温升加剧,达到180℃时能发生自燃。硝化棉通常加乙醇或水作湿润剂,一旦湿润剂散失,极易引发火灾。

实验表明,去除湿润剂的干硝化棉在40℃发生放热反应,达到174℃时发生剧烈失控反应及质量损失,自燃并释放大量热量。如果在绝热条件下进行实验,去除湿润剂的硝化棉在35℃时即发生放热反应,达到150℃时即发生剧烈的分解燃烧。

经对向瑞海公司供应硝化棉的河北三木纤维素有限公司、衡水新东方化工有限公司调查,企业采取的工艺为:先制成硝化棉水棉(含水30%)作为半成品库存,再根据客户的需要,将湿润剂改为乙醇,制成硝化棉酒棉,之后采用人工包装的方式,将硝化棉装入塑料袋内,塑料袋不采用热塑封口,用包装绳扎口后装入纸筒内。据瑞海公司员工反映,在装卸作业中存在野蛮操作问题,在硝化棉装箱过程中曾出现包装破损、硝化棉散落的情况。

对样品硝化棉酒棉湿润剂挥发性进行的分析测试表明:如果包装密封性不好,在一定温度下湿润剂会挥发散失,且随着温度升高而加快;如果包装破损,在50℃下2小时乙醇湿润剂会全部挥发散失。

事发当天最高气温达36℃,实验证实,在气温为35℃时集装箱内温度可达65℃以上。

以上几种因素耦合作用引起硝化棉湿润剂散失,出现局部干燥,在高温环境作用下,加速分解反应,产生大量热量,由于集装箱散热条件差,致使热量不断积聚,硝化棉温度持续升高,达到其自燃温度,发生自燃。

(三)爆炸过程分析

集装箱内硝化棉局部自燃后,引起周围硝化棉燃烧,放出大量气体,箱内温度、压力升高,致使集装箱破损,大量硝化棉散落到箱外,形成大面积燃烧,其他集装箱(罐)内的精萘、硫化钠、糠醇、三氯氢硅、一甲基三氯硅烷、甲酸等多种危险化学品相继被引燃并介入燃烧,火焰蔓延到邻近的硝酸铵(在常温下稳定,但在高温、高压和有还原剂存在的情况下会发生爆炸;在110℃开始分解,230℃以上时分解加速,400℃以上时剧烈分解、发生爆炸)集装箱。随着温度持续升高,硝酸铵分解速度不断加快,达到其爆炸温度(实验证明,硝化棉燃烧半小时后达到1000℃以上,大大超过硝酸铵的分解温度)23时34分06秒,发生了第一次爆炸。

距第一次爆炸点西北方向约20米处,有多个装有硝酸铵、硝酸钾、硝酸钙、甲醇钠、金属镁、金属钙、硅钙、硫化钠等氧化剂、易燃固体和腐蚀品的集装箱。受到南侧集装箱火焰蔓延作用以及第一次爆炸冲击波影响,23时34分37秒发生了第二次更剧烈的爆炸。

据爆炸和地震专家分析,在大火持续燃烧和两次剧烈爆炸的作用下,现场危险化学品爆炸的次数可能是多次,但造成现实危害后果的主要是两次大的爆炸。经爆炸科学与技术国家重点实验室模拟计算得出,第一次爆炸的能量约为15吨TNT当量,第二次爆炸的能量约为430吨TNT当量。考虑期间还发生多次小规模的爆炸,确定本次事故中爆炸总能量约为450吨TNT当量。

最终认定事故直接原因是:瑞海公司危险品仓库运抵区南侧集装箱内的硝化棉由于湿润剂散失出现局部干燥,在高温(天气)等因素的作用下加速分解放热,积热自燃,引起相邻集装箱内的硝化棉和其他危险化学品长时间大面积燃烧,导致堆放于运抵区的硝酸铵等危险化学品发生爆炸。

三、事故应急救援处置情况

(一)爆炸前灭火救援处置情况

8月12日22时52分,天津市公安局110指挥中心接到瑞海公司火灾报警,立即转警给天津港公安局消防支队。与此同时,天津市公安消防总队119指挥中心也接到群众报警。接警后,天津港公安局消防支队立即调派与瑞海公司仅一路之隔的消防四大队紧急赶赴现场,天津市公安消防总队也快速调派开发区公安消防支队三大街中队赶赴增援。

22时56分,天津港公安局消防四大队首先到场,指挥员侦查发现瑞海公司运抵区南侧一垛集装箱火势猛烈,且通道被集装箱堵塞,消防车无法靠近灭火。指挥员向瑞海公司现场工作人员询问具体起火物质,但现场工作人员均不知情。随后,组织现场吊车清理被集装箱占用的消防通道,以便消防车靠近灭火,但未果。在这种情况下,为阻止火势蔓延,消防员利用水枪、车载炮冷却保护毗邻集装箱堆垛。后因现场火势猛烈、辐射热太高,指挥员命令所有消防车和人员立即撤出运抵区,在外围利用车载炮射水控制火势蔓延,根据现场情况,指挥员又向天津港公安局消防支队请求增援,天津港公安局消防支队立即调派五大队、一大队赶赴现场。

与此同时,天津市公安消防总队119指挥中心根据报警量激增的情况,立即增派开发区公安消防支队全勤指挥部及其所属特勤队、八大街中队,保税区公安消防支队天保大道中队,滨海新区公安消防支队响螺湾中队、新北路中队前往增援。期间,连续3次向天津港公安局消防支队119指挥中心询问灾情,并告之增援力量情况。至此,天津港公安局消防支队和天津市公安消防总队共向现场调派了3个大队、6个中队、36辆消防车、200人参与灭火救援。

23时08分,天津市开发区公安消防支队八大街中队到场,指挥员立即开展火情侦查,并组织在瑞海公司东门外侧建立供水线路,利用车载炮对集装箱进行泡沫覆盖保护。23时13分许,天津市开发区公安消防支队特勤中队、三大街中队等增援力量陆续到场,分别在跃进路、吉运二道建立供水线路,在运抵区外围利用车载炮对集装箱堆垛进行射水冷却和泡沫覆盖保护。同时,组织疏散瑞海公司和相邻企业在场工作人员以及附近群众100余人。

(二)爆炸后现场救援处置情况

这次事故涉及危险化学品种类多、数量大,现场散落大量氰化钠和多种易燃易爆危险化学品,不确定危险因素众多,加之现场道路全部阻断,有毒有害气体造成巨大威胁,救援处置工作面临巨大挑战。

天津市委、市政府迅速成立事故救援处置总指挥部,确定“确保安全、先易后难、分区推进、科学处置、注重实效”的原则,把全力搜救人员作为首要任务,以灭火、防爆、防化、防疫、防污染为重点,统筹组织协调解放军、武警、公安以及安监、卫生、环保、气象等相关部门力量,积极稳妥推进救援处置工作。

(1)公安消防部队会同解放军武警部队等组成多个搜救小组,反复侦检、深入搜救,针对现场存放的各类危险化学品的不同理化性质,利用泡沫、干沙、干粉进行分类防控灭火。

(2)事故现场指挥部组织各方面力量,有力有序、科学有效推进现场清理工作。

(三)医疗救治和善后处理情况

国家卫计委和天津市政府组织医疗专家,抽调 9000 多名医务人员,全力做好伤员救治工作,努力提高抢救成功率,降低死亡率和致残率。

四、事故企业相关情况及主要问题

(一)企业基本情况

瑞海公司成立于 2012 年 11 月 28 日,为民营企业。

(二)经营资质许可情况

天津市交通运输和港口管理局分别于 2013 年 7 月、10 月同意瑞海公司危险货物作业延期至 2014 年 1 月 11 日。到期后,瑞海公司未申请延期,但仍继续从事危险货物经营业务。

2013 年 5 月 7 日,天津海关批准瑞海公司设立运抵区,12 月 13 日批准瑞海公司运抵区面积由 3150m^2 增加至 5838m^2。

2014 年 1 月 12 日至 2014 年 4 月 15 日,瑞海公司无许可证、无批复从事危险货物仓储业务经营。

2014 年 4 月 16 日,天津市交通运输和港口管理局出具审批表,同意瑞海公司危险货物堆场自 2014 年 4 月 16 日至 10 月 16 日试运行。2014 年 5 月 4 日,天津市交通运输和港口管理局批复同意瑞海公司“在试运行期间从事港口仓储业务经营”,储存 2、3、4、5、6、8、9 类危险货物,有效期自 2014 年 4 月 16 日至 2014 年 10 月 16 日。到期后,瑞海公司未申请延期,但继续从事危险货物仓储业务经营。

2014 年 10 月 17 日至 2015 年 6 月 22 日,瑞海公司在无许可证、无批复的情况下,从事危险货物仓储业务经营。

经调查,事故发生前,瑞海公司危险品仓库内共储存危险货物 7 大类、111 种,共计 11383. 79t,包括硝酸铵 800t,氰化钠 680. 5t,硝化棉、硝化棉溶液及硝基漆片 229. 37t。其中,运抵区内共储存危险货物 72 种、4840. 42t,包括硝酸铵 800t,氰化钠 360t,硝化棉、硝化棉溶液及硝基漆片 48. 17t。

(三)存在的主要问题

瑞海公司违法违规经营和储存危险货物,安全管理极其混乱,未履行安全生产主体责任,致使大量安全隐患长期存在。

(1)严重违反天津市城市总体规划和滨海新区控制性详细规划,未批先建、边建边经营危险货物堆场。

(2)无证违法经营。按照有关法律法规,在港区内从事危险货物仓储业务经营的企业,必须同时取得《港口经营许可证》和《港口危险货物作业附证》,但瑞海公司在2015年6月23日取得上述两证前实际从事危险货物仓储业务经营的两年多时间里,没有许可证,违法从事港口危险货物仓储经营业务。

(3)以不正当手段获得经营危险货物批复。瑞海公司实际控制人为了达到让企业快速运营、尽快盈利的目的,通过送钱、送购物卡(券)和出资邀请打高尔夫、请客吃饭等不正当手段,在港口审批、监管方面打通关节,对瑞海公司得以无证违法经营也起了很大作用。

(4)违规存放硝酸铵。瑞海公司违反《集装箱港口装卸作业安全规程》(GB 11602—2007)第4.4条①和《危险货物集装箱港口作业安全规程》(JT 397—2007)第5.3.1条的规定②,在运抵区多次违规存放硝酸铵,事发当日在运抵区违规存放硝酸铵高达800吨。

(5)严重超负荷经营、超量存储。瑞海公司2015年月周转货物约6万t,是批准月周转量③的14倍多。多种危险货物严重超量储存,事发时硝酸钾存储量1342.8t,超设计最大存储量53.7倍;硫化钠存储量484t,超设计最大存储量19.4倍;氰化钠存储量680.5t,超设计最大储存量42.5倍。

(6)违规混存、超高堆码危险货物。瑞海公司违反《港口危险货物安全管理规定》(交通运输部令2012年第9号)第35条第2款④和《危险货物集装箱港口作业安全规程》(JT 397—2007)第5.3.4。

(7)违规开展拆箱、搬运、装卸等作业。瑞海公司违反《危险货物集装箱港口作业安全规程》(JT 397—2007)第6.1.4条在拆装易燃易爆危险货物集装箱时,没有安排专人现场监护,使用普通非防爆叉车;对委托外包的运输、装卸作业安全管理严重缺失,在硝化棉等易燃易爆危险货物的装箱、搬运过程中存在用叉车倾倒货桶、装卸工滚桶码放等野蛮装卸行为。

(8)未按要求进行重大危险源登记备案。

(9)安全生产教育培训严重缺失。瑞海公司违反部分装卸管理人员没有取得港口相关部门颁发的从业资格证书,无证上岗。该公司部分叉车司机没有取得危险货物岸上作业资格证书,没有经过相关危险货物作业安全知识培训,对危险品防护知识的了解仅限于现场不准吸烟、车辆要戴防火帽等,对各类危险物质的隔离要求、防静电要求、事故应急处置方法等均不了解。

(10)未按规定制定应急预案并组织演练。瑞海公司未按规定,针对理化性质各异、处置方法不同的危险货物制定针对性的应急处置预案,组织员工进行应急演练。

五、有关地方政府及部门和中介机构存在的主要问题

(1)天津市交通运输委员会(原天津市交通运输和港口管理局)滥用职权,违法违规实施行政许可和项目审批;玩忽职守,日常监管严重缺失。

(2)天津港(集团)有限公司在履行监督管理职责方面玩忽职守。

(3)天津海关系统违法违规审批许可,玩忽职守,未按规定开展日常监管。

(4)天津市安全监管部门玩忽职守,未按规定对瑞海公司开展日常监督管理和执法检查,也未对安全评价机构进行日常监管。

(5)天津市规划和国土资源管理部门玩忽职守,在行政许可中存在多处违法违规行为。

(6)天津市市场和质量监督部门对瑞海公司日常监管缺失。

(7)天津海事部门培训考核不规范,玩忽职守,未按规定对危险货物集装箱现场开箱检查进行日常监管。

(8)天津市公安部门未认真贯彻落实有关法律法规,未按规定开展消防监督指导检查。

(9)天津市滨海新区环境保护局未按规定审核项目,未按职责开展环境保护日常执法监管。

(10)天津市滨海新区行政审批局未严格执行项目竣工验收规定。

(11)天津市委、天津市人民政府和滨海新区党委、政府未全面贯彻落实有关法律法规,对有关部门和单位安全生产工作存在的问题失察失管。

(12)交通运输部未认真开展港口危险货物安全管理督促检查,对天津交通运输系统工作指导不到位。

(13)海关总署未认真组织落实海关监管场所规章制度,督促指导天津海关工作不到位。

(14)中介及技术服务机构弄虚作假,违法违规进行安全审查、评价和验收等。

六、对事故有关责任人员和责任单位的处理意见

根据事故原因调查和事故责任认定,依据有关法律法规和党纪政纪规定,对事故有关责任人员和责任单位提出处理意见:

公安机关对 24 名相关企业人员依法立案侦查并采取刑事强制措施(瑞海公司 13 人,中介和技术服务机构 11 人)。

检察机关对 25 名行政监察对象依法立案侦查并采取刑事强制措施(正厅级 2 人,副厅级 7 人,处级 16 人;交通运输部门 9 人,海关系统 5 人,天津港(集团)有限公司 5 人,安全监管部门 4 人,规划部门 2 人)。

事故调查组另对 123 名责任人员提出了处理意见。建议对 74 名责任人员(省部级 5 人、厅局级 22 人、县处级 22 人、科级及以下 25 人)给予党纪政纪处分(撤职处分 21 人、降级处分 23 人、记大过及以下处分 30 人);对其他 48 名责任人员,建议由天津市纪委及相关部门予以诫勉谈话或批评教育;1 名责任人员在事故调查处理期间病故,建议不再给予其处分。

事故调查组建议对事故企业和有关中介技术服务机构等 5 家单位分别给予行政处罚。

七、事故主要教训

(1)事故企业严重违法违规经营。瑞海公司无视安全生产。

主体责任,置国家法律法规、标准于不顾,只顾经济利益、不顾生命安全,不择手段变更及扩展经营范围,长期违法违规经营危险货物,安全管理混乱,安全责任不落实,安全教育培训流于形式,企业负责人、管理人员及操作工、装卸工都不知道运抵区储存的危险货物种类、数量及理化性质,冒险蛮干问题十分突出,特别是违规大量储存硝酸铵等易爆危险品,直接造成此次特别重大火灾爆炸事故的发生。

(2)有关地方政府安全发展意识不强。瑞海公司长时间违法违规经营,有关政府部门在

瑞海公司经营问题上一再违法违规审批、监管失职，最终导致天津港“8·12”事故的发生，造成严重的生命财产损失和恶劣的社会影响。

(3)有关地方和部门违反法定城市规划。天津市政府和滨海新区政府严格执行城市规划法规意识不强，对违反规划的行为失察。

(4)有关职能部门有法不依、执法不严，有的人员甚至贪赃枉法。天津市涉及瑞海公司行政许可审批的交通运输等部门，没有严格执行国家和地方的法律法规、工作规定，没有严格履行职责，甚至与企业相互串通，以批复的形式代替许可，行政许可形同虚设。

(5)港口管理体制不顺、安全管理不到位。

天津市政府以及天津港集团公司对港区管理职责交叉、责任不明，天津港集团公司政企不分，安全监管工作同企业经营形成内在关系，难以发挥应有的监管作用。另外，港口海关监管区(运抵区)安全监管职责不明，致使瑞海公司违法违规行为长期得不到有效纠正。

(6)危险化学品安全监管体制不顺、机制不完善。同时，全国缺乏统一的危险化学品信息管理平台，部门之间没有做到互联互通，信息不能共享，不能实时掌握危险化学品的去向和情况，难以实现对危险化学品全时段、全流程、全覆盖的安全监管。

(7)危险化学品安全管理法律法规标准不健全。国家缺乏统一的危险化学品安全管理、环境风险防控的专门法律；《危险化学品安全管理条例》对危险化学品流通、使用等环节要求不明确、不具体，特别是针对物流企业危险化学品安全管理的规定空白点更多；现行有关法规对危险化学品安全管理违法行为处罚偏轻，单位和个人违法成本很低，不足以起到惩戒和震慑作用。与欧美发达国家和部分发展中国家相比，我国危险化学品缺乏完备的准入、安全管理、风险评价制度。危险货物大多涉及危险化学品，危险化学品安全管理涉及监管环节多、部门多、法规标准多，各管理部门立法出发点不同，对危险化学品安全要求不一致，造成当前危险化学品安全监管乏力以及企业安全管理要求模糊不清、标准不一、无所适从的现状。

(8)危险化学品事故应急处置能力不足。瑞海公司没有开展风险评估和危险源辨识评估工作，应急预案流于形式，应急处置力量、装备严重缺乏，不具备初起火灾的扑救能力。从全国范围来看，专业危险化学品应急救援队伍和装备不足，无法满足处置种类众多、危险特性各异的危险化学品事故的需要。

八、事故防范措施和建议

(1)把安全生产工作摆在更加突出的位置。各级党委和政府要牢固树立科学发展、安全发展理念，坚决守住“发展决不能以牺牲人的生命为代价”的红线，进一步加强领导、落实责任、明确要求，建立健全与现代化大生产和社会主义市场经济体制相适应的安全监管体系，大力推进“党政同责、一岗双责、失职追责”的安全生产责任体系的建立健全与落实，积极推动安全生产的文化建设、法治建设、制度建设、机制建设、技术建设和力量建设，对安全生产特别是对公共安全存在潜在危害的危险品的生产、经营、储存、使用等环节实行严格规范的监管，切实加强源头治理，大力解决突出问题，努力提高我国安全生产工作的整体水平。

(2)推动生产经营单位切实落实安全生产主体责任。

充分运用市场机制，建立完善生产经营单位强制保险和“黑名单”制度，将企业的违法违规信息与项目核准、用地审批、证券融资、银行贷款挂钩，促进企业提高安全生产的自觉性，建立“安全自查、隐患自除、责任自负”的企业自我管理机制,并通过调整税收、保险费用、信用等级等经济措施,引导经营单位自觉加大安全投入,加强安全措施,淘汰落后的生产工艺、设备,培养高素质高技能的产业工人队伍。严格落实属地政府和行业主管部门的安全监管责任,深化企业安全生产标准化创建活动,推动企业建立完善风险管控、隐患排查机制,实行重大危险源信息向社会公布制度,并自觉接受社会舆论监督。

(3)进一步理顺港口安全管理体制。认真落实港口政企分离要求,明确港口行政管理职能机构和编制,进一步强化交通、海关、公安、质检等部门安全监管职责,加强信息共享和部门联动配合;按照深化司法体制改革的要求,将港口公安、消防以及其他相关行政监管职能交由地方政府主管部门承担。在港口设置危险货物仓储物流功能区,根据危险货物的性质分类储存,严格限定危险货物周转总量。进一步明确港区海关运抵区安全监管职责,加强对港区海关运抵区安全监督,严防失控漏管。其他领域存在的类似问题,尤其是行政区、功能区行业管理职责不明的问题,都应抓紧解决。

(4)着力提高危险化学品安全监管法治化水平。针对当前危险化学品生产经营活动快速发展及其对公共安全带来的诸多重大问题,要将相关立法、修法工作置于优先地位,切实增强相关法律法规的权威性、统一性、系统性、有效性。建议立法机关在已有相关条例的基础上,抓紧制定、修订危险化学品管理、安全生产应急管理、民用爆炸物品安全管理、危险货物安全管理等相关法律、行政法规;以法律的形式明确硝化棉等危险化学品的物流、包装、运输等安全管理要求,建立易燃易爆、剧毒危险化学品专营制度,限定生产规模,严禁个人经营硝酸铵、氰化钠等易爆、剧毒物。国务院及相关部门抓紧制定配套规章标准,进一步完善国家强制性标准的制定程序和原则,提高标准的科学性、合理性、适用性和统一性。同时,进一步加强法律法规和国家强制性标准执行的监督检查和宣传培训工作,确保法律法规标准的有效执行。

(5)建立健全危险化学品安全监管体制机制。

建议国务院明确一个部门及系统承担对危险化学品安全工作的综合监管职能,并进一步明确、细化其他相关部门的职责,消除监管盲区。强化现行危险化学品安全生产监管部际联席会议制度,增补海关总署为成员单位,建立更有力的统筹协调机制,推动落实部门监管职责。全面加强涉及危险化学品的危险货物安全管理,强化口岸港政、海事、海关、商检等检验机构的联合监督、统一查验机制,综合保障外贸进出口危险货物的安全、便捷、高效运行。

(6)建立全国统一的危险化学品监管信息平台。利用大数据、物联网等信息技术手段,对危险化学品生产、经营、运输、储存、使用、废弃处置进行全过程、全链条的信息化管理,实现危险化学品来源可循、去向可溯、状态可控,实现企业、监管部门、公安消防部队及专业应急救援队伍之间信息共享。升级改造面向全国的化学品安全公共咨询服务电话,为社会公众、各单位和各级政府提供化学品安全咨询以及应急处置技术支持服务。

(7)科学规划合理布局,严格安全准入条件。修订《中华人民共和国城乡规划法》(以下简称《城乡规划法》),建立城乡总体规划、控制性详细规划编制的安全评价制度,提高城市本质安全水平;进一步细化编制、调整总体规划、控制性详细规划的规范和要求,切实提高总体规划、控制性详细规划的稳定性、科学性和执行刚性。建立完善高危行业建设项目安全与环境风险评估制度,推行环境影响评价、安全生产评价、职业卫生评价与消防安全评价联合评审制度,提高产业规划与城市安全的协调性。对涉及危险化学品的建设项目,实施住建、规划、发改、国土、工信、公安消防、环保、卫生、安监等部门联合审批制度，严把安全许可审批关，严格落实规划区域功能。科学规划危险化学品区域，严格控制与人口密集区、公共建筑物、交通干线和饮用水源地等环境敏感点之间的距离。

(8)加强生产安全事故应急处置能力建设。

合理布局、大力加强生产安全事故应急救援力量建设，推动高危行业企业建立专兼职应急救援队伍，整合共享全国应急救援资源，提高应急协调指挥的信息化水平。危险化学品集中区的地方政府，可依托公安消防部队组建专业队伍，加强特殊装备器材的研发与配备，强化应急处置技战术训练演练，满足复杂危险化学品事故应急处置需要。各级政府要切实汲取天津港“8·12”事故的教训，对应急处置危险化学品事故的预案开展一次检查清理，该修订的修订，该细化的细化，该补充的补充，进一步明确处置、指挥的程序、战术以及舆论引导、善后维稳等工作要求，切实提高应急处置能力，最大限度减少应急处置中的人员伤亡。采取多种形式和渠道，向群众大力普及危险化学品应急处置知识和技能，提高自救互救能力。

(9)严格安全评价、环境影响评价等中介机构的监管。

相关行业部门要加强相关中介机构的资质审查审批、日常监管，提高准入门槛，严格规范其从事安全评价、环境影响评价、工程设计、施工管理、工程质量监理等行为。切断中介服务利益关联，杜绝“红顶中介”现象，审批部门所属事业单位、主管的社会组织及其所办的企业，不得开展与本部门行政审批相关的中介服务。相关部门每年要对相关中介机构开展专项检查，对发现的问题严肃处理。建立“黑名单”制度和举报制度，完善中介机构信用体系和考核评价机制。

(10)集中开展危险化学品安全专项整治行动。

在全国范围内对涉及危险化学品生产、储存、经营、使用等的单位、场所普遍开展一次彻底的摸底清查，切实掌握危险化学品经营单位重大危险源和安全隐患情况，对发现掌握的重大危险源和安全隐患情况，分地区逐一登记并明确整治的责任单位和时限；对严重威胁人民群众生命安全的问题，采取改造、搬迁、停产、停用等措施坚决整改；对违反规划未批先建、批小建大、擅自扩大许可经营范围等违法行为，坚决依法纠正，从严从重查处。

案例二

江苏响水天嘉宜化工有限公司“3·21”特别重大爆炸事故调查报告

2019 年 3 月 21 日 14 时 48 分许,位于江苏省盐城市响水县生态化工园区的天嘉宜化工有限公司(以下简称天嘉宜公司)发生特别重大爆炸事故,造成 78 人死亡、76 人重伤,640 人住院治疗,直接经济损失 198635.07 万元。

事故发生后,党中央、国务院高度重视,正在出访途中的习近平总书记立即作出重要指示,要求全力抢险救援,搜救被困人员,及时救治伤员,做好善后工作,切实维护社会稳定;要加强监测预警,防控发生环境污染,严防发生次生灾害;要尽快查明事故原因,及时发布权威信息,加强舆情引导;要求各地和有关部门深刻吸取教训,加强安全隐患排查,严格落实安全生产责任制,坚决防范重特大事故发生,确保人民群众生命和财产安全。习近平总书记特别指出,安全生产工作在抓落实上仍有很大差距,一定要举一反三、亡羊补牢。李克强总理作出批示,强调要科学有效做好搜救工作,全力以赴救治受伤人员,最大程度减少伤亡,采取有力措施控制危险源,注意防止发生次生事故;要求各地进一步排查并消除危化品等重点行业安全生产隐患,夯实各环节责任。韩正、孙春兰、刘鹤、王勇、肖捷、赵克志等领导同志也作出批示。受党中央、国务院委派,王勇委员率领由应急管理部、工业和信息化部、公安部、生态环境部、卫生健康委、全国总工会和中央宣传部等有关部门负责同志组成的工作组赶赴现场,指导抢险救援、伤员救治、事故调查和善后处置等工作。依据有关法律法规,经国务院批准,成立了由应急管理部牵头,工业和信息化部、公安部、生态环境部、全国总工会和江苏省政府有关负责同志参加的国务院江苏盐城"3·21"特别重大爆炸事故调查组(以下简称事故调查组),并分设技术组、管理组、综合组,下设专家组,聘请爆炸、消防、刑侦、化工、环保、国土、住建等方面的专家参与事故调查工作。中央纪委国家监委成立责任追究审查调查组,对有关地方党委政府、相关部门和公职人员涉嫌违法违纪及失职渎职问题开展调查。

事故调查组认真贯彻落实中央领导同志重要指示批示精神,坚持"科学严谨、依法依规、实事求是、注重实效"的原则,通过反复现场勘验、检测鉴定、调查取证、调阅资料、人员问询、模拟实验、专家论证等,查明了事故经过、原因、人员伤亡情况和直接经济损失,认定了事故性质以及事故企业、中介机构和相关人员的责任,查明了有关地方党委政府和相关部门在监管方面存在的问题。围绕贯彻落实习近平总书记重要指示精神和李克强总理等领导同志批示要求,针对事故暴露出的问题,总结分析了事故主要教训,提出了防范整改的措施建议。

事故调查组认定,江苏响水天嘉宜化工有限公司"3·21"特别重大爆炸事故是一起长期违法贮存危险废物导致自燃进而引发爆炸的特别重大生产安全责任事故。

一、事故有关情况

事故调查组经调阅现场视频记录等进行分析认定,2019 年 3 月 21 日 14 时 45 分 35 秒,天嘉宜公司旧固废库房顶中部冒出淡白烟,随即出现明火且火势迅速扩大,至 14 时 48 分 44 秒发生爆炸。

天嘉宜公司成立于 2007 年 4 月 5 日,主要负责人由其控股公司倪家巷集团委派,重大管理决策需倪家巷集团批准。企业占地面积 14.7 万 m^2,注册资本 9000 万元,员工 195 人,主要产品为间苯二胺、邻苯二胺、对苯二胺、间羟基苯甲酸、3,4-二氨基甲苯、对甲苯胺、均三甲基苯胺等,主要用于生产农药、染料、医药等。企业所在的响水县生态化工园区(以下简称生态化工园区）规划面积10km^2，已开发使用面积7.5km^2，现有企业67家，其中化工企业56家。2018年4月因环境污染问题被中央电视台《经济半小时》节目曝光，江苏省原环保厅建议响水县政府对整个园区责令停产整治；9月响水县组织11个部门对停产企业进行复产验收，包括天嘉宜公司在内的10家企业通过验收后陆续复产。

事故发生后，在党中央、国务院坚强领导下，江苏省和应急管理部等立即启动应急响应，迅速调集综合性消防救援队伍和危险化学品专业救援队伍开展救援，至3月22日5时许，天嘉宜公司的储罐和其他企业等8处明火被全部扑灭，未发生次生事故；至3月24日24时，失联人员全部找到，救出86人，搜寻到遇难者78人。江苏省和国家卫生健康委全力组织伤员救治，至4月15日危重伤员、重症伤员经救治全部脱险。生态环境部门对爆炸核心区水体、土壤、大气环境密切监测，实施堵、控、引等措施，未发生次生污染；至8月25日，除残留在装置内的物料外，生态化工园区内的危险物料全部转运完毕。

二、事故直接原因

事故调查组通过深入调查和综合分析认定，事故直接原因是：天嘉宜公司旧固废库内长期违法贮存的硝化废料持续积热升温导致自燃，燃烧引发硝化废料爆炸。

起火位置为天嘉宜公司旧固废库中部偏北堆放硝化废料部位。经对天嘉宜公司硝化废料取样进行燃烧实验，表明硝化废料在产生明火之前有白烟出现，燃烧过程中伴有固体颗粒燃烧物溅射，同时产生大量白色和黑色的烟雾，火焰呈黄红色。经与事故现场监控视频比对，事故初始阶段燃烧特征与硝化废料的燃烧特征相吻合，认定最初起火物质为旧固废库内堆放的硝化废料。

事故调查组认定贮存在旧固废库内的硝化废料属于固体废物，经委托专业机构鉴定属于危险废物。

起火原因：事故调查组通过调查逐一排除了其他起火原因，认定为硝化废料分解自燃起火。

经对样品进行热安全性分析，硝化废料具有自分解特性，分解时释放热量，且分解速率随温度升高而加快。实验数据表明，绝热条件下，硝化废料的贮存时间越长，越容易发生自燃。天嘉宜公司旧固废库内贮存的硝化废料，最长贮存时间超过七年。在堆垛紧密、通风不良的情况下，长期堆积的硝化废料内部因热量累积，温度不断升高，当上升至自燃温度时发生自燃，火势迅速蔓延至整个堆垛，堆垛表面快速燃烧，内部温度快速升高，硝化废料剧烈分解发生爆炸，同时殉爆库房内的所有硝化废料，共计约600t袋（1t袋可装约1t货物）。

三、企业主要问题

（一）天嘉宜公司

天嘉宜公司无视国家环境保护和安全生产法律法规，长期违法违规贮存、处置硝化废料，企业管理混乱，是事故发生的主要原因。

（1）刻意瞒报硝化废料。违反《中华人民共和国环境保护法》（以下简称《环境保护法》）第四十二条第一款、《中华人民共和国环境影响评价法》（以下简称《环境影响评价法》）第二十四条,擅自改变硝化车间废水处置工艺,通过加装冷却釜冷凝析出废水中的硝化废料,未按规定重新报批环境影响评价文件,也未在项目验收时据实提供情况;违反《中华人民共和国固体废物污染环境防治法》(以下简称《固体废物污染环境防治法》)第三十二条,在明知硝化废料具有燃烧、爆炸、毒性等危险特性情况下,始终未向环保(生态环境)部门申报登记,甚至通过在旧固废库内硝化废料堆垛前摆放"硝化半成品"牌子、在硝化废料吨袋上贴"硝化粗品"标签的方式刻意隐瞒欺骗。据天嘉宜公司法定代表人陶在明、总经理张勤岳(企业实际控制人)、负责环保的副总经理杨钢等供述,硝化废料在 2018 年 10 月复产之前不贴"硝化粗品"标签,复产后为应付环保检查,张勤岳和杨钢要求贴上"硝化粗品"标签,在旧固废库硝化废料堆垛前摆放"硝化半成品"牌子,"其实还是公司产生的危险废物"。

(2)长期违法贮存硝化废料。天嘉宜公司苯二胺项目硝化工段投产以来,没有按照《国家危险废物名录》《危险废物鉴别标准》对硝化废料进行鉴别、认定,没有按危险废物要求进行管理,而是将大量的硝化废料长期存放于不具备贮存条件的煤棚、固废仓库等场所,超时贮存问题严重,最长贮存时间甚至超过 7 年,严重违反《中华人民共和国安全生产法》(以下简称《安全生产法》)第三十六条、《固体废物污染环境防治法》第五十八条、原环保部和原卫生部联合下发的《关于进一步加强危险废物和医疗废物监管工作的意见》关于贮存危险废物不得超过一年的有关规定。

(3)违法处置固体废物。违反《环境保护法》第四十二条第四款、《固体废物污染环境防治法》第五十八条和《环境影响评价法》第二十七条,多次违法掩埋、转移固体废物,偷排含硝化废料的废水。2014 年以来,8 次因违法处置固体废物被响水县环保局累计罚款 95 万元,其中:2014 年 10 月因违法将固体废物埋入厂区内 5 处地点,受到行政处罚;2016 年 7 月因将危险废物贮存在其他公司仓库造成环境污染,再次受到行政处罚。曾因非法偷运、偷埋危险废物 124.18t,被追究刑事责任。

(4)固废和废液焚烧项目长期违法运行。违反《环境保护法》第四十一条有关"三同时"的规定、《建设项目竣工环境保护验收管理办法》第十条,2016 年 8 月,固废和废液焚烧项目建成投入使用,未按响水县环保局对该项目环评批复核定的范围,以调试、试生产名义长期违法焚烧硝化废料,每个月焚烧 25 天以上。至事故发生时固废和废液焚烧项目仍未通过响水县环保局验收。

(5)安全生产严重违法违规。在实际控制人犯罪判刑不具备担任主要负责人法定资质的情况下,让硝化车间主任挂名法定代表人,严重不诚信。违反《安全生产法》第二十四条、第二十五条,实际负责人未经考核合格,技术团队仅了解硝化废料着火、爆炸的危险特性,对大量硝化废料长期贮存引发爆炸的严重后果认知不够,不具备相应管理能力。安全生产管理混乱,在 2017 年因安全生产违法违规,3 次受到响水县原安监局行政处罚。违反《安全生产法》第四十三条,公司内部安全检查弄虚作假,未实际检查就提前填写检查结果,3 月 21 日下午爆炸事故已经发生,但重大危险源日常检查表中显示当晚 7 时 30 分检查结果为正常。

(6)违法未批先建问题突出。违反《城乡规划法》第四十条、《建筑法》第七条,2010 年至 2017 年,在未取得规划许可、施工许可的情况下,擅自在厂区内开工建设包括固废仓库在内的 6 批工程。

(二)中介机构

中介机构弄虚作假,出具虚假失实文件,导致事故企业硝化废料重大风险和事故隐患未能及时暴露,干扰误导了有关部门的监管工作,是事故发生的重要原因。

1. 环境影响评价机构

(1)苏州科太环境技术有限公司违反《环境影响评价法》第四条,2017 年 7 月为天嘉宜公司编制的《建设项目变动环境影响分析报告》认为冷却结晶回收混二硝基苯能够达到预期效果,“项目变动后废水处理方式发生变化,回收了部分物料,不属于重大变动”,与天嘉宜公司的实际情况不符,报告内容严重失实。该报告意见是盐城市原环保局通过项目现场验收的依据之一。

(2)江苏省环境科学研究院为江苏省生态环境厅直属事业单位,按照江苏省原环保厅《关于加强建设项目环评文件固废内容编制的通知》(苏环办〔2013〕283 号)要求,2017 年 5 月受天嘉宜公司委托编制《固体废物污染防治专项论证报告》,将此工作转包给盐城市海西环保科技有限公司,但仍以江苏省环境科学研究院的名义出具论证报告。

(3)盐城市海西环保科技有限公司编制《固体废物污染防治专项论证报告》过程中,天嘉宜公司副总经理杨钢和总工程师耿宏提出将硝化废料补充到论证报告中,论证报告编制者盐城市海西环保科技有限公司总工程师李利芳提出增加硝化废料属于重大工艺变更,需要重新进行环评、审查和竣工验收,杨钢、耿宏最终商定硝化废料问题不写入论证报告,论证报告与实际情况严重不符,违反《环境影响评价法》第四条、第二十四条。此论证报告作为环保部门危险废物管理、执法的基础依据。

(4)江苏省环科院环境科技有限责任公司为江苏省环境科学研究院的全资子公司,2018 年 6 月在为天嘉宜公司编制《环保设施效能评估及复产整治报告》时,未对旧固废库内的危险废物种类、成份、来源及贮存时间进行查验,出具的报告与事实严重不符,导致天嘉宜公司在没有满足环保条件的情况下复产。

(5)盐城市环境监测中心站为盐城市环保局直属事业单位,违反《环境保护法》第十七条、《建设项目环境保护设施竣工验收监测技术要求(试行)》5.4 等规定,2015 年、2017 年两次为天嘉宜公司出具的建设项目竣工环境保护验收监测报告,均未对现场固废仓库的危险废物进行查验,未对硝化工段的工艺进行全流程核查,没有发现硝化工段废水处理工艺流程的重大变更。验收监测报告与事实严重不符。

2. 安全评价机构

江苏天工大成安全技术有限公司 2018 年 9 月为天嘉宜公司进行复产综合性安全评价时,安全条件检查不全面、不深入,评价报告与实际情况严重不符,事故隐患整改确认表未签字确认。

3. 设计、施工、监理、设施检测维保等机构

(1)江苏弘盛建设工程集团有限公司规划建筑设计研究院无设计资质,却以其名义出具固废仓库设计图纸。

(2)江苏中建建设研究院绘制的天嘉宜公司固废和焚烧技改项目施工图总体布置图与实际不符。

(3)盐城正鼎房屋安全鉴定有限公司在新固废库 D-H 轴梁、柱等结构布置与设计图纸不

符的情况下,出具了合格的鉴定报告。

(4)江苏巨安消防工程有限公司违反《消防法》第三十四条,在未取得消防设施维护保养检测机构资质的情况下,违规开展消防技术服务活动,从业人员不具备执业资格,未按规定建立和保管消防技术服务档案。

(5)盐城大丰市建设工程施工图审查中心出具的固废和废液焚烧项目施工图总图总平面布置图与现场不符,出图手续不齐。

对于设计、施工、监理、设施检测维保机构存在的问题,建议由江苏省政府责成有关主管部门调查处理。

四、事故主要教训

(1)安全发展理念不牢,红线意识不强。江苏省盐城市对发展化工产业的安全风险认识不足,对欠发达地区承接淘汰落后产能没有把好安全关。响水县本身不具备发展化工产业条件,却选择化工作为主导产业,盲目建设化工园区,且没有采取有效的安全保障措施,甚至为了招商引资,违法将县级规划许可审批权下放,导致一批易燃易爆、高毒高危建设项目未批先建。2018 年 4 月,江苏省原环保厅要求响水化工园区停产整顿,响水县政府在风险隐患没有排查治理完毕、没有严格审核把关的情况下,急于复产复工,导致天嘉宜公司等一批企业通过复产验收。这种重发展、轻安全的问题在许多地方仍不同程度存在,一些党政领导干部没有牢固树立新发展理念,片面追求 GDP,安全生产说起来重要、做起来不重要,没有守住安全红线。

(2)地方党政领导干部安全生产责任制落实不到位。江苏省委省政府 2018 年度对各市党委政府和部门工作业绩综合考核中,安全生产工作权重为零。盐城市委常委会未按规定每半年听取一次安全生产工作情况汇报,在市委市政府 2018 年度综合考核中,只是将重特大事故作为一票否决项,市委领导班子述职报告中没有提及安全生产,除分管安全生产工作的市领导外,市委书记、市长和其他领导班子成员对安全生产工作只字未提。2018 年响水县委常委会会议和政府常务会议都没有研究过安全生产工作。实行“党政同责、一岗双责、齐抓共管、失职追责”是中央提出的明确要求,健全和严格落实党政领导干部安全生产责任制是做好安全生产工作的关键和保障,如果这一制度形同虚设,重视安全生产也就成为一句空话。

(3)防范化解重大风险不深入不具体,抓落实有很大差距。党中央多次部署防范化解重大风险,江苏作为化工大省,近年来连续发生重特大事故,教训极为深刻,理应对防范化解化工安全风险更加重视,但在开展危险化学品安全综合治理和化工企业专项整治行动中,缺乏具体标准和政策措施,没有紧紧盯住重点风险、重大隐患采取有针对性的办法,在产业布局、园区管理、企业准入、专业监管等方面下功夫不够,防范化解重大安全风险停留在层层开会发文件上,形式主义、官僚主义严重。防范化解重大风险重在落实,各地区都要深入查找本行政区域重大安全风险,坚持问题导向,做到精准治理。

(4)有关部门落实安全生产职责不到位,造成监管脱节。党中央明确“管行业必须管安全、管业务必须管安全、管生产经营必须管安全”,但相关部门对各自的安全监管职责还存在认识不统一的问题。这起事故暴露出监管部门之间统筹协调不够、工作衔接不紧等问题。虽然江苏省、市、县政府已在有关部门安全生产职责中明确了危险废物监督管理职责,但应急管理、生态环境等部门仍按自己理解各管一段,没有主动向前延伸一步,不积极主动、不认真负责，存在监管漏洞。这次事故还反映出相关部门执法信息不共享，联合打击企业违法行为机制不健全，没有形成政府监管合力。

（5）企业主体责任不落实，诚信缺失和违法违规问题突出。天嘉宜公司主要负责人曾因污染环境罪被判刑，仍然实际操控企业。该企业自2011年投产以来，为节省处置费用，对固体废物基本都以偷埋、焚烧、隐瞒堆积等违法方式自行处理，仅于2018年底请固体废物处置公司处置了两批约480吨硝化废料和污泥，且假冒“萃取物”在环保部门登记备案；企业焚烧炉在2016年8月建成后未经验收，长期违法运行。一些环评和安评中介机构利欲熏心，出具虚假报告，替企业掩盖问题，成为企业违法违规的“帮凶”。对涉及生命安全的重点行业企业和评价机构，不能简单依靠诚信管理，要严格准入标准，严格加强监管，推动主体责任落实。

（6）对非法违法行为打击不力，监管执法宽松软。响水县环保部门曾对天嘉宜公司固体废物违法处置行为作出8次行政处罚，原安监部门也对该企业的其他违法行为处罚过多次，但都没有一查到底。这种以罚代改、一罚了之的做法，客观上纵容了企业违法行为。目前法律法规对企业严重不诚信、严重违法违规行为处罚偏轻，往往是事故发生后追责，对事前违法行为处罚力度不够，而且行政执法与刑事司法衔接不紧，造成守法成本高、违法成本低，一些企业对长期违法习以为常，对法律几乎没有敬畏。

（7）化工园区发展无序，安全管理问题突出。江苏省现有化工园区54家，但省市县三级政府均没有制定出台专门的化工园区规划建设安全标准规范，大部分化工园区是市县审批设立，企业入园大多以投资额和创税为条件。涉事化工园区名为生态化工园，实际上引进了大量其他地方淘汰的安全条件差、高毒高污染企业，现有化工生产企业40家，涉及氯化、硝化企业25家，构成重大危险源企业26家，且产业链关联度低，也没有建设配套的危险废物处置设施，“先天不足、后天不补”，导致重大安全风险聚集。目前全国共有800余家化工园区（化工集中区），规划布局不合理、配套设施不健全、入园门槛低、安全隐患多、专业监管能力不足等问题比较普遍，已经形成系统性风险。

（8）安全监管水平不适应化工行业快速发展需要。我国化工行业多年保持高速发展态势，产业规模已居世界第一，但安全管理理念和技术水平还停留在初级阶段，不适应行业快速发展需求，这是导致近年来化工行业事故频繁发生的重要原因。监管执法制度化、标准化、信息化建设进展慢，安全生产法等法律法规亟需加大力度修订完善，化工园区建设等国家标准缺失，危险化学品生产经营信息化监管严重滞后，缺少运用大数据智能化监控企业违法行为的手段。危险化学品安全监管体制不健全、人才保障不足，缺乏有力的专职监管机构和专业执法队伍，专业监管能力不足问题非常突出，加上一些地区贯彻落实中央关于机构改革精神有偏差，简单把安监部门牌子换为应急管理部门，只增职能不增编，从领导班子到干部职工没有大的变化，使原本量少质弱的监管力量进一步削弱。国务院办公厅和江苏省2015年就明文规定到2018年安全生产监管执法专业人员配比达75%，至今江苏省仅为40.4%，其他一些地区也有较大差距。2016年中共中央、国务院印发了《关于推进安全生产领域改革发展的意见》，提出加强危险化学品安全监管体制改革和力量建设，建立有力的协调联动机制，消除监管空白，但推动落实不够。

五、事故防范措施建议

为深刻汲取事故教训,举一反三,亡羊补牢,有效防止和坚决遏制重特大事故,提出如下建议措施。

(1)把防控化解危险化学品安全风险作为大事来抓。各地党委政府和相关部门特别是江苏省、盐城市、响水县,要坚决贯彻落实习近平总书记关于安全生产一系列重要指示精神,深刻吸取事故教训,举一反三,切实把防控化解危险化学品系统性的重大安全风险摆在更加突出的位置,坚持底线思维和红线意识,牢固树立新发展理念,紧紧围绕经济高质量发展要求,大力推进绿色发展、安全发展,聚焦危险化学品安全的基础性、源头性、瓶颈性问题,以更严格的措施强化综合治理、精确治理。建议按照《化工园区安全风险排查治理导则(试行)》和《危险化学品企业安全风险隐患排查治理导则》组织全面开展安全风险评估和隐患排查,切实把所有风险隐患逐一查清查实,实行红橙黄蓝分级分类管控和"一园一策""一企一策"治理整顿,扶持做强一批、整改提升一批、淘汰退出一批,整体提升安全水平。

(2)强化危险废物监管。应急管理部门要切实承担危险化学品综合监督管理兜底责任,生态环境部门要依法对废弃危险化学品等危险废物的收集、贮存、处置等进行监督管理。应急管理和生态环境部门要建立监管协作和联合执法工作机制,密切协调配合,实现信息及时、充分、有效共享,形成工作合力,共同做好危险化学品安全监管各项工作。建议由生态环境部门牵头,发展改革、工业和信息化、住房城乡建设、交通运输、商务、卫生健康、应急管理、海关等部门参加,全面开展危险废物排查,对属性不明的固体废物进行鉴别鉴定,重点整治化工园区、化工企业、危险化学品单位等可能存在的违规堆存、随意倾倒、私自填埋危险废物等问题,确保危险废物的贮存、运输、处置安全。合理规划建设危险废物集中处置设施,消除处置能力瓶颈。对脱硫脱硝、煤改气、挥发性有机物回收、污水处理、粉尘治理等环保设施和项目进行安全评估,消除事故隐患。加强有关部门联动,建立区域协作、重大案件会商督办制度,形成覆盖危险废物产生、贮存、转移、处置全过程的监管体系。各地区特别是江苏等重点地区要抓紧组织开展,强化措施落实。

(3)强化企业主体责任落实。各地区特别是江苏省要提高危险化学品企业准入门槛,严格主要负责人资质和能力考核,切实落实法定代表人、实际控制人的安全生产第一责任人的责任,企业主要负责人必须在岗履责,明确专业管理技术团队能力和安全环保业绩要求,达不到标准的坚决不准办厂办企。加强风险辨识,严格落实隐患排查治理制度和安全环保"三同时"制度。大力推进安全生产标准化建设,依靠科技进步提升企业本质安全水平。推动危险化学品重点市建设化工职业院校,加强专业人才培养。新招从业人员必须具有高中以上学历或具有化工职业技能教育背景,经培训合格后方能上岗。加大事前追责力度,建议通过刑法修订或司法解释,对于故意隐瞒重大安全环保隐患等严重违法行为,依法追究刑事责任。对重特大事故负有责任,或因未履行安全生产职责受刑事处罚或撤职处分的,终身不得担任本行业企业的主要负责人。完善落实职工及家属和社会公众对安全和环保隐患举报奖励制度。严格环评和安评等中介机构监管,强化中介机构诚信建设,严厉惩处违法违规行为。

(4)推动化工行业转型升级。建议由工业和信息化部门牵头,发展改革、应急管理、生态环境等有关部门参加,进一步完善推动落实化工行业转型升级的政策措施,统筹布局化工产业高质量发展。适时修订发布国家产业结构调整指导目录和淘汰落后安全技术装备目录，细化制定化工行业技术规范，对不符合要求的坚决关闭退出，并实行全国“一盘棋”管理，严防落后产能异地落户、风险转移。新建化工园区由省级人民政府核准，涉及“两重点一重大”（重点监管的危险化工工艺、重点监管的危险化学品和危险化学品重大危险源）的危险化学品建设项目，由设区的市以上人民政府有关部门联合核准。加快推进城镇人口密集区危险化学品生产企业搬迁工作。实行化工、危险化学品装置设计安全终身负责制。2020 年底前实现涉及“两重点一重大”的化工装置或储运设施自动化控制系统装备和使用率、重大危险源在线监测监控率均达到 100%。交通运输、公安部门要加强危险货物运输安全监管，严格行业准入，严禁挂靠经营，加快全国危险货物道路运输监控平台建设，强化运输企业储存、停车场管理和隧道、港区风险管控。各地区特别是江苏等重点地区要切实加大工作推进力度。

（5）加快制修订相关法律法规和标准。建议相关部门抓紧梳理现行安全生产法律法规，推进依法治理。加快修改刑法有关条款，将生产经营过程中极易导致重大生产安全事故的主观故意违法行为列入刑法调整范围；推进制定化学品安全法，修订安全生产法、安全生产许可证条例，提高处罚标准，强化法治措施。修订安全生产违法行为行政处罚办法，严格执行执法公示制度、执法全过程记录制度和重大执法决定法制审核制度。制定化工园区建设标准、认定条件和管理办法。整合化工、石化安全生产标准，建立健全危险化学品安全生产标准体系。加快制定废弃危险化学品等危险废物贮存安全技术和环境保护标准、化工过程安全管理导则和精细化工反应安全风险评估等技术规范，强制实施。各地区特别是江苏省要加强地方立法立标工作，健全危险化学品安全法规标准体系，依法严格查处违法违规行为。

（6）提升危险化学品安全监管能力。按照“管行业必须管安全，管业务必须管安全，管生产经营必须管安全”和“谁主管谁负责”的原则，将各级安委会成员单位安全生产职责写入部门“三定”规定，清晰界定并严格落实有关部门危险化学品安全监管职责。各地区特别是江苏省应急管理部门要通过指导协调、监督检查、巡查考核等方式，推动有关部门严格落实危险化学品各环节安全生产监管责任。加强专业监管力量建设，健全省、市、县三级安全生产执法体系，在危险化学品重点县建立危险化学品安全专职执法队伍；开发区、工业园区等功能区设置或派驻安全生产和环保执法队伍。通过公务员聘任制方式选聘专业人才，提高具有安全生产相关专业学历和实践经验的执法人员比例。明确并严格限定高危事项审批权限，防止监管执法放松失控。建议整合有效资源，改革完善国家危险化学品安全生产监督管理体制，强化国家危险化学品安全研究支撑。研究建立危险化学品全生命周期监管信息共享平台，综合利用电子标签、大数据、人工智能等高新技术，对危险化学品各环节进行全过程信息化管理和监控，实现来源可循、去向可溯、状态可控。统筹加强国家综合性消防救援队伍和危险化学品专业救援力量建设。

第四篇

港口包装危险化学品安全管理相关政策法规（电子书）

一、《中华人民共和国安全生产法》(节选)

二、《中华人民共和国消防法》(节选)

三、《生产安全事故应急条例》(节选)

四、《危险化学品安全管理条例》(节选)

五、《民用爆炸物品安全管理条例》(节选)

六、《烟花爆竹安全管理条例》(节选)

七、《放射性物品运输安全管理条例》(节选)

八、《生产安全事故报告和调查处理条例》(节选)

九、《生产经营单位安全培训规定》(节选)

十、《港口危险货物安全管理规定》

十一、《船舶载运危险货物安全监督管理规定》

十二、《港口危险货物重大危险源监督管理办法》

十三、《内河禁运危险化学品目录(2019 版)》

十四、《港口安全生产风险辨识管控指南》

十五、《危险货物港口作业重大事故隐患判定指南》

十六、《交通强国建设纲要》

附录

危险化学品港口经营人的装卸管理人员从业资格考核大纲

一、适用范围

适用范围为危险化学品港口经营人的装卸管理人员。

二、执行主体

危险化学品港口经营人的装卸管理人员从业资格考核,由省级交通运输主管部门按照交通运输部《危险货物水路运输从业人员考核和从业资格管理规定》和本大纲的要求组织实施。

三、考核方式及合格标准

(一)考核方式

危险化学品港口经营人的装卸管理人员从业资格考核分为包装、散装固体、散装液体等种类。考核通过理论知识考试的形式进行,采用闭卷方式。有条件的地区可实行计算机系统随机抽题考试,不合格的可以当场补考一次。每套试题分为判断题、单项选择题两种类型,共100 题,判断题、单项选择题各 50 题。试题内容比例为安全管理技术题占 50% 、安全管理知识题占 35% 、安全管理相关政策法规知识题占 15% 。

(二)考核时间、分值及合格标准

考核时间为 90 分钟,满分 100 分,每题 1 分,70 分及以上合格。

四、考核内容及要求

(一)港口包装危险化学品港口经营人的装卸管理人员从业资格考核内容及要求

1. 港口包装危险化学品安全管理技术

(1)掌握包装危险货物托运程序;
(2)掌握危险货物分类和特性;
(3)掌握灭火的原理、方法及灭火剂、灭火器种类与选用;
(4)掌握危险货物一览表和限量豁免;
(5)掌握危险货物预防措施;
(6)熟悉危险货物运输包装知识;
(7)熟悉火灾、燃烧、爆炸的定义、分类及特性;
(8)熟悉化学品安全技术说明书基本内容;
(9)熟悉危险化学品重大危险源辨识(GB 18218—2018);
(10)熟悉重大危险源的管理与监控方法;
(11)了解包装危险货物积载与隔离的管理要求;
(12)了解 1972 年国际集装箱安全公约;

(13)了解道路运输危险货物车辆标志(GB 13392—2005);
(14)了解危险货物道路运输规则(JT/T 617—2018);
(15)了解放射性物品安全运输规程(GB 11806—2019);
(16)了解港口危险货物集装箱堆场设计规范(JTS 176—2020)。

2. 港口包装危险化学品安全管理知识

(1)掌握危险货物集装箱港口作业安全规程(JT 397—2007);
(2)掌握港口危险货物集装箱堆场安全作业规程(GB/T 36029—2018);
(3)掌握海运危险货物集装箱装箱安全技术要求(JT 672—2006);
(4)掌握包装危险货物事故应急救援管理要求;
(5)熟悉包装危险货物库场管理要求;
(6)熟悉集装箱港口装卸作业安全规程(GB 11602—2007);
(7)熟悉化学品生产单位特殊作业安全规范(GB 30871—2014);
(8)熟悉包装危险货物事故应急预案;
(9)熟悉包装危险货物安全管理措施与事故医疗急救;
(10)了解生产经营单位生产安全事故应急预案编制导则(GB/T 29639—2013)。

3. 港口包装危险化学品安全管理相关政策法规知识

(1)掌握《中华人民共和国安全生产法》;
(2)掌握《港口危险货物安全管理规定》;
(3)掌握《生产安全事故应急条例》;
(4)熟悉《中华人民共和国消防法》;
(5)熟悉《港口危险货物重大危险源监督管理办法(试行)》;
(6)熟悉《危险化学品安全管理条例》;
(7)熟悉《内河禁运危险化学品名录(2019 版)》;
(8)了解《民用爆炸物品安全管理条例》;
(9)了解《烟花爆竹安全管理条例》;
(10)了解《放射性物品运输安全管理条例》;
(11)了解《生产安全事故报告和调查处理条例》;
(12)了解《生产经营单位安全培训规定》;
(13)了解《港口安全生产风险辨识管控指南》;
(14)了解《危险货物港口作业重大事故隐患判定指南》;
(15)了解《交通强国建设纲要》。

考核项目	考核内容		分值分配(分)	
			判断题	选择题
港口包装危险化学品安全管理技术	1	包装危险货物托运程序	3	3
	2	危险货物分类和特性	2	2
	3	灭火的原理、方法及灭火剂、灭火器种类与选用	3	2
	4	危险货物一览表和限量豁免	3	2

续上表

考核项目	考核内容		分值分配(分)	
			判断题	选择题
港口包装危险化学品安全管理技术	5	危险货物预防措施	2	2
	6	危险货物运输包装知识	2	2
	7	火灾、燃烧、爆炸的定义、分类及特性	2	2
	8	化学品安全技术说明书基本内容	1	2
	9	危险化学品重大危险源辨识(GB 18218—2018)	1	2
	10	重大危险源的管理与监控方法	1	2
	11	包装危险货物积载与隔离的管理要求	1	1
	12	1972 年国际集装箱安全公约	1	1
	13	道路运输危险货物车辆标志(GB 13392—2005)	1	0
	14	危险货物道路运输规则(JT/T 617—2018)	1	0
	15	放射性物品安全运输规程(GB 11806—2019)	0	1
	16	港口危险货物集装箱堆场设计规范(JTS 176—2020)	1	1
	小计		50	
港口包装危险化学品安全管理知识	1	危险货物集装箱港口作业安全规程(JT 397—2007)	3	2
	2	港口危险货物集装箱堆场安全作业规程(GB/T 36029—2018)	3	2
	3	海运危险货物集装箱安全技术要求(JT 672—2006)	3	2
	4	包装危险货物事故应急救援管理要求	2	3
	5	包装危险货物库场管理要求	2	2
	6	集装箱港口装卸作业安全规程(GB 11602—2007)	1	2
	7	化学品生产单位特殊作业安全规范(GB 30871—2014)	1	2
	8	包装危险货物事故应急预案	1	1
	9	包装危险货物安全管理措施与事故医疗急救		1
	10	生产经营单位生产安全事故应急预案编制导则(GB/T 29639—2013)	1	0
	小计		35	
港口包装危险化学品安全管理相关政策法规知识	1	《中华人民共和国安全生产法》	1	1
	2	《港口危险货物安全管理规定》	1	1
	3	《生产安全事故应急条例》	1	1
	4	《中华人民共和国消防法》	1	0
	5	《港口危险货物重大危险源监督管理办法(试行)》	1	0
	6	《危险化学品安全管理条例》	0	1
	7	《内河禁运危险化学品名录(2019 版)》	0	1
	8	《民用爆炸物品安全管理条例》	2	3
	9	《烟花爆竹安全管理条例》		
	10	《放射性物品运输安全管理条例》		

续上表

考核项目	考核内容		分值分配(分)	
			判断题	选择题
港口包装危险化学品安全管理相关政策法规知识	11	《生产安全事故报告和调查处理条例》	2	3
	12	《生产经营单位安全培训规定》		
	13	《港口安全生产风险辨识管控指南》		
	14	《危险货物港口作业重大事故隐患判定指南》		
	15	《交通强国建设纲要》		
	小计		15	

参 考 文 献

[1] 交通运输部职业资格中心.港口包装危险化学品[M].北京:人民交通出版社股份有限公司,2016.

[2] 交通部水运司.国际海运危险货物规则培训教材[M].北京:人民交通出版社,2002.